Online-Lebensmittelhandel in Deutschland

Erika Leischner

Online-Lebensmittelhandel in Deutschland

Status quo – Zukunftsperspektiven – Expertenmeinungen

Erika Leischner
Hochschule Bonn-Rhein-Sieg
Rheinbach, Nordrhein-Westfalen
Deutschland

ISBN 978-3-658-42209-7   ISBN 978-3-658-42210-3 (eBook)
https://doi.org/10.1007/978-3-658-42210-3

Die Deutsche Nationalbibliothek verzeichnet diese Publikation in der Deutschen Nationalbibliografie; detaillierte bibliografische Daten sind im Internet über http://dnb.d-nb.de abrufbar.

© Der/die Herausgeber bzw. der/die Autor(en), exklusiv lizenziert an Springer Fachmedien Wiesbaden GmbH, ein Teil von Springer Nature 2023

Das Werk einschließlich aller seiner Teile ist urheberrechtlich geschützt. Jede Verwertung, die nicht ausdrücklich vom Urheberrechtsgesetz zugelassen ist, bedarf der vorherigen Zustimmung des Verlags. Das gilt insbesondere für Vervielfältigungen, Bearbeitungen, Übersetzungen, Mikroverfilmungen und die Einspeicherung und Verarbeitung in elektronischen Systemen.
Die Wiedergabe von allgemein beschreibenden Bezeichnungen, Marken, Unternehmensnamen etc. in diesem Werk bedeutet nicht, dass diese frei durch jedermann benutzt werden dürfen. Die Berechtigung zur Benutzung unterliegt, auch ohne gesonderten Hinweis hierzu, den Regeln des Markenrechts. Die Rechte des jeweiligen Zeicheninhabers sind zu beachten.
Der Verlag, die Autoren und die Herausgeber gehen davon aus, dass die Angaben und Informationen in diesem Werk zum Zeitpunkt der Veröffentlichung vollständig und korrekt sind. Weder der Verlag noch die Autoren oder die Herausgeber übernehmen, ausdrücklich oder implizit, Gewähr für den Inhalt des Werkes, etwaige Fehler oder Äußerungen. Der Verlag bleibt im Hinblick auf geografische Zuordnungen und Gebietsbezeichnungen in veröffentlichten Karten und Institutionsadressen neutral.

Planung/Lektorat: Angela Meffert
Springer Gabler ist ein Imprint der eingetragenen Gesellschaft Springer Fachmedien Wiesbaden GmbH und ist ein Teil von Springer Nature.
Die Anschrift der Gesellschaft ist: Abraham-Lincoln-Str. 46, 65189 Wiesbaden, Germany

Vorwort

Die COVID-19-Pandemie hat den Online-Handel mit Lebensmitteln in Deutschland beflügelt. Vor allem in Ballungsgebieten haben Kunden vermehrt Erfahrungen mit der Bestellung von Lebensmitteln im Netz gemacht. Dennoch ist der Anteil des Online-Handels am gesamten Lebensmittelhandel in Deutschland noch gering, und die Zukunftsperspektiven werden kontrovers diskutiert. Es ist viel Bewegung im Markt. Neue Anbieter fassen Fuß, verschwinden teilweise auch wieder, und etablierte Player treiben ihre Expansion voran. Im Jahr 2022 hat sich die Marktdynamik verlangsamt. Ein Bild der Landschaft des Online-Lebensmittelhandels in Deutschland zu zeichnen, das nicht kurze Zeit später wieder überholt ist, bleibt schwierig, wird aber hier dennoch versucht.

Dieses Buch beschreibt und analysiert die Entwicklung des Online-Lebensmittelhandels der letzten fünf Jahre in Deutschland. Als Grundlage dienen Studien, Daten und Presseveröffentlichungen von 2018 bis 2023. Zudem wurden im Zeitraum von Dezember 2022 bis Mai 2023 23 Fachleute aus Wirtschaft, Journalismus, Beratungsunternehmen und Hochschulen zum Status quo und den Zukunftsperspektiven des Online-Lebensmittelhandels in Deutschland befragt. Die Ergebnisse der jeweils einstündigen Experteninterviews werden vorgestellt und sollen zu weiterer Diskussion anregen. Den Leser erwarten ein Überblick über die Entwicklung des Online-Lebensmittelhandels der letzten Jahre, eine Momentaufnahme (Stand Mai 2023) der Anbieterlandschaft in Deutschland inklusive der dort zu bewältigenden Herausforderungen, ein Blick auf das Konsumentenverhalten beim Lebensmitteleinkauf sowie Experteneinschätzungen zur derzeitigen und künftigen Entwicklung des Marktes.

Ohne Unterstützung von vielen Seiten wäre dieses Buch nicht möglich gewesen. Mein besonderer Dank gilt den folgenden Experten und Expertinnen, die sich freundlicherweise für ein Interview Zeit genommen haben und ihre Sicht auf den Online-Lebensmittelhandel in Deutschland mit mir geteilt haben: *Torsten Danker, Dr. Markus Dichtl, Univ.-Prof. Dr. Franz-Rudolf Esch, Univ.-Prof.'in Dr. Andrea Gröppel-Klein, Prof. Dr. Gerrit Heinemann, Alexander Holzknecht, Udo Kießlich, Denise Klug, Dr. Marc Knuff, Prof. Dr. Carsten Kortum, Jochen Krisch, Jens Langkammer, Marcus Macioszek, Sandra Neuber, Andreas Peters, Prof. Dr. Dr. Thomas Roeb, Saskia Rosendahl, Prof. Dr. Stephan Rüschen, Univ.-Prof.'in Dr. Hanna Schramm-Klein, Melanie Spoo, Prof. Dr. Otto Strecker, Dr. Eva Stüber* und *Susanne Zabel*. Außerdem danke ich *Monika Dinter, Prof. Dr. Susanne Femers-Koch, Daniela Krieger* und *Prof. Dr. Martin Leischner* für fachlichen und persönlichen Input, *Luisa Bongards* für ihre Hilfe beim Transkribieren der Interviews und *Angela Meffert* vom Springer Gabler Verlag für das Lektorat und die professionelle und angenehme Zusammenarbeit bei der Fertigstellung des Buches.

Alle Quellen und Interviewprotokolle wurden sorgfältig und nach bestem Wissen und Gewissen ausgewertet. Sollten sich dennoch Fehler eingeschlichen haben, bitte ich um Nachsicht bzw. Feedback. Ich freue mich auch über Diskussionsbeiträge und konstruktive Kritik. Aus Gründen der besseren Lesbarkeit wurde in diesem Buch das generische Maskulinum verwendet. Die männliche Form soll als Kurzform für alle Geschlechter dienen und keineswegs diskriminierend sein.

Ich hoffe, dass das Buch Lesern, die sich in das Thema „Online-Lebensmittelhandel" einarbeiten möchten, nützlich ist, dass es aber auch Branchen-Insidern Denkanstöße und Anregungen für ihre Arbeit bietet.

Königswinter Erika Leischner
im Juni 2023 erika.leischner@h-brs.de

Inhaltsverzeichnis

1 Hintergrund, Ziel und Aufbau des Buches 1
  Literatur 8
2 Studien und Daten zum Online-Lebensmittelhandel: Pandemie
  als Beschleuniger, Wirtschaftskrise als Bremse? 15
  Literatur 27
3 Online-Lebensmittelhandel in Deutschland – Anbieterseite 31
  3.1 Marktvolumen und Marktentwicklung 31
  3.2 Ausgewählte prototypische Player und deren Modelle 37
  3.3 Herausforderungen, Chancen und Ansatzpunkte im
      Online-Geschäft mit Lebensmitteln 45
  Literatur 52
4 Online-Lebensmittelhandel in Deutschland – Kundenseite 69
  4.1 Lebensmitteleinkauf – eine Alltagsbeschäftigung mit vielen
      Facetten 69
  4.2 Online-Lebensmitteleinkauf – Convenience per Click 73
  4.3 Zielgruppen und Kaufanlässe beim
      Online-Lebensmitteleinkauf 76
  Literatur 79
5 Online-Lebensmittelhandel in Deutschland – Sicht von
  Branchenexperten 83
  5.1 Experteninterviews: Methodik, Vorgehensweise,
      Durchführung 83
  5.2 Ergebnisse der Experteninterviews 85

5.2.1	Abgrenzung, Entwicklung und Charakterisierung des Online-Lebensmittelmarktes	85
5.2.2	Einschätzungen zur Anbieterseite	100
5.2.3	Einschätzungen zur Kundenseite	119
5.2.4	Auswirkungen auf den stationären Handel	132
5.2.5	Auswirkungen auf die Hersteller	136
Literatur		140

6 Zusammenfassung, Fazit und Ausblick 143

Literatur 149

Anhang 1 151

Anhang 2 153

Stichwortverzeichnis 167

Hintergrund, Ziel und Aufbau des Buches

Zusammenfassung

In diesem Kapitel wird erläutert, was unter Online-Lebensmittelhandel und dem oft synonym verwendeten Begriff „E-Food" verstanden wird und mit welchen inhaltlichen Schwerpunkten das Thema in den letzten Jahren diskutiert wurde. Im Anschluss werden Fragen zur Anbieter- und Kundenseite sowie Fragen aus Sicht des Handels und der Konsumgüterhersteller formuliert, die in den weiteren Kapiteln behandelt werden.

E-Food (Electronic-Food oder auch Online-Lebensmittelhandel[1]) bezeichnet – in Anlehnung an den etablierten Begriff des E-Commerce – den Kauf bzw. Verkauf von Lebensmitteln über digitale Vertriebskanäle (Aygün & Ziemßen, 2018). Das bedeutet, dass Lebensmittel[2] im Internet beworben werden, Kunden sich im Netz darüber informieren, dort bestellen, und dass auch Zahlung, Kommunikation und Service- bzw. Beratungsleistungen via Internet abgewickelt werden (Wegmann, 2020, S. 328). Der Kunde holt seine Ware entweder selbst ab („click and collect") oder bekommt sie per Paketversand bzw. Lieferdienst zugestellt. Beklagt werden in diesem Zusammenhang die hohen Kosten der „letzten Meile" bis zur

---

[1] Die Begriffe „E-Food-(Commerce)" und „Online-Lebensmittelhandel" werden im Folgenden synonym verwendet.

[2] Lebensmittel (Nahrungs-, Genussmittel und Getränke) werden auch „Food"-Warengruppen genannt (Schneider, 2018). Der Lebensmitteleinzelhandel vertreibt darüber hinaus „Near"-Food-Sortimente (z. B. Drogeriewaren, Tierfutter, Haushaltswaren) und „Non"-Food-Sortimente (z. B. Elektronik oder Bekleidung).

© Der/die Autor(en), exklusiv lizenziert an Springer Fachmedien Wiesbaden GmbH, ein Teil von Springer Nature 2023
E. Leischner, *Online-Lebensmittelhandel in Deutschland*,
https://doi.org/10.1007/978-3-658-42210-3_1

Haustür der Kunden. Der Handel mit leicht verderblichen, zu kühlenden Frische-Warengruppen und Tiefkühlsortimenten ist besonders schwierig und wird wegen der hohen Anforderungen an Lagerung, Kommissionierung und Auslieferung auch als „Königsdisziplin" des Online-Lebensmittelhandels bezeichnet.

Der Begriff E-Food hat sich außerdem als Oberbegriff für sämtliche Geschäftsmodelle des Lebensmittelhandels im Internet etabliert. Diese sind vielfältig und werden je nach Autor unterschiedlich eingeordnet (Aygün & Ziemßen, 2018; Kortum & Münzberg, 2021, S. 37; Morschett et al., 2017, S. 184; Schu, 2020, S. 13–14; Strategy&, 2022, S. 16; Swoboda et al., 2019, S. 112–116; Wegmann, 2020, S. 334). Darunter fallen Online-Supermärkte traditioneller Händler, Online-Pure-Player ohne stationäres Geschäft und Online-Marktplätze. Schnell-Lieferdienste und Sortimentsspezialisten gehören ebenso dazu wie der vertikale Online-Handel, bei dem Hersteller ihre Endkunden im eigenen Online-Shop direkt bedienen. Auch Online-Hofläden werden genannt, ebenso Kochboxenanbieter, die Rezepte mit passenden Zutaten im Abo vertreiben. Schu (2021, S. 8) bezeichnet auch Essens- und Restaurantlieferdienste als E-Food-Anbieter.

Spätestens seit dem Markteintritt von Amazon Fresh im Jahr 2017 und erneut seit dem Pandemiejahr 2020 befassen sich Handel und Konsumgüterindustrie, Branchenverbände, Berater und Wissenschaftler verstärkt mit dem Online-Lebensmittelhandel (Heinemann, 2019, S. 6; Morschett et al., 2017; Rothländer, 2023, S. 18–19, S. 91–94, S. 407–425; Wegmann, 2020, S. 326–344), dabei insbesondere mit

- dem Konsumentenverhalten (Accenture & GfK, 2022; appinio & Spryker, 2021; Brüggemann & Schultz, 2023; Brüggemann & Olbrich, 2022; Brüggemann & Pauwels, 2022; Busch et al., 2021; Deges & Speckmann, 2020; Fassnacht & Wriedt, 2011; Frentz & Schramm-Klein, 2018; Geise et al., 2018; GfK, 2016, 2021, 2022a, S. 40–48, b; GfK & Mastercard, 2022; Gizycki & Pöhlmann, 2021; Gruntkowski & Martinez, 2022; HDE & IFH KÖLN, 2022, 2023; IFH KÖLN, 2020a, b, 2021; KPMG, 2016; Lodni et al., 2021; PwC, 2018, 2020; Seitz et al., 2017; Simon-Kucher & Partners, 2018; Spryker & appinio, 2022; Thoma, 2016),
- den E-Food-Geschäftsmodellen und Herausforderungen für die Handelsunternehmen (Accenture & GfK, 2022; Dannenberg & Franz, 2014; Holst, 2021; IFH KÖLN, 2022; Kamel et al., 2020, 2022; Klein et al., 2019; Kortum & Münzberg, 2021; KPMG, 2020, 2022; Nufer & Kronenberg, 2014; Piroth et al., 2020; Rest, 2021; Schu, 2020, 2021, 2022; Strategy&, 2022; Täuber, 2020; Thieme, 2021) und

1 Hintergrund, Ziel und Aufbau des Buches

- den Auswirkungen auf die Konsumgüterindustrie (Bolz & Höhn, 2019; Janke, 2021).

Lebensmittel (Food-Warengruppen inklusive Wein und Sekt) sind in Deutschland ein volumenmäßig großer Markt, auf dem jährlich (Stand 2022) ca. 210 Mrd. €[3] umgesetzt werden. Der Anteil des Online-Handels wird mit unter 3 % angegeben (HDE & IFH KÖLN, 2023, S. 10). Je nach Berechnungsgrundlage wird auch von 4 % gesprochen (Knuff, 2022, S. 7; McKinsey & Company, 2023, S. 37; Strategy&, 2022, S. 13; Simmons et al., 2022, S. 32).[4] Damit ist der Anteil immer noch gering, vor allem im internationalen Vergleich: 27 % Online-Anteil sind es in China und Südkorea, 13 % in England und 9 bzw. 8 % in Frankreich und den Niederlanden (Knuff, 2022, S. 7). Knapp 3 % sind aber auch wenig im Vergleich zum Online-Anteil in den Non-Food-Warengruppen: Dieser lag 2022 in Deutschland bei rund 19 %, bei Mode und Elektronik sogar bei 43 bzw. 40 % (HDE & IFH KÖLN, 2023, S. 10, S. 14). Lebensmittel waren allerdings in den Corona-Jahren 2020 und 2021 mit 67 bzw. 47 % Umsatzsteigerung die am stärksten wachsende E-Commerce-Warengruppe in Deutschland (bevh, 2021, 2022), und sie wuchs im Gegensatz zu vielen anderen Warengruppen auch im Jahr 2022 (HDE & IFH KÖLN, 2023, S. 18).

Schätzungen zum E-Food-Anteil in Deutschland für das Jahr 2030 fielen unterschiedlich aus: 5 bis 8 % prognostizierte das Institut für Handel in Köln im Jahr 2021 (IFH KÖLN, 2021, S. 29), 6 bis 12 % die Berater von McKinsey im Jahr 2022 (Simmons et al., 2022, S. 32), 8 bis 11 % deren Kollegen von Strategy& (2022, S. 15), und Accenture/GfK gingen sogar von 8 bis 17 % aus (Accenture & GfK, 2022, S. 25).

Wie sieht es derzeit bei Kunden und Anbietern aus? Otto Normalverbraucher steht dem Online-Kauf von Lebensmitteln seit Beginn der Pandemie zwar aufgeschlossener gegenüber, hat ihn aber noch nicht umfassend in seine Einkaufsroutinen integriert, auch weil angebotsseitig noch viel zu tun ist. „Wohin der Online-Zug fährt, weiß niemand ganz genau, wie schnell er fährt auch nicht. Ich weiß nur, dass wir an Bord sein müssen", so äußerte sich schon 2013 der

---

[3] Nettowert, ohne Umsatzsteuer.

[4] Für Lebensmittel inklusive Wein und Sekt betrug der Online-Anteil 2,7 % in 2021 und 2,9 % in 2022 (HDE & IFH KÖLN, 2023, S. 10). Für Lebensmittel ohne Wein und Sekt lag der Online-Anteil bei 2,2 % in 2021 und bei 2,4 % in 2022 (HDE & IFH KÖLN, 2023, S. 20). Wählt man als Bezugsgröße schnell drehende Konsumgüter (Fast Moving Consumer Goods, FMCG's), lag der Online-Anteil bei rund 4 % – 4,2 % in 2021 und 4,3 % in 2022 (HDE & IFH KÖLN, 2023, S. 14). Zu schnell drehenden Konsumgütern gehören neben Lebensmitteln und Getränken auch Körperpflege-, Kosmetikprodukte, Drogeriewaren und Heimtierbedarf.

ehemalige CEO der REWE Group Alain Caparros (Hielscher, 2013), und er ließ sich seine Fahrkarte im Online-Zug einiges kosten. Auch sein Nachfolger Lionel Souque hält den Lebensmittel-Lieferservice für eine wichtige Investition in die Zukunft und stellte im Jahr 2021 fest: „Noch verlieren wir mit dem Lieferservice Geld, aber die schwarze Null ist erreichbar." (McKinsey & Company, 2021, S. 32).

Dominique Locher, „E-Food Pionier" und Unternehmer, formulierte seine Sicht auf den Markt fast schon euphorisch (Schu, 2020, S. VII):

> „Wann fällt der Groschen? Wann kauft das breite Publikum sein Essen online? Wann erheben die Händler ihren Onlinekanal von der Kür zur Pflicht? ... Die weltweite Pandemie wirkte wie ein Tritt in die Jukebox. Der Groschen ist gefallen. ... Hunderttausende von Haushalten haben erstmals Essen im Netz bestellt und sind vom Service überzeugt. Die Heimlieferung hat das Potenzial so alltäglich zu werden wie das fließende Leitungswasser. Jetzt spielt die Musik. Ich bin gespannt, was die Jukebox ‚E-Food' künftig darüber hinaus zu bieten hat."

Der Handelsexperte Andreas Teller von der Düsseldorfer Strategieberatung EY Parthenon sprach gar von einem bevorstehenden „Paradigmenwechsel" beim Lebensmitteleinkauf (Becker, 2020). Er lehnte sich mit seinem Zukunftsszenario, in dem er für die meisten Lebensmittel eine durch Algorithmen gestützte automatische Nachbestellung via App prophezeite, besonders weit aus dem Fenster. Die sympathisch-intelligenten Kühlschränke aus Abb. 1.1, die automatisch den Wocheneinkauf erledigen und voll Vorfreude auf ihre Lieferroboter warten, bleiben aber wohl vorerst noch Zukunftsmusik.

Zukunftsmusik erklingt auch in der folgenden blumig erzählten Story zum Lebensmitteleinkauf von morgen, mit der die Berater von Strategy&, der Strategieberatung des PwC-Netzwerks, ihre im Sommer 2022 veröffentlichte Studie „The Future of Grocery Shopping" provokant einleiteten (Strategy&, 2022, S. 9–10, Übersetzung aus dem Englischen durch die Autorin):

> „Susis Lebensmitteleinkauf im Jahr 2030:
>
> Susi kauft heute die meisten Lebensmittel online ein, obwohl sie früher mehrmals pro Woche in den Supermarkt ging. Heute ist Montag, also erledigt Susi ihren wöchentlichen Lebensmitteleinkauf per Handy und fügt zu den Produkten, die schon automatisch im wöchentlich bestellten Warenkorb liegen, noch Zitronen und zwei Tüten Erdnüsse hinzu. Susi wählt einen Liefertermin am Abend zwischen 17:00 und 18:00 Uhr und hat so ihren Einkauf in drei Minuten erledigt. Um 17:30 Uhr erhält sie eine Benachrichtigung, dass ihre Bestellung in 10 Minuten geliefert wird. Punkt 17:40 Uhr hält der fahrerlose Elektro-Van vor ihrer Haustür. Als sie ihre Lieferung entnimmt,

1 Hintergrund, Ziel und Aufbau des Buches

Abb. 1.1 Cartoon „Süßer Lieferroboter". (Abdruck mit freundlicher Genehmigung von © Stephan Rürup)

steckt sie noch ein Retouren-Paket mit einem T-Shirt hinein, das sie online bestellt hatte und das sich als enttäuschend herausgestellt hat.

Als Susi am Mittwoch von der Arbeit kommt, fällt ihr der Geburtstag ihres Bruders ein. Sie sucht online den nächsten Minimarkt, nutzt dessen App, um die Kuchenzutaten in ihren Einkaufskorb zu legen, und geht dann um die Ecke, um ihre Bestellung an einer kassiererlosen Kasse abzuholen. Als sie nach Hause kommt, findet sie vor ihrer Haustür eine Tüte mit zwei Flaschen Hafermilch, die tagsüber von ihrem Kühlschrank nachbestellt wurden.

Am Samstag ist das Wetter grau und regnerisch. Da macht Susi sich mit ihrem Freund Martin auf den Weg zu einem Showroom mit Lebensmittel-Spezialitäten, wo sie zum Spaß stöbern und ein Premium-Speiseöl finden, das Susis Mutter gefallen könnte. Mit ihrer Smartphone-Kamera scannt Susi die Dose und folgt dem angezeigten Link, um das Öl zu kaufen. Am nächsten Tag wird es direkt zu ihrer Mutter nach Hause geliefert, in einer personalisierten Dose mit den Initialen der Mutter.

Am Sonntagabend überlegt Susi, nächste Woche ihr lokales Lebensmittelgeschäft zu besuchen, weil sie Lust auf die Frischetheken, die Live-Kochvorführungen und das vegane Café dort vor Ort hat. Aber als sie ihre Virtual-Reality-Brille aufsetzt, um eine TV-Serie anzusehen, sieht sie die neueste Werbung ihres Lebensmittelhändlers. Sein

Metaverse-Laden ermöglicht es, als Avatar zusammen mit anderen Käufern hereinzuspazieren, geführt von einem Einkaufsassistenten. Während man in virtuellen Regalen einkauft, werden Nährwertangaben, Rezeptvorschläge und Lieferkettendetails angezeigt, einschließlich des Fotos des Bauern, der die frischen Produkte angebaut hat. Beim Auschecken wählt man Liefermethode und Lieferzeit. Susi zieht das Metaverse-Erlebnis dem Besuch des Ladens vor."

Der schnelle Routine-Wocheneinkauf per Handy mit komfortablem Lieferslot und gespeicherter Einkaufsliste ist in Teilen Deutschlands immerhin schon Wirklichkeit, Click-and-Collect-Optionen und kassenlose Supermärkte (Giuri, 2021, 2022a) ebenso. Auch Roboter für die Auslieferung nicht gekühlter Lebensmittel sollten Ende 2022 im Testbetrieb an den Start gehen (Giuri, 2022b, c) und fuhren im Mai 2023 tatsächlich erstmals auf den Gehsteigen Hamburgs (Rode, 2023). Dass neue Einkaufsformate das Einkaufsverhalten verändern können, zeigen Quick-Commerce-Anbieter (Schu, 2021), die vor allem bei jungem urbanem Publikum gut ankommen (o. V., 2022). Die seit 2020 verfügbaren Schnell-Lieferdienste entfachten vielfach Begeisterung: „Blitz-Lieferungen innerhalb weniger Minuten werden den Lebensmittelhandel verändern wie Netflix das Fernsehen", prognostizierte Trendforscher Peter Wippermann (Hanke, 2021). Andere bezweifelten dies und verwiesen auf die fehlende Profitabilität der Geschäftsmodelle (Strecker, 2021; Accenture & GfK, 2022, S. 40). Die Konsolidierung im Quick Commerce hat mittlerweile begonnen (Accenture & GfK, 2022, S. 39).

Fazit: Nicht nur Schätzungen zum künftigen Marktanteil des Online-Lebensmittelhandels in Deutschland weisen große Spannweiten auf; auch Entwicklungen am E-Food-Markt werden kontrovers und häufig auch sehr emotional diskutiert. Während die einen dem Online-Lebensmittelhandel im Jahr 2020 noch „disruptive Sprengkraft für die gesamte Branche" attestierten (Schu, 2020, S. 6), betonten andere, dass er trotz „Corona Turbo" noch „ein ganz zartes Pflänzchen" sei (IFH KÖLN, 2021, S. 2), die Entwicklung weniger als „Revolution", sondern eher als „Evolution" einzuschätzen sei, man von einer „strukturellen Änderung" noch weit entfernt sei (Mende, 2022) und es sich auch langfristig nur um einen Nischenmarkt handele (Rönisch, 2022, S. 34). Für den Handelsexperten Heinemann (2022, S. 168–169) ist der Online-Lebensmittelmarkt zwar ein Wachstumsmarkt, allerdings mit äußerst begrenzten Möglichkeiten angesichts der hohen logistischen Herausforderungen. Für ihn bleibt Online in Deutschland daher auf absehbare Zeit ein Non-Food-Thema.

1 Hintergrund, Ziel und Aufbau des Buches

Anliegen dieses Buches ist es, Bestand aufzunehmen und die Diskussion zum Thema zu vertiefen. Das Buch beleuchtet den Online-Lebensmittelmarkt aus Anbieter- und Kundensicht – anhand von Studien, Presseveröffentlichungen und auf Basis von Experteninterviews – und es versucht, Perspektiven für Händler und Hersteller aufzuzeigen. Folgende Fragen sollen beantwortet werden:

Kundenseite:

- Was haben die Pandemie-Jahre im Hinblick auf den Onlinekauf von Lebensmitteln bewirkt?
- Hat sich das Einkaufsverhalten bei Lebensmitteln schon verändert, und falls ja, wie?
- Bleibt der Online-Kauf von Lebensmitteln auf bestimmte Regionen, Zielgruppen, Warengruppen, Anlässe bzw. Situationen beschränkt? Kann er irgendwann für jedermann und jederzeit zur alltäglichen Selbstverständlichkeit werden?

Anbieterseite:

- Welche Anbieter und welche E-Food-Geschäftsmodelle gibt es derzeit in Deutschland?
- Wie entwickelt sich die Anbieterlandschaft in Deutschland?
- Welche Betriebs- bzw. Vertriebstypen werden sich etablieren?

Händler- und Herstellerseite:

- Wandelt sich – aufgrund des Online-Handels mit Lebensmitteln – die Landschaft des stationären Lebensmitteleinzelhandels in Deutschland?
- Wie werden sich Bedeutung, Rolle und Gestaltung des stationären Handels verändern?
- Welche Auswirkungen haben die Entwicklungen auf die Lebensmittelindustrie und deren Vertriebsstrategien?

Auf Basis einschlägiger Studien wird in Kap. 2 die Entwicklung des Online-Lebensmittelhandels in Deutschland seit Ausbruch der Pandemie beschrieben. Kap. 3 widmet sich den E-Food-Anbietern in Deutschland. Deren Geschäftsmodelle werden anhand prototypischer Player portraitiert und systematisiert. Herausforderungen und Erfolgsfaktoren für das E-Food-Geschäft kommen zur

Sprache. Die Kundenperspektive steht im Mittelpunkt von Kap. 4. Wie Lebensmittel in Deutschland eingekauft werden, welche Rolle der Lebensmitteleinkauf im Alltag spielt, welche Zielgruppen für den Online-Lebensmittelmarkt vielversprechend und welche Kaufsituationen besonders relevant sind, wird thematisiert. Den Blick in die Zukunft wagt Kap. 5, das die Ergebnisse einer Expertenbefragung zu weiteren Entwicklungen im Online-Lebensmittelhandel präsentiert. 23 Experten aus Konsumgüterunternehmen, Handel, Beratungsunternehmen, Journalismus und Hochschulen haben sich dazu im Rahmen von teilstrukturierten Interviews geäußert. Kap. 6 enthält eine Zusammenfassung mit Fazit und einen Ausblick.

Literatur

Accenture & GfK. (2022). Grocery insights 2022. Final call for German E-Grocery. https://www.accenture.com/ch-en/insights/retail/grocery-insights-2022. Zugegriffen: 12. Juli 2022.

appinio & Spryker. (2021). *E-Food-Insights: Die große 2021 Deutschlandstudie zur Zukunft des Lebensmitteleinzelhandels. Aktuelle Zahlen zu Nutzung, Potenzial und Markenwahrnehmung in der deutschen E-Food-Landschaft*. o. V.

Aygün, T., & Ziemßen, F. (2018). E-Food. https://wirtschaftslexikon.gabler.de/definition/e-food-54212/version-277262. Zugegriffen: 24. Okt. 2020.

Becker, J. (2020). Strategieberater sagen „Revolution" für LEH voraus. Lebensmittelzeitung, 23.10.2020. https://www.lebensmittelzeitung.net/handel/EY-Parthenon-Strategieberater-sagen-Revolution-fuer-LEH-voraus-148879. Zugegriffen: 24. Okt. 2020.

bevh. (2021). E-Commerce beschleunigt Wachstum deutlich auf mehr als 83 Mrd. Euro Warenumsatz in 2020. https://www.bevh.org/presse/pressemitteilungen/details/e-commerce-beschleunigt-wachstum-deutlich-auf-mehr-als-83-mrd-euro-warenumsatz-in-2020-bevh-forde.html. Zugegriffen: 5. Febr. 2021.

bevh. (2022). E-Commerce ist das neue „Normal" –Branchenumsatz wächst 2021 auf mehr als 100 Mrd. Euro. https://www.bevh.org/presse/pressemitteilungen/details/e-commerce-ist-das-neue-normal-branchenumsatz-waechst-2021-auf-mehr-als-100-mrd-euro.html. Zugegriffen: 21. Febr. 2022.

Bolz, J., & Höhn, J.-F. (2019). Die Digitalisierung des Vertriebs in der Konsumgüterindustrie. In G. Heinemann, H. M. Gehrckens, T. Täuber, & Accenture GmbH (Hrsg.), *Handel mit Mehrwert. Digitaler Wandel in Märkten, Geschäftsmodellen und Geschäftssystemen* (S. 183–209). Springer Gabler. https://doi.org/10.1007/978-3-658-21692-4_8.

Brüggemann, P., & Olbrich, R. (2022). The Impact of Pandemic Restrictions on Offline and Online Grocery Shopping Behavior - New Normal or Old Habits?. In F. J. Martínez-López, & L. F. Martinez (Hrsg.), *Advances in Digital Marketing and eCommerce. DMEC 2022* (S. 224–232). Springer Proceedings in Business and Economics. Springer. https://doi.org/10.1007/978-3-031-05728-1_24.

Literatur

Brüggemann, P., & Pauwels, K. (2022). Consumers' Attitudes and Purchases in Online Versus Offline Grocery Shopping. In F. J. Martínez-Lopéz, J. C. Gázquez-Abad, & M. Ieva (Hrsg.), *Advances in National Brand and Private Label Marketing, SPBE* (S. 39–46). Springer Proceedings in Business and Economics. Springer. https://doi.org/10.1007/978-3-031-06581-1_5.

Brüggemann, P., & Schultz, C. D. (2023). Shift in National Brand and Private Label Shares with Households Commencing Online Grocery Shopping. In J. C. Gázquez-Abad, F. J. Martínez-López, & K. Gielens (Hrsg.), *Advances in National Brand and Private Label Marketing. NB&PL 2023* (S. 119–126). Springer Proceedings in Business and Economics. Springer. https://doi.org/10.1007/978-3-031-32894-7_13.

Busch G., Bayer, E., Iweala, S., Mehlhose, C., Risius, A., Rubach, C., Schütz, A., Ullmann, K., & Spiller, A. (2021). Einkaufs- und Ernährungsverhalten sowie Resilienz des Ernährungssystems aus Sicht der Bevölkerung: Eine Studie während der Corona-Pandemie im November 2020. Ergebnisse der dritten Befragungswelle, Diskussionsbeitrag Nr. 2102 (ISSN 1865-2697), Georg-August-Universität Göttingen, Department für Agrarökonomie und Rurale Entwicklung (DARE). o. V.

Dannenberg, P., & Franz, M. (2014). Essen aus dem Internet. Online-Supermärkte auf dem Weg aus der Experimentierphase? *Standort, Zeitschrift für angewandte Geographie, 38*(4), 237–243. https://doi.org/10.1007/s00548-014-0347-8.

Deges, F., & Speckmann, A. S. (2020). Lieferservice im Online-Lebensmittelhandel, Analyse des Spannungsfeldes zwischen den Erwartungen der Konsumenten und den Leistungsversprechen der Anbieter, Diskussionsbeitrag/Working Paper Nr. 19, Oktober 2020, Europäische Fachhochschule Brühl, o. V.

Fassnacht, M., & Wriedt, S. (2011). Online grocery shopping: Determinants of online impulse buying behavior. In U. Wagner, K.-P. Wiedmann, & D. von der Oelsnitz (Hrsg.), *Das Internet der Zukunft. Bewährte Erfolgstreiber und neue Chancen* (S. 269–283). Springer Gabler. https://doi.org/10.1007/978-3-8349-6872-2_14.

Frentz, F., & Schramm-Klein, H. (2018). Food Well-Being: Der Einfluss des Online-Lebensmittelhandels auf die Ernährung und das Wohlergehen der Konsumenten – Eine qualitative Betrachtung. *Netzwerk Handel Insights, 1*(2018), 4–8. https://www.wiwi.uni-siegen.de/marketing/dokumente/netzwerk_handel_insights_i_2018.pdf. Zugegriffen: 24. Okt. 2020.

Geise, W., Geise, F. A., & Pömpner, A. (2018). Digitaler Wandel beim Kauf von Lebensmitteln – Empirische Befunde zum Online-Kaufverhalten. *PraxisWISSEN Marketing, 1*, 80–97. https://doi.org/10.15459/95451.21 (ISSN 2509-3029).

GfK. (2016). *E-Commerce: Nische oder Wachstumsmarkt für FMCG?* Bericht der GfK-Tagung vom 07.07.2016. o. V.

GfK. (2021). *Studie: E-Commerce in Deutschland. Aktuelle Erkenntnisse zum FMCG Online-Kaufverhalten in Deutschland*. o. V.

GfK. (2022a). *Die Kulturalisierung des Konsums. Wie kreative Generationen das Konsumverhalten in den nächsten Jahren prägen werden. 41. Unternehmergespräch Kronberg 2022, 20. Ausgabe, GfK Consumer Panels & Services*. o. V.

GfK. (2022b). *E-Grocery Retailer Perception Report 2022, GfK Consumer Panel &Services*, unveröffentlichte Studie. o. V.

GfK & Mastercard. (2022). Studie zum Online-Lebensmittelhandel: Corona war mehr als ein Booster – 80 Prozent bleiben dabei. GfK-Studie im Auftrag von Mastercard. https://www.mastercard.com/news/europe/de-de/newsroom/pressemitteilungen/de-de/2022/oktober/studie-zeigt-corona-war-mehr-als-ein-booster-fur-online-lebensmittelhandel/. Zugegriffen: 15. Okt. 2022.

Giuri, M. (2021). Rewe öffnet High-Tech-Store in Köln. *Lebensmittelzeitung*, 06.05.2021. https://www.lebensmittelzeitung.net/tech-logistik/nachrichten/PickGo-Konzept--la-Amazon-Rewe-oeffnet-High-Tech-Store-in-Koeln-152329. Zugegriffen: 9. Nov. 2022.

Giuri, M. (2022a). Rewe öffnet zweiten kassenlosen Pick&Go-Store. *Lebensmittelzeitung*, 09.11.2022. https://www.lebensmittelzeitung.net/tech-logistik/nachrichten/hybrides-format-rewe-oeffnet-zweiten-kassenlosen-pickgo-store-168098. Zugegriffen: 9. Nov. 2022.

Giuri, M. (2022b). Rewe will in Hamburg E-Food per Roboter liefern. *Lebensmittelzeitung*, 03.11.2022. https://www.lebensmittelzeitung.net/tech-logistik/nachrichten/automatisierung-rewe-will-in-hamburg-e-food-per-roboter-liefern-167989. Zugegriffen: 8. Nov. 2022.

Giuri, M. (2022c). Handel wagt neue Lieferrobotertests. *Lebensmittelzeitung*, 09.12.2022. https://www.lebensmittelzeitung.net/tech-logistik/nachrichten/letzte-meile-handel-wagt-neue-lieferroboter-tests-168597. Zugegriffen: 7. Mai 2023.

Gizycki, V. Von, & Pöhlmann, V. (2021). Kaufverhalten im Lebensmitteleinzelhandel zwischen digital und stationär – Eine Segmentierung. In J. Naskrent, M. Stumpf, & J. Westphal (Hrsg.), *Marketing & Innovation 2021. Digitalität – Die Vernetzung von digital und analog* (FOM-Edition, S. 47–64). Springer Gabler. https://doi.org/10.1007/978-3-658-29367-3_3.

Gruntkowski, L. M., & Martinez L. F. (2022). Online Grocery Shopping in Germany: Assessing the Impact of COVID-19, *Journal of Theoretical and Applied Electronic Commerce Research*, 2022, 17, 984–1002. https://doi.org/10.3390/jtaer17030050.

Hanke, G. (2021). „New Normal" nach Corona. Das nächste Einkaufen. *Lebensmittelzeitung*, 06.05.2021. https://www.lebensmittelzeitung.net/handel/Next-Normal-nach-Corona-Das-naechste-Einkaufen-152322. Zugegriffen: 12. Mai 2021.

HDE & IFH KÖLN. (2022). *HDE-Online-Monitor 2022.* o. V.

HDE & IFH KÖLN. (2023). *HDE-Online-Monitor 2023.* o. V.

Heinemann, G. (2019). Zukunft des Handels und Handel der Zukunft – Treibende Kräfte, relevante Erfolgsfaktoren und Game Changer. In G. Heinemann, H. M. Gehrckens, T. Täuber, & Accenture GmbH (Hrsg.), *Handel mit Mehrwert. Digitaler Wandel in Märkten, Geschäftsmodellen und Geschäftssystemen* (S. 3–41). Springer Gabler. https://doi.org/10.1007/978-3-658-21692-4_8.

Heinemann, G. (2022). *Der neue Online-Handel. Geschäftsmodelle, Geschäftssysteme und Benchmarks im E-Commerce* (13. Aufl.). Springer Gabler. https://doi.org/10.1007/978-3-658-36665-0.

Hielscher, H. (2013). Rewe-Chef: Lebensmittelpreise bleiben stabil. *wirtschaftswoche*, 13.04.2013. https://www.wiwo.de/unternehmen/handel/alain-caparros-rewe-chef-lebensmittelpreise-bleiben-stabil/8058314.html. Zugegriffen: 24. Okt. 2020.

Holst, J. (2021). Wo der E-Food-Markt 2021 hinsteuert. *Lebensmittelzeitung*, 26.01.2021. https://www.lebensmittelzeitung.net/handel/E-Commerce-Wo-der-E-Food-Markt-2021-hinsteuert-150446. Zugegriffen: 4. Febr. 2021.

Literatur

IFH KÖLN. (2020a). *Lebensmittel online – heute und 2030. Wie Kund*innen den (Gesamt)Markt in Bewegung bringen.* o. V.
IFH KÖLN. (2020b). *Retail of the Future – Consumer Insights.* Ausgabe Q3/2020: Online-Neulinge als neue Zielgruppe. Wie dauerhaft sind Veränderungen im Konsumentenverhalten nach Corona? o. V.
IFH KÖLN. (2021). *Lebensmittel Online. Zahlen, Daten, Fakten.* o. V.
IFH KÖLN. (2022). *Branchenreport Onlinehandel.* o. V.
Janke, K. (2021). Die neue Nähe. *Absatzwirtschaft, 4,* 20–26.
Kamel, M. A., de Montgolfier, J., Caine, S., Ringer, J., & Koszyk, S. (2020). How to ramp up online-grocery – Without breaking the bank. https://www.bain.com/insights/how-to-ramp-up-online-grocery-without-breaking-the-bank/. Zugegriffen: 25. Okt. 2020.
Kamel, M. A., de Montgolfier, J., Athanassiou, M., & De Mol, A. (2022). Online grocery strategy: A reality check for disruptors and incumbents. https://www.bain.com/globalassets/noindex/2022/bain_brief_online-grocery-strategy.pdf. Zugegriffen: 3. Juni 2023.
Klein, R., Mackert, J., & Steinhardt, C. (2019). Nachfragesteuerung im Online-Lebensmittelhandel, Wirtschaftswissenschaftliches Studium (WiSt). *Zeitschrift für Studium und Forschung, 6,* 12–18. https://doi.org/10.15358/0340-1650-2019-6-12.
Knuff, M. (2022). E-Grocery: Evaluation of the fastest growing channel within FMCG. https://www.ecr-community.org/wp-content/uploads/2022/03/220615-GfK.pdf. Zugegriffen: 13. März 2023.
Kortum, C., & Münzberg, H. (2021). Online-Lebensmittelhandel. Angriff auf die Etablierten, Schriftenreihe Handelsmanagement der DHBW Heilbronn, Whitepaper #10, Heilbronn, o. V.
KPMG. (2016). Trends im Handel 2025. Erfolgreich in Zeiten von Omni-Business. https://einzelhandel.de/images/presse/Studie_Trends_Handel_2025.pdf. Zugegriffen: 25. Okt. 2020.
KPMG. (2020). E-Food Betriebsmodelle. Varianten für den Einstieg, Juli 2020. https://hub.kpmg.de/e-food-betriebsmodelle-varianten-fuer-den-einstieg?utm_campaign=Whitepaper%20-%20E-Food%20Betriebsmodelle&utm_source=AEM. Zugegriffen: 25. Okt. 2020.
KPMG. (2022). *Retail Sales Monitor. Entwicklungen im deutschen Einzelhandel. Focus: Quick Commerce.* o. V.
Lodni, C., Najmaei, M., & Mansori, S. (2021). The effect of COVID-19 pandemic on the German E-Grocery industry with respect to challenges for retailers and customer satisfaction. *Journal of Marketing Management and Consumer Behavior, 3*(3), 1–31. (ISSN-Canada: 2371-3615).
McKinsey & Company. (2021). Interview mit Lionel Souque: „Unter den Lebensmittelhändlern in Deutschland sehen wir uns vorn.", Akzente 2'21, 26–33. https://www.mckinsey.de/branchen/konsumguter-handel/akzente/akzente-2-2021. Zugegriffen: 11. Jan. 2022.
McKinsey & Company. (2023). Living with and responding to uncertainty: The State of grocery retail 2023, Europe. https://www.mckinsey.com/industries/retail/our-insights/state-of-grocery-europe-2023-living-with-and-responding-to-uncertainty?cid=other-eml-dre-mip-mck&hlkid=c839fe2b34804c3780ad3f9b1a496652&hctky=14415103&hdpid=4ff816bc-a29e-4ffe-85cd-df4044f3d0e0. Zugegriffen: 20. Apr. 2023.
Mende, J. (2022). Kommentar: Picnic zeigt Mut zur Evolution. https://www.lebensmittelzeitung.net/handel/kommentare/kommentar-picnic-zeigt-mut-zur-evolution-166193. Zugegriffen: 27. Juli 2022.

Morschett, D., Schmid, D., & Foscht, T. (2017). *Food Online – Hype oder die Zukunft des LEH?* Deutscher Fachverlag.

Nufer, G., & Kronenberg, S. (2014). *Chancen für nachhaltige Geschäftsmodelle im Lebensmittel-Onlinehandel, Reutlinger Diskussionsbeiträge zu Marketing & Management. No. 2014-04, Hochschule Reutlingen, EBS Business School.* o. V. http://hdl.handle.net/10419/97625.

o. V. (2022). Nielsen IQ-Studie: Quick Commerce treibt Lebensmittelonlinehandel. *Lebensmittelzeitung*, 26.10.2022. https://www.lebensmittelzeitung.net/handel/online-handel/nielseniq-studie-quick-commerce-treibt-online-lebensmittelhandel-167834. Zugegriffen: 21. Nov. 2022.

Piroth, P., Rüger-Muck, E., & Bruwer, J. (2020). Digitalisation in grocery retailing in Germany: An exploratory study. *The International Review of Retail, Distribution and Consumer Research, 30*(5), 479–497. https://doi.org/10.1080/09593969.2020.1738260.

PwC. (2018). Online-Lebensmittelhandel vor dem Durchbruch in Deutschland. https://www.pwc.de/de/handel-und-konsumguter/pwc-studie-online-lebensmittelhandel-2018.pdf. Zugegriffen: 24. Okt. 2020.

PwC. (2020). Global Consumer Insights Survey 2020. https://www.pwc.de/de/handel-und-konsumguter/die-neue-einkaufsnormalitat-in-europa.html#download. Zugegriffen: 25. Okt. 2020.

Rest, J. (2021). Futter-Neid: Fett finanzierte Start-ups stürmen den Lebensmittelmarkt. *Manager magazin, Nr. 5,* 23.04.2021, 48.

Rode, J. (2023). Rewe-Roboter fährt E-Food zum Kunden. *Lebensmittelzeitung,* 08.05.2023. https://www.lebensmittelzeitung.net/tech-logistik/nachrichten/x-rewe-roboter-faehrt-e-food-zu-kunden-171150. Zugegriffen: 8. Mai 2023.

Rönisch, S. (2022). Langzeit-Analyse: Welche ECommerce-Segmente noch wachsen. In J. Graf (Hrsg.), *VHB E-Retailer Jahrbuch 2023 in Kooperation mit bevh* (S. 5–37). High Text Verlag Graf und Treplin.

Rothländer, M. (2023). Logistik im Lebensmittelhandel. Prozesse, Strukturen und Informationssysteme. Springer Gabler. https://doi.org/10.1007/978-3-658-38303-9.

Schneider, W. (2018). Food-Sortiment. https://wirtschaftslexikon.gabler.de/definition/food-sortiment-32812/version-256348. Zugegriffen: 26. Okt. 2020.

Schu, M. (2020). *Das E-Food-Buch. Märkte, Player, Strategien.* Deutscher Fachverlag.

Schu, M. (2021). Der Quick Commerce Report. Markt, Strategie, Geschäftsmodelle, Player, Ausblick, August, 2021. https://www.matthiasschu.ch/reports/. Zugegriffen: 9. Jan. 2022.

Schu, M. (2022). Der E-Food Omnichannel Report: Kaufverhalten, Businessmodelle, Trends, Anwendungen, August 2022. https://www.matthiasschu.ch/reports/. Zugegriffen: 1. Aug. 2022.

Seitz, C., Pokrivčák, J., Tóth, M., & Plevný, M. (2017). Online grocery retailing in Germany: An explorative analysis. *Journal of Business Economics and Management, 18*(6), 1243–1263. https://doi.org/10.3846/16111699.2017.1410218

Simmons, V., Spielvogel, J., Timelin, B., & Tjon Pian Gi, M. (2022). The next S-curve of growth: Online grocery to 2030. In McKinsey & Company (Hrsg.), *Navigating the market headwinds: The State of grocery retail 2022 – Europe* (S. 30–35). https://www.mckinsey.com/industries/retail/our-insights/the-next-s-curve-of-growth-online-grocery-to-2030. Zugegriffen: 23. Febr. 2023.

Literatur

Simon-Kucher & Partners. (2018). *Wo kauft der Kunde der Zukunft Lebensmittel ein? Omni-Channel Studie 2018 – Neueste Erkenntnisse zum Einkaufsverhalten im Lebensmitteleinzelhandel in Deutschland.* o. V.

Spryker & appinio. (2022). *German online grocery report 2022. Ultimate overview of online food retailing in Germany in 2022 and Beyond.* o. V.

Strategy&. (2022). *The future of grocery shopping.* o. V.

Strecker, O. (2021). Contra E-Food – Auslieferung verbrennt Geld. *LPeconomy,* 05.05.2021, S. 8.

Swoboda, B., Foscht, T., & Schramm-Klein, H. (2019). *Handelsmanagement. Offline-, Online- und Omnichannel-Handel* (4. Aufl.). Vahlen.

Täuber, T. (2020). E-Food: Vier Modelle im Vergleich. *etailment,* 30.07.2020. https://etailment.de/news/stories/etailment-Expertenrat-E-Food-Vier-Modelle-im-Vergleich-23115. Zugegriffen: 27. Juli 2021.

Thieme, T. (2021). „Das Gedächtnis von Investoren und Gründern ist zu kurz", Interview mit Prof. Otto A. Strecker. *Absatzwirtschaft, 7,* 16–21.

Thoma, K. (2016). *Akzeptanz des Online-Lebensmittelhandels in Deutschland. Eine empirische Studie zur Ermittlung personen- und produktbezogener Einflussfaktoren, Hofer akademische Schriften zur digitalen Ökonomie: Bd. 4. Herausgegeben von Andreas Wagener, Hochschule Hof.* o. V.

Wegmann, C. (2020). *Lebensmittelmarketing. Produktinnovationen – Produktgestaltung – Werbung – Vertrieb.* Springer Gabler https://doi.org/10.1007/978-3-658-26038-5.

2. Studien und Daten zum Online-Lebensmittelhandel: Pandemie als Beschleuniger, Wirtschaftskrise als Bremse?

Zusammenfassung

Während der Pandemie durchgeführte Studien zum Online-Lebensmittelhandel werden in diesem Kapitel vorgestellt. Die von Beratungsunternehmen und Branchenverbänden erhobenen Daten belegen den Aufwärtstrend für den Lebensmitteleinkauf im Netz und zeichnen ein recht optimistisches Bild für die Zukunft. Wie stark dieses Bild durch härtere wirtschaftliche Rahmenbedingungen aufgrund des Ukraine-Krieges und der Energiekrise getrübt wird, bleibt abzuwarten.

Tab. 2.1 zeigt chronologisch geordnet während der Pandemie durchgeführte Studien zum Online-Lebensmittelhandel.

Fragt man nach Gründen für die relativ langsame Entwicklung des Online-Lebensmittelmarktes in Deutschland und analysiert dabei Anbieter- und Kundenseite, wird man mit dem bekannten „Henne-Ei-Phänomen" (IFH KÖLN, 2020b, S. 55) konfrontiert: Ohne Angebot (vor allem abseits der Ballungsgebiete) gibt es keine Nachfrage, aber ohne Nachfrage kommen auch keine Anbieter. Frederic Knaudt, Deutschlandchef von Picnic, ist schon vor der Corona-Krise der Ansicht gewesen, dass die Kunden durchaus bereit sind, Lebensmittel online zu bestellen, dass aber die bisherigen Angebote nicht passend waren (Hell, 2020).

Tab. 2.1 Ausgewählte Studien zum Online-Kaufverhalten bei Lebensmitteln und Fast Moving Consumer Goods, Frühjahr 2020 bis Dezember 2022

Hrsg. (Jahr): Studientitel	Feldzeit	Methodik	Stichprobe
Bitkom (2020): E-Commerce und stationärer Handel: So digital shoppen die Deutschen	April 2020	Telefonische Befragung (CATI)	1003 Teilnehmer ab 16 Jahren in Deutschland
PwC (2020): Die neue Einkaufsnormalität in Europa	April/Mai 2020 (3400 Teilnehmer) vor März 2020 (6185 Teilnehmer)	Online-Befragung	9585 Großstädter in 7 europäischen Ländern, davon 500 in Deutschland
Innofact (2020): Corona-Handelstracking	KW 22 (Mai) 2020 KW 26 (Juni) 2020	Online-Befragung	1000 Teilnehmer pro Woche in Deutschland
IFH KÖLN (2020a): Retail of the Future – Consumer Insights. Ausgabe Q3/2020: Online-Neulinge als neue Zielgruppe. Wie dauerhaft sind Veränderungen im Konsumentenverhalten nach Corona?	Juni 2020	Online-Befragung	500 „Online-Neulinge" in Deutschland
KPMG (2021): Online Shopping. Einkaufsverhalten – wer kauft was, wann, wie. Analyse zu Trends und Potenzialen im E-Commerce in der DACH-Region	Januar 2021	Online-Befragung	3152 Teilnehmer DACH-Region, 1050 davon in Deutschland, Quotenstichprobe

(Fortsetzung)

Tab. 2.1 (Fortsetzung)

Hrsg. (Jahr): Studientitel	Feldzeit	Methodik	Stichprobe
HDE und IFH KÖLN (2021): HDE-Online-Monitor 2021 IFH KÖLN (2021): Lebensmittel Online. Zahlen, Daten, Fakten (mit Daten aus dem HDE-Online-Monitor 2021)	Februar 2021	Online-Befragung	1500 Internetnutzer in Deutschland
GfK (2021a): E-Commerce in Deutschland: Online-Einkaufsverhalten bei FMCG in Deutschland	April 2021	Online-Befragung	1000 Teilnehmer (Online-Access-Panel) in Deutschland
Oliver Wyman (2021): Großeinkauf per Smartphone: Der Wettlauf beginnt – Kundenzufriedenheitsstudie im LEH	April 2021	Online Befragung	10.000 Befragte in 8 europäischen Ländern, davon mehr als 1500 in Deutschland
Nielsen IQ (2021): E-Commerce-Studie 2021	Mai 2021	Consumer Panel	Nielsen IQ Consumer Panel FMCG, 20.000 Haushalte repräsentativ
appinio und Spryker (2021): E-Food-Insights: Die große 2021 Deutschlandstudie zur Zukunft des LEH	Juni 2021	Online-Befragung	2507 Befragte repräsentativ in Deutschland

(Fortsetzung)

Tab. 2.1 (Fortsetzung)

Hrsg. (Jahr): Studientitel	Feldzeit	Methodik	Stichprobe
Servicebarometer AG (2021): Lebensmittellieferdienste 2021	Oktober 2020 bis Juli 2021	Online-Befragung	1208 Kunden von Lebensmittellieferdiensten ab 16 Jahren, Quotenstichprobe über Online-Access-Panel
dpd group (2022): E-Shopper-Barometer 2021	2019 Juni/Juli 2021	Online-Befragung	23.394 Online-Käufer ab 18 Jahren in 21 europäischen Ländern, davon 1500 in Deutschland
PwC (2021a, b): Global Consumer Insight Survey, Pulse 2–3	März 2021 September 2021	Online-Befragung	> 8600 Teilnehmer in mindestens 22 Ländern weltweit, davon pro Welle ca. 500 Teilnehmer in Deutschland
Capgemini Research Institute (2022): What matters to today's consumer: 2022 consumer behavior tracker for the Consumer Products and Retail industries	Oktober/November 2021	Online-Befragung	> 10.000 Online-Shopper in 10 Ländern (Europa, Kanada, Australien, USA), davon 1000 in Deutschland
GfK und mobiquity (2021): Uncovering friction in e-Grocery	November 2021	Online-Befragung	7547 Teilnehmer in 8 europäischen Ländern, 942 Teilnehmer in Deutschland
bevh (2022a): Interaktiver Handel in Deutschland	Januar-Dezember 2021	Online-Befragung	40.000 Personen über 14 Jahre in Deutschland, repräsentativ über demografische Merkmale

(Fortsetzung)

Tab. 2.1 (Fortsetzung)

Hrsg. (Jahr): Studientitel	Feldzeit	Methodik	Stichprobe
Accenture und GfK (2022): Grocery Insights 2022: Final Call for German E-Grocery	2017–2021	GfK FMCG-Haushaltspanel	30.000 Haushalte, repräsentativ für Deutschland
GfK (2022a): Die Kulturalisierung des Konsums, S. 40–48 („Zum Warenkorb – zur Kasse – jetzt kaufen": Die Entwicklung des FMCG-Online-Handels)	2019–2021	GfK FMCG-Haushaltspanel	30.000 Haushalte, repräsentativ für Deutschland
GfK (2022b): FMCG shopper types across GfK countries, E-Grocery, S. 27–34	2021	GfK FMCG-Haushaltspanel	30.000 Haushalte, repräsentativ für Deutschland
Spryker und appinio (2022): German Online Grocery Report 2022. Ultimate Overview of Online Food Retailing in Germany in 2022 and Beyond	Januar 2022	Online-Befragung	2500 Befragte (16–65 Jahre alt), repräsentativ in Deutschland
Mintel (2022): Online-Lebensmittelhandel Deutschland. Marktreport 2022	Februar 2022	Online-Befragung	2000 Internetnutzer ab 16 Jahren, Online-Access-Panel Kantar Profiles
GfK (2022c): E-Grocery Retailer Perception Report 2022	Juni 2022	GfK FMCG Haushaltspanel sowie Online-Fokusgruppen	30.000 Haushalte, repräsentativ für Deutschland 6 Gruppen à 5 bis 6 Teilnehmer

(Fortsetzung)

Tab. 2.1 (Fortsetzung)

Hrsg. (Jahr): Studientitel	Feldzeit	Methodik	Stichprobe
Strategy& (2022): The future of grocery shopping	Juli 2022	Online-Befragung	57 Experten aus der Lebensmittelbranche, vor allem aus Deutschland, Niederlande, Frankreich, UK und der Türkei, davon 27 Experten aus Deutschland
Nielsen IQ und foxintelligence (2022): E-Commerce no longer a Black Box: Latest e-commerce trends and insights on German e-shopper	August 2021-Juli 2022	POS-Daten und E-Shopper-Panel	Nielsen IQ Omnisales, 150 FMCG-Händler und 350.000 Teilnehmer des E-Shopper-Panels in Deutschland
GfK und Mastercard (2022): Studie zum Online-Lebensmittelhandel	August 2022	Online-Befragung	1009 Befragte (18 bis 74 Jahre alt), repräsentativ für Deutschland, Quotenstichprobe
Roland Berger (2022): Quick Commerce – a lasting revolution?	August 2022	Online-Befragung	> 6000 Befragte in Deutschland, Frankreich und U.K., davon 2017 in Deutschland, repräsentativ über demographische Merkmale

(Fortsetzung)

Tab. 2.1 (Fortsetzung)

Hrsg. (Jahr): Studientitel	Feldzeit	Methodik	Stichprobe
bevh (2023a): Interaktiver Handel in Deutschland	Januar–Dezember 2022	Online-Befragung	40.000 Personen über 14 Jahre in Deutschland, repräsentativ über demographische Merkmale
Oliver Wyman (2023): Quick Commerce in Deutschland: Gekommen, um zu bleiben	Dezember 2022	Online-Befragung	2100 Quick-Commerce-Nutzer in Deutschland, Frankreich und den Niederlanden, davon 700 Teilnehmer in Deutschland, rekrutiert über Online-Access-Panel

Waren in der ersten Zeit der Pandemie die Online-Lebensmittelanbieter komplett überlastet und nicht mehr in der Lage, zeitnah freie Lieferslots zu bieten (Loderhose, 2020), so haben inzwischen viele Kunden erstmals Online-Lebensmitteleinkäufe ausprobiert, waren weitgehend damit zufrieden (Servicebarometer AG, 2021) und wollen auch künftig so einkaufen (Crescenti, 2020; HDE & IFH KÖLN, 2020, S. 14; GfK, 2021b; Konrad, 2021). Im April 2020 hatten bereits 30 % der Deutschen (und damit doppelt so viele wie vor der Corona-Krise) ihre Lebensmittel häufig bzw. hin und wieder im Netz (in Online-Supermärkten und auf Plattformen) bestellt (Bitkom, 2020). Anfang 2021 gab fast die Hälfte der Internetnutzer an, schon einmal Lebensmittel via Internet gekauft zu haben und dies auch künftig tun zu wollen (HDE & IFH KÖLN, 2021, S. 49, 51).

Online-Käufe von Lebensmitteln sind an sich nichts Neues, aber es macht einen Unterschied, ob jemand einmal im Jahr eine Kiste Wein im Internet bestellt und per Post zugeschickt bekommt oder ob er regelmäßig den kompletten Wocheneinkauf im Netz erledigt und nach Hause liefern lässt. Etwa jeder Zehnte hatte Anfang 2021 auch seinen Wocheneinkauf schon einmal online getätigt (IFH KÖLN, 2021, S. 7). In dem von der dpd group herausgegebenen E-Shopper-Barometer (dpd group, 2022, S. 12) werden Personen, die mindestens eine beliebige Warengruppe pro Monat im Internet einkaufen, als regelmäßige Online-Shopper bezeichnet. Gut ein Fünftel dieser regelmäßigen Online-Shopper in Deutschland hatte im Jahr 2021 Produkte aus den Warengruppen Frischwaren und Getränke online eingekauft, und die Hälfte davon kaufte seit Pandemiebeginn mehr Frischwaren und Getränke im Internet (dpd group, 2022, S. 26, 29). Dabei kam u. a. der Trend zum Homeoffice dem Online-Geschäft zugute (PwC, 2021a, S. 4), außerdem die Tatsache, dass wieder mehr zu Hause gekocht wurde (GfK, 2022a, S. 30).

Sowohl der Wocheneinkauf als auch der kurzfristige Bedarf spielten jedoch beim Online-Kauf noch eine untergeordnete Rolle; Schwerpunkte lagen auf der Bestellung von Spezialitäten, bei anlassbezogenen Käufen und der langfristigen Bevorratung (HDE & IFH KÖLN, 2021, S. 50). Zu diesem Ergebnis kam auch KPMG (2021, S. 28–29) im Januar 2021: Vor allem haltbare Produkte erfreuten sich großer Online-Akzeptanz, und es waren die einkommensstärkeren Schichten, die dem Online-Kauf von Lebensmitteln besonders aufgeschlossen gegenüberstanden. Knapp jeder dritte Deutsche gab in dieser Studie an, regelmäßig bis gelegentlich Lebensmittel und Getränke online zu kaufen.

Vergleichbare Zahlen präsentierten auch appinio und Spryker (2021, S. 6) im Juni 2021 und im Januar 2022 (Spryker & appinio, 2022, S. 5): Hier war es rund ein Drittel der Befragten (36 bzw. 33 %), die zumindest gelegentlich Lebensmittel online kauften. Im November 2022 kam adesso (2023, S. 11) auf 30 % Online-Käufer. Die Markt-Media-Studie „best for planning", für die von September 2020 bis Februar 2022 mehr als 30.000 repräsentativ ausgewählte Personen ab 14 Jahren in Deutschland befragt wurden, ermittelte, dass rund 27 % der Befragten Lebensmittel im Internet kaufen, knapp jeder Zehnte sogar mindestens einmal in Monat (Gesellschaft für integrierte Kommunikationsforschung mbH & Co KG, 2022). Und auch die Daten des GfK-Haushaltspanels wiesen in diese Richtung: Im Jahr 2021 kauften 27 % aller Haushalte schnell drehende Konsumgüter[1] online; klammert man die Haushalte der Altersgruppe über 70 Jahre aus, lagen die Werte gleichmäßig über alle Generationen hinweg bei 28 bis 29 % (GfK, 2022a, S. 43). Gestützt wird dieses Ergebnis durch eine weitere GfK-Studie vom August 2022, die im Auftrag von Mastercard als Online-Befragung durchgeführt wurde: 27 % der Deutschen gaben hier an, Lieferdienste zu nutzen, ein Drittel davon sogar mindestens einmal pro Woche (Schmitz-Engels, 2022).

Haben die coronabedingten Verhaltensänderungen also langfristig Bestand? Die Daten vom August 2022 legen dies nahe: Immerhin sagen 80 % der Deutschen, die Lebensmittellieferdienste während der Pandemie erstmals ausprobiert hatten, sie seien dabei geblieben (Schmitz-Engels, 2022). Knapp die Hälfte davon kauft aber jetzt seltener online als noch während der Hochphase der Pandemie.

Das Kölner Institut für Handelsforschung (IFH KÖLN, 2020a) hat ebenfalls zu dieser Frage schon im Juni 2020 eine Online Befragung unter 500 „Online-Neulingen" durchgeführt. Das sind Personen, die seit Beginn der Corona-Krise solche Produkte online bestellt haben, die sie zuvor noch nie online gekauft hatten. Man wollte herausfinden, wie dauerhaft Veränderungen im Konsumverhalten nach Corona sein würden. Beim Lebensmitteleinkauf konnten sich 20 % der Befragten vorstellen, diesen auch in Zukunft vermehrt online zu tätigen, und etwa 10 % waren sogar bereit, einen Aufpreis von 10 € pro Lieferung zu zahlen. Allerdings gab die Mehrheit (ca. 60 %) der Befragten an, dass sie, sobald die Corona-Angst wegfiele, den Einkauf im Supermarkt wieder attraktiver fände als den Online-Kauf – dies auch vor dem Hintergrund, dass drei Viertel der Befragten grundsätzlich sehr zufrieden mit der Nähe und dem Angebot ihrer Supermärkte sind. Spaß beim stationären Einkauf hat im Jahr 2021 immerhin noch die Mehrheit der Deutschen – laut GfK-Haushaltspanel sind es 62 %

---

[1] Schnell drehende Konsumgüter (Fast Moving Consumer Goods, FMCG) sind neben Lebensmitteln und Getränken auch Körperpflege-, Kosmetikprodukte, Drogeriewaren und Heimtierbedarf. Von den FMCG-Online-Umsätzen entfielen im Jahr 2022 rund 59 % auf Food-Warengruppen (Lebensmittel inklusive Wein und Sekt). (HDE & IFH KÖLN, 2023, S. 20).

aller Haushalte (GfK, 2022a, S. 31) und nach einer Studie von Spryker und appinio rund 70 % der Befragten (Spryker & appinio, 2022, S. 9). Die Corona-Handelstracking-Ergebnisse der Marktforscher von Innofact im Mai/Juni 2020 (Innofact, 2020) und eine Analyse des Bundesverbands des deutschen Lebensmittelhandels (BVLH, 2020) wiesen in eine ähnliche Richtung. Auch Dannenberg et al. (2020) warnten davor, die Effekte der Corona-Pandemie hinsichtlich einer langfristigen Verschiebung der Lebensmittelkäufe von den stationären Geschäften in die Online-Shops zu überschätzen.

Dazu passt das Ergebnis einer repräsentativen Konsumentenbefragung der Unternehmensberatung Oliver Wyman vom April 2021: Anders als im europäischen Ausland hatten in Deutschland im ersten Quartal 2021 erst 10 % der Befragten in einem Online-Supermarkt eingekauft, was jedoch auch am fehlenden Angebot liegen mag; eine Trendwende hin zu mehr Online-Einkäufen sei nach Einschätzung der Berater zu erwarten (Oliver Wyman, 2021). Es gebe immer noch Raum für Wachstum im Lebensmittelbereich, so lautet auch ein Fazit der Nielsen E-Commerce-Studie vom Juli 2021 (o. V., 2021). Im September 2021 gab mehr als ein Drittel der Deutschen an, dass sie im letzten halben Jahr bei Lebensmitteln ausschließlich, gleich viel oder mehr online gekauft hätten (PwC, 2021b, S. 7).

Die GfK (2022a, S. 41) sieht beim Vergleich ihrer Haushaltspaneldaten des Vor-Pandemie-Jahrs 2019 und des Pandemie-Jahrs 2021 sowohl die Käufergewinnung als auch die Frequenzsteigerung als Treiber des Online-Geschäfts: Die Anzahl der Online-Käufer hat sich erhöht, und die Käufer kauften häufiger online ein. Im Haushaltspanel der GfK werden neben dem gemessenen Kaufverhalten auch Einstellungen zum Einkauf und zu generellen Dingen des täglichen Lebens erfragt. Die GfK identifiziert auf Basis des unterschiedlichen Einkaufsverhaltens und der erfragten Einstellungen acht trennscharfe Käufertypen (GfK, 2022d). Es zeigte sich, dass folgende Käufergruppen ihre Online-Ausgaben besonders stark gesteigert haben: zum einen die Anspruchsvollen und die Biokäufer, d. h. Premiumkäufer mit einem tendenziell geringeren Preisbewusstsein und einer höheren Qualitätsorientierung, und zum anderen die Großeinkäufer, d. h. Familienversorger, die unter Zeitdruck stehen und logistische Herausforderungen zu bewältigen haben (GfK, 2022b, S. 30, d, S. 4–5).

Die weitere Entwicklung des Käuferverhaltens hängt sicherlich auch maßgeblich vom zur Verfügung stehenden Angebot ab. Für die deutschen Großstädte, wo den Kunden die meisten Möglichkeiten zum Food-Onlineshopping zur Verfügung stehen, waren die Zahlen immer schon besonders vielversprechend. In Berlin, Hamburg, München, Köln und Frankfurt hat das Beratungsunternehmen Price Waterhouse Coopers im ersten Halbjahr 2020 insgesamt 500 Konsumenten befragt (PwC, 2020): Gut ein Fünftel der Deutschen in diesen Ballungszentren nutzte damals schon den Online-Kanal als Haupteinkaufsquelle für Lebensmittel. Jeder Zweite, der Lebensmittel online bestellte, kaufte mehr davon ein als vor Corona, und mit über 80 % wollte die große Mehrheit das auch in diesem Umfang beibehalten.

Anfang 2021 sprachen Branchen-Insider davon, dass die Pandemie das E-Food-Geschäft auch in Deutschland „auf die nächste Ebene gehoben habe" (Holst, 2021) und jetzt ein stark umkämpfter Milliardenmarkt verteilt werde (Reimann, 2021). Dass das erste Corona-Jahr 2020 wirklich den Durchbruch gebracht hat, sahen aber nicht alle Experten als erwiesen an (Münzberg et al., 2021; Thieme, 2021). Kai Hudetz vom IFH KÖLN (o. V., 2020) meinte dazu:

> „Wir sollten uns davor hüten, die jetzige Corona geprägte Sondersituation einfach fortzuschreiben. Die Frage ist, ob der Konsument auch nach der Krise bereit ist, für einen Lieferservice zu bezahlen. Da bin ich nach wie vor skeptisch. Die Verbraucher in Deutschland sind am Ende doch sehr sparsam."

Diese Einschätzung gewinnt vor dem Hintergrund der aktuellen wirtschaftlichen Lage und dem Absturz des Konsumklimas im September 2022 auf einen historischen Tiefstand (GfK, 2022e) besonderes Gewicht. „Wo bleibt er denn, der Boom?", fragte sich im Oktober 2022 denn auch der Wirtschaftsjournalist Tobias Weidemann; es sei ein „steiniger Weg" bis zum Erfolg der Lebensmittellieferdienste (Weidemann, 2022). Und Peer Schader, Herausgeber des Supermarktblogs, ging im November 2022 davon aus, dass die derzeitige Preiskrise „den Online-Lebensmittelhandel ziemlich durcheinander rüttelt – und einen Teil der bisherigen Kundschaft zurück in die Läden mit ihren Sonderangeboten treibt" (Schader, 2022).

Dennoch: Auch wenn der Preis ein wesentliches Kaufentscheidungskriterium bleibt und angesichts Inflation und steigender Lebenshaltungskosten noch bedeutsamer wird (Schulz, 2022; Dichtl, 2021; McKinsey & Company, 2022, S. 20–21, 2023, S. 15), haben die Online-Erfahrungen vieler Haushalte doch den „Keim für weiteres Wachstum" des Marktes gelegt (GfK, 2021b, S. 3) und Online-Bestellungen zu einer „etablierten Option des FMCG-Einkaufs" gemacht (GfK, 2021b, S. 4).

Der Markt ist im Jahr 2021 um 47 % gewachsen, und der durchschnittliche Einkaufswert der Warenkörbe hat sich auf 59 € erhöht (bevh, 2022b). Anfang 2022 konnten sich immerhin 21 % der Deutschen vorstellen, dass sie in zwei Jahren ihren kompletten Lebensmitteleinkauf online erledigen (Spryker & appinio, 2022, S. 5). Im August 2022 gaben in einer repräsentativen Studie mehr als

30 % der Befragten an, pro Lieferdienst-Bestellung mehr als 75 € auszugeben (Schmitz-Engels, 2022). Weiteres Wachstum ist auch künftig zu erwarten (o. V., 2022), zumal man davon ausgehen kann, dass sich durch die pandemiebedingten Erfahrungen auch die Erwartungen der Kunden an den Lebensmitteleinkauf verändert haben (Capgemini Research Institute, 2022, S. 9).

Der Online-Lebensmittelhandel hat auch im Jahr 2022 seine Umsätze verteidigt; die Steigerungsrate zum Vorjahr lag allerdings nur noch bei 1,3 % (bevh, 2023a). Beim Vergleich der ersten beiden Quartale der Jahre 2022 und 2023 sind die Umsätze des Online-Lebensmittelhandels um 3,7 % gestiegen, während die Online-Umsätze in allen anderen Warengruppen gesunken sind (bevh, 2023b). Dass die Online-Wachstumsrate bei Lebensmitteln im Vergleich zu anderen Warengruppen im Jahr 2022 überdurchschnittlich sei, betont auch der Handelsverband Deutschland in seinem Online-Monitor von 2023 (HDE & IFH KÖLN, 2023, S. 18). Die „Expansion der Online-Supermärkte geht 2023 in die nächste Runde", wie die Lebensmittelzeitung titelt (Nissen, 2023), wenn auch mit geringerem Tempo als zuvor (Klug, 2022).

Fazit aus den Studien und Daten (Winter 2022/2023)
Mit knapp 3 % Marktanteil ist der Anteil des Online-Lebensmittelhandels am gesamten Lebensmittelhandel in Deutschland immer noch gering. Die Pandemie hat das Geschäft beflügelt und die Weichen für die Zukunft gestellt.

- Ein Drittel der Deutschen kaufte 2021/2022 zumindest gelegentlich Lebensmittel im Internet.
- Den Wocheneinkauf hat knapp jeder Zehnte schon einmal online erledigt.
- Die E-Food-Bestellkörbe wurden größer.
- Kunden sehen den Online-Kauf als zusätzliche Einkaufsoption und wollen ihn auch künftig verstärkt nutzen.
- Jeder Fünfte konnte sich Anfang 2022 vorstellen, in den nächsten zwei Jahren den Lebensmitteleinkauf komplett online abzuwickeln.
- Der Einkauf in stationären Geschäften bleibt bei der Mehrheit weiterhin beliebt.
- Der Löwenanteil des Online-Geschäfts mit Lebensmitteln spielt sich – entsprechend der derzeitigen Angebotssituation – in den Metropolregionen ab.
- Wirtschaftlich härtere Rahmenbedingungen dämpfen die anfängliche coronabedingte Euphorie der Anbieter; der Markt beginnt sich zu konsolidieren, und das Expansionstempo verlangsamt sich.

Literatur

Accenture & GfK. (2022). Grocery insights 2022. Final call for German E-Grocery. https://www.accenture.com/ch-en/insights/retail/grocery-insights-2022. Zugegriffen: 12. Juli 2022.

adesso. (2023). *Adesso Digital Commerce Studie 2023*. adesso.

appinio & Spryker. (2021). *E-Food-Insights: Die große 2021 Deutschlandstudie zur Zukunft des Lebensmitteleinzelhandels. Aktuelle Zahlen zu Nutzung, Potenzial und Markenwahrnehmung in der deutschen E-Food-Landschaft.* o. V.

bevh. (2022a). Interaktiver Handel in Deutschland. https://www.bevh.org/fileadmin/content/05_presse/Auszuege_Studien_Interaktiver_Handel/Interaktiver_Handel_in_Deutschland_2021.pdf. Zugegriffen: 3. März 2022.

bevh. (2022b). E-Food: Bestellkörbe werden größer. https://www.bevh.org/presse/zahl-der-woche/details/e-food-bestellkoerbe-werden-groesser.html. Zugegriffen: 21. Febr. 2022.

bevh. (2023a). Interaktiver Handel in Deutschland. https://www.bevh.org/fileadmin/content/05_presse/Pressemitteilungen_2023/Umsatztabellen_2022_pdf.pdf. Zugegriffen: 11. März 2023.

bevh. (2023b). Konsolidierung im E-Commerce setzt sich im ersten Quartal fort. https://bevh.org/detail/konsolidierung-im-e-commerce-setzt-sich-im-ersten-quartal-fort. Zugegriffen: 6. Apr. 2023.

Bitkom. (2020). E-Commerce und stationärer Handel: So digital shoppen die Deutschen. Ein Bitkom-Studienbericht, Berlin, Juli 2020.

BVLH. (2020). Lebensmittelhandel in Zeiten der Corona-Pandemie. 7 Erkenntnisse aus der Krise, Berlin, August 2020.

Capgemini Research Institute. (2022). What matters to today's consumer: 2022 consumer behavior tracker for the consumer products and retail industries. https://www.capgemini.com/wp-content/uploads/2022/01/CRI_What-matters-to-todays-consumer_Final-Web.pdf. Zugegriffen: 28. Febr. 2022.

Crescenti, M. (2020). Online-Lebensmittelhandel. Gekommen, um zu bleiben. https://www.rundschau.de/artikel/online-lebensmittelhandel-gekommen-um-zu-bleiben/. Zugegriffen: 25. Okt. 2020.

Dannenberg, P., Fuchs, M., Riedler, T., & Wiedemann, C. (2020). Digital Transition by COVID-19-Pandemic? The German Food Online Retail. *Journal of Economic und Human Geography, 111*(3), 543–560. https://doi.org/10.1111/tesg.12453.

Dichtl, M. (2021). Der Weg der erfolgreichen E-Food-Player ist vorgegeben, Diskussionsbeitrag. In C. Kortum & H. Münzberg (Hrsg.), *Online-Lebensmittelhandel. Angriff auf die Etablierten* (S. 46–47), Schriftenreihe der DHBW Heilbronn, Whitepaper #10, Heilbronn.

dpd group. (2022). *E-Shopper-Barometer 2021.* o. V.

Gesellschaft für integrierte Kommunikationsforschung mbH & Co KG. (2022). *Best for planning 2022/Berichtsband best für planning 2022 „Wissen wie Deutschland jetzt und in Zukunft lebt"; Deutschsprachige Bevölkerung ab 14 Jahre; Frage 734_1.* o. V.

GfK. (2021a). *Studie: E-Commerce in Deutschland. Aktuelle Erkenntnisse zum FMCG Online-Kaufverhalten in Deutschland.* o. V.

GfK. (2021b). Consumer Index 04/21: Große und kleine Gorillas auf unseren Straßen, GfK Consumer Panels & Services. https://www.gfk.com/hubfs/website/editorial_ui_pdfs/NCE_DE_2021_CI_04.pdf. Zugegriffen: 20. März 2021.

GfK. (2022a). *Die Kulturalisierung des Konsums. Wie kreative Generationen das Konsumverhalten in den nächsten Jahren prägen werden. 41. Unternehmergespräch Kronberg 2022, 20. Ausgabe, GfK Consumer Panels & Services.* o. V.

GfK. (2022b). FMCG shopper types across GfK countries, GfK Consumer Panels & Services. https://www.gfk.com/insights/report-fmcg-shopper-types-across-gfk-countries. Zugegriffen: 27. Okt. 2022.

GfK. (2022c). *E-Grocery Retailer Perception Report 2022, GfK Consumer Panels & Services, unveröffentlichte Studie.* o. V.

GfK. (2022d). *„Paint a Picture" der FMCG-Shopper Typen 2021. Shopper Potenziale verstehen und effektiv erschließen, GfK Consumer Panels & Services, unveröffentlichte Studie.* o. V.

GfK. (2022e). Starke Kaufkrafteinbußen lassen Konsumklima weiter abstürzen. https://www.gfk.com/de/presse/starke-kaufkrafteinbussen-lassen-konsumklima-weiter-abstuerzen. Zugegriffen: 17. Okt. 2022.

GfK & Mastercard. (2022). Studie zum Online-Lebensmittelhandel: Corona war mehr als ein Booster – 80 Prozent bleiben dabei, GfK-Studie im Auftrag von Mastercard. https://www.mastercard.com/news/europe/de-de/newsroom/pressemitteilungen/de-de/2022/oktober/studie-zeigt-corona-war-mehr-als-ein-booster-fur-online-lebensmittelhandel/. Zugegriffen: 15. Okt. 2022.

GfK & mobiquity. (2021). Uncovering Friction in E-Grocery. https://www.mobiquity.com/insights/uncovering-friction-in-e-grocery-experience-as-a-growth-driver. Zugegriffen: 12. Juli 2022.

HDE & IFH KÖLN. (2020). *Handelsreport Lebensmittel, Corona-Update 2020.* o. V.

HDE & IFH KÖLN. (2021). *HDE-Online-Monitor 2021.* o. V.

HDE & IFH KÖLN. (2023). *HDE-Online-Monitor 2023.* o. V.

Hell, M. (2020). Food Branche: Bringen neue Anbieter den Befreiungsschlag? Digitaler Handel, 27.01.2020. https://www.internetworld.de/digitaler-handel/online-handel/food-branche-bringen-neue-anbieter-den-befreiungsschlag-2450919.html#gref. Zugegriffen: 25. Okt. 2020.

Holst, J. (2021). Wo der E-Food-Markt 2021 hinsteuert. *Lebensmittelzeitung*, 26.01.2021. https://www.lebensmittelzeitung.net/handel/E-Commerce-Wo-der-E-Food-Markt-2021-hinsteuert-150446. Zugegriffen: 4. Febr. 2021.

IFH KÖLN. (2020a). *Retail of the Future – Consumer Insights. Ausgabe Q3/2020: Online-Neulinge als neue Zielgruppe. Wie dauerhaft sind Veränderungen im Konsumentenverhalten nach Corona?* o. V.

IFH KÖLN. (2020b). *Lebensmittel online – Heute und 2030. Wie Kund*innen den (Gesamt)Markt in Bewegung bringen.* o. V.

IFH KÖLN. (2021). *Lebensmittel Online. Zahlen, Daten, Fakten.* o. V.

Innofact. (2020). *Innofact Corona-Handelstracking, Stand KW 26, Einkaufsverhalten in ausgewählten Retail-Branchen in Zeiten der Corona-Krise.* o. V.

Klug, D. (2022). Online-Supermärkte treten auf die Bremse. *Lebensmittelzeitung*, 09.12.2023. https://www.lebensmittelzeitung.net/handel/online-handel/e-food-online-supermaerkte-treten-auf-die-bremse-168584. Zugegriffen: 23. Febr. 2023.

Literatur

Konrad, J. (2021). Online Lieferdienste/Kundenmonitor 2021: Amazon schließt zu Rewe auf. *Lebensmittelzeitung*, 09.09.2021. https://www.lebensmittelzeitung.net/handel/online-handel/kundenmonitor-2021-amazon-schliesst-zu-rewe-auf-161385. Zugegriffen: 28. Febr. 2022.

KPMG. (2021). Online Shopping. Einkaufsverhalten – Wer kauft was, wann, wie. Analyse zu Trends und Potenzialen im E-Commerce in der DACH-Region, April 2021. https://assets.kpmg.com/content/dam/kpmg/ch/pdf/studie-online-shopping-kpmg-2021.pdf. Zugegriffen: 3. Juni 2023.

Loderhose, B. (2020). Vom Boom überrollt. *Lebensmittelzeitung*, 29.05.2020, 21–22.

McKinsey & Company. (2022). Navigating the market headwinds: The State of grocery retail 2022, Europe, März 2022. https://www.mckinsey.com/industries/retail/our-insights/state-of-grocery-europe-2022-navigating-the-market-headwinds. Zugegriffen: 21. Apr. 2022.

McKinsey & Company. (2023). Living with and responding to uncertainty: The State of grocery retail 2023, Europe. https://www.mckinsey.com/industries/retail/our-insights/state-of-grocery-europe-2023-living-with-and-responding-to-uncertainty?cid=other-eml-dre-mip-mck&hlkid=c839fe2b34804c3780ad3f9b1a496652&hctky=14415103&hdpid=4ff816bc-a29e-4ffe-85cd-df4044f3d0e0. Zugegriffen: 20. Apr. 2023.

Mintel. (2022). Online Lebensmittelhandel Deutschland, Markt Report 2022. https://store.mintel.com/de/reports/deutschland-online-lebensmittelhandel-markt-report. Zugegriffen: 13. März 2023.

Münzberg, H., Mattmüller, R., & Elspaß, J. (2021). Goldgräberstimmung im Online-Lebensmittelhandel. https://www.springerprofessional.de/handel/e-commerce/goldgraeberstimmung-im-online-lebensmittelhandel/18797624. Zugegriffen: 9. Febr. 2021.

Nielsen IQ. (2021). Nielsen E-Commerce-Studie: Es ist Zeit für die nächste Stufe des E-Commerce Wachstums in Europa. https://nielseniq.com/global/de/insights/analysis/2021/es-ist-zeit-fur-die-nachste-stufe-des-e-commerce-wachstums-in-europa/. Zugegriffen: 10. Jan. 2023.

Nielsen IQ & foxintelligence. (2022). *E-Commerce no longer a Black Box: Latest e-commerce trends and insights on German e-shopper, Vortrag von Beate Lohrmann und Till Inderfurth, ECR-Tag 2022, unveröffentlichte Präsentation*. o. V.

Nissen, M. (2023). Expansion der Online-Supermärkte geht 2023 in die nächste Runde. *Lebensmittelzeitung*, 13.01.2023. https://www.lebensmittelzeitung.net/handel/online-handel/e-food-expansion-der-online-supermaerkte-geht-2023-in-die-naechste-runde-169095. Zugegriffen: 23. Febr. 2023.

o. V. (2020). Corona: Goldgräberstimmung im Online-Lebensmittelhandel. *absatzwirtschaft*, 04.11.2020. https://www.absatzwirtschaft.de/dank-corona-goldgraeberstimmung-im-online-lebensmittelhandel-175905/. Zugegriffen: 9. Febr. 2021.

o. V. (2021). E-Commerce-Studie: Schnelldreher verkaufen sich immer besser über das Netz. *Lebensmittelzeitung*, 09.07.2021. https://www.lebensmittelzeitung.net/handel/online-handel/e-commerce-studie-schnelldreher-verkaufen-sich-immer-besser-ueber-das-netz-160418. Zugegriffen: 13. Juli 2021.

o. V. (2022). Die verlangten Preise ziehen weiter an. *Lebensmittelzeitung*, 07.01.2022, 22.

Oliver Wyman. (2021). Großeinkauf per Smartphone: Der Wettlauf beginnt. https://www.oliverwyman.de/media-center/2021/jul/grosseinkauf-per-smartphone.html. Zugegriffen: 12. Juli 2021.

Oliver Wyman. (2023). Quick Commerce in Deutschland: Gekommen, um zu bleiben. https://www.oliverwyman.de/content/dam/oliver-wyman/v2-de/media/2023/PM_Quick%20Commerce%20in%20Deutschland_Gekommen,%20um%20zu%20bleiben.pdf. Zugegriffen: 14. März 2023.

PwC. (2020). Die neue Einkaufsnormalität in Europa. https://www.pwc.de/de/handel-und-konsumguter/die-neue-einkaufsnormalitat-in-europa.html. Zugegriffen: 3. Juni 2023.

PwC. (2021a). Global consumer insights survey 2021, Pulse 2. https://www.pwc.de/de/handel-und-konsumguter/gcis-2021-pulse-2.pdf. Zugegriffen: 3. März 2022.

PwC. (2021b). Global consumer insights survey 2021, Pulse 3. https://www.pwc.de/de/handel-und-konsumguter/gcis-2021-pulse-3.pdf. Zugegriffen: 3. März 2022.

Reimann, E. (2021). Online-Lebensmittel. Ein Milliardenmarkt wird verteilt. *absatzwirtschaft*, 20.01.2021. https://www.absatzwirtschaft.de/lebensmittel-online-ein-milliardenmarkt-wird-verteilt-177338/. Zugegriffen: 7. Febr. 2021.

Roland Berger. (2022). *Quick commerce – A lasting revolution? How omnichannel retailers are rising to the challenges of quick commerce.* o. V.

Schader, P. (2022). Rauscht der Online-Lebensmittelhandel in der Preiskrise zurück aufs Vor-Corona-Niveau? *Supermarkt-Blog*, 02.11.2022. https://www.supermarktblog.com/2022/11/02/rauscht-der-online-lebensmittelhandel-in-der-preiskrise-zurueck-aufs-vor-corona-niveau/. Zugegriffen: 10. Nov. 2022.

Schmitz-Engels, J. (2022). Studie zum Online-Lebensmittelhandel zeigt: Corona war mehr als ein Booster – 80 Prozent bleiben dabei. https://www.mastercard.com/news/europe/de-de/newsroom/pressemitteilungen/de-de/2022/oktober/studie-zeigt-corona-war-mehr-als-ein-booster-fur-online-lebensmittelhandel/. Zugegriffen: 15. Okt. 2022.

Schulz, H. J. (2022). Lebensmittelhandel: Preise rücken in den Fokus. *Lebensmittelzeitung*, 07.01.2022. https://www.lebensmittelzeitung.net/handel/nachrichten/lebensmittelhandel-preise-ruecken-in-den-fokus-163190. Zugegriffen: 17. Jan. 2022

Servicebarometer AG. (2021). *Lebensmittel-Lieferdienste 2021.* o. V.

Spryker & appinio. (2022). *German online grocery report 2022. Ultimate overview of online food retailing in Germany in 2022 and Beyond.* o. V.

Strategy&. (2022). *The future of grocery shopping.* o. V.

Thieme, T. (2021). „Das Gedächtnis von Investoren und Gründern ist zu kurz", Interview mit Prof. Otto A Strecker. *Absatzwirtschaft, 7*, 16–21.

Weidemann, T. (2022). Lieferdienste für Lebensmittel: Der Weg zum Erfolg ist steinig. https://t3n.de/news/lieferdienste-fuer-lebensmittel-der-weg-zum-erfolg-ist-steinig-1507247/. Zugegriffen: 26. Okt. 2022.

Online-Lebensmittelhandel in Deutschland – Anbieterseite

3

> **Zusammenfassung**
>
> In diesem Kapitel wird die Angebotsseite des Online-Lebensmittelmarktes näher betrachtet. Aktuelle Entwicklungen in der Anbieterlandschaft und zu bewältigende Herausforderungen werden beleuchtet, bevor im darauf folgenden Kapitel das Kundenverhalten – und damit die Nachfrageseite – analysiert wird.

3.1 Marktvolumen und Marktentwicklung

Der deutsche Lebensmitteleinzelhandel wird von vier großen Anbietern – der Edeka-Gruppe, der Rewe-Gruppe, der Schwarz-Gruppe (Lidl, Kaufland) und der Aldi-Gruppe – beherrscht, die im Jahr 2022 laut NielsenIQ Tradedimensions 76 % der Umsätze auf sich vereinten (Mihr, 2023, S. 30). Es steht ein dichtes Filialnetz mit rund 34.000 Einkaufsstätten zur Verfügung (IRI, 2022, S. 6), wobei die Discounter mit einem Umsatzanteil von ungefähr 44 % eine wichtige Rolle spielen (IRI, 2022, S. 6). Insgesamt wurden in Deutschland mit Lebensmitteln im Jahr 2022 ca. 210 Mrd. € umgesetzt. Der Anteil des Online-Geschäfts ist mit unter drei Prozent noch gering (HDE & IFH KÖLN, 2023, S. 10).

Wie Abb. 3.1 zeigt, gab es im September 2021 in Deutschland (überwiegend in städtischen Gebieten und mit sehr geringer flächenmäßiger Abdeckung) erst zehn

---

© Der/die Autor(en), exklusiv lizenziert an Springer Fachmedien Wiesbaden GmbH, ein Teil von Springer Nature 2023
E. Leischner, *Online-Lebensmittelhandel in Deutschland*,
https://doi.org/10.1007/978-3-658-42210-3_3

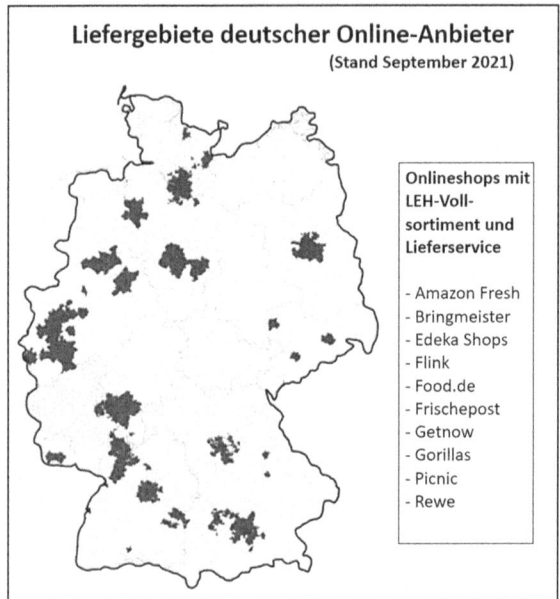

Abb. 3.1 Liefergebiete deutscher Online-Anbieter (mit Lebensmittelvollsortiment und in mindestens drei Städten aktiv, September 2021); (IFH KÖLN, 2021, S. 36, Abdruck mit freundlicher Genehmigung des © IFH KÖLN, aktualisierende Anmerkungen durch die Verfasserin: Food.de: seit Sommer 2022 nicht mehr erreichbar, Frischepost: Insolvenzverfahren im September 2022 (Rentz, 2022a), Getnow: nach Insolvenz im Oktober 2020 (Holst, 2020a) vom Logistikunternehmen LIS übernommen (o.V., 2021a), im Januar 2021 Geschäftsmodell reaktiviert (Holst, 2021a), seit Dezember 2021 nicht mehr am Markt (Kitzmann, 2021a), Gorillas: im November 2022 von Getir übernommen (Klug, 2022a))

Online-Anbieter mit Lebensmittelvollsortiment[1] und Lieferservice (IFH KÖLN, 2021, S. 35), von denen einige wieder verschwunden sind.

Nur ein Viertel der deutschen Bevölkerung hatte im Jahr 2021 eine echte Auswahl, nämlich mindestens zwei Online-Shops zur Verfügung (IFH KÖLN, 2021, S. 35). Berlin und München sind E-Food-„Hotspots", wo Kunden besonders viele konkurrierende Anbieter nutzen können (Klug & Kitzmann, 2021). In

---

[1] „Im Online-Kontext wird von ‚Vollsortiment' gesprochen, wenn auch Frische-Warengruppen angeboten werden (d. h. frisches Obst/Gemüse, gekühlte Waren, Brot und Backwaren). Die Angebotstiefe bleibt hierbei unberücksichtigt." (IFH KÖLN, 2020, S. 12).

Berlin ist der Anteil des Online-Lebensmittelhandels sogar doppelt so hoch wie im Bundesdurchschnitt (Knuff, 2022, S. 10). Durch Expansion bestehender und das Hinzukommen neuer Anbieter haben sich die oben skizzierten Gebiete weiter ausgedehnt.

Auffällig bleibt aber, dass sich die von den Lieferservices abgedeckten Gebiete vor allem auf Deutschlands dicht besiedelte Regionen und Metropolregionen beschränken – dies sind größtenteils zugleich Gebiete mit besonders kaufkräftiger Bevölkerung (Abb. 3.2) und Gebiete, in denen auch die Sortimentskaufkraft für Lebensmittel (Abb. 3.3) überdurchschnittlich ist.

Seit September 2021 hat sich der Markt ständig weiterentwickelt: Regional tätige Vollsortimenter sind eingestiegen und suchten sich dafür starke Partner – so Tegut aus Fulda, das u. a. mit Amazon und Wolt kooperiert (Biester & Himberg, 2021; Müller, 2020; Klug, 2022b, c, 2023a). Auch das saarländische SB-Warenhaus Globus experimentierte mit unterschiedlichen Kooperationsmodellen (Tewes, 2021a; o. V., 2022a; Ingelmann, 2022; Klug, 2023b), hat seine Aktivitäten im E-Food-Geschäft im Juni 2023 aber wieder beendet (Klug & Hofmann, 2023).

Der Münsteraner Getränkespezialist Flaschenpost, der im November 2020 vom Oetker-Konzern übernommen wurde (Kolf & Terpitz, 2020) und nach eigenen Angaben bundesweit rund 200 Städte bedient (Flaschenpost, 2023), ergänzte sein Sortiment abseits der Getränke (Holst, 2020b) und baut das Food-Geschäft weiter aus (Becker, 2021a; Holst & Lattmann, 2021). Der Schritt von Getränken zur Auslieferung frischer Lebensmittel mag eine Herausforderung sein (Schader, 2022a; Schwär, 2023), wird aber konsequent verfolgt, im Hinblick auf Sortimente u. a. durch die Zusammenarbeit mit lokalen Herstellern (Klug, 2023c) oder die Listung von Bio-Produkten von Alnatura (Ingelmann, 2023a).

Für ausländische Investoren scheint der Online-Handel mit Lebensmitteln in Deutschland ebenfalls attraktiv: Neben dem seit 2018 in Deutschland agierenden niederländischen Start-up Picnic ging in München im August 2021 das tschechische Unternehmen Rohlik mit Knuspr an den Start (Becker, 2020b; Klug, 2021a, b; o. V., 2021b; Holst & Rennack, 2020). Mit Oda aus Norwegen und Butlon aus den Niederlanden hatten weitere Player ihren Markteintritt in Deutschland angekündigt (Becker, 2022a; Holst, 2021b; Holst et al., 2021b; o. V., 2021c; Becker & Klug, 2022). Oda war seit Anfang 2023 in Berlin verfügbar (o. V., 2023a) und hat sich im Juni 2023 schon wieder aus dem deutschen Markt zurückgezogen (Ingelmann, 2023d).

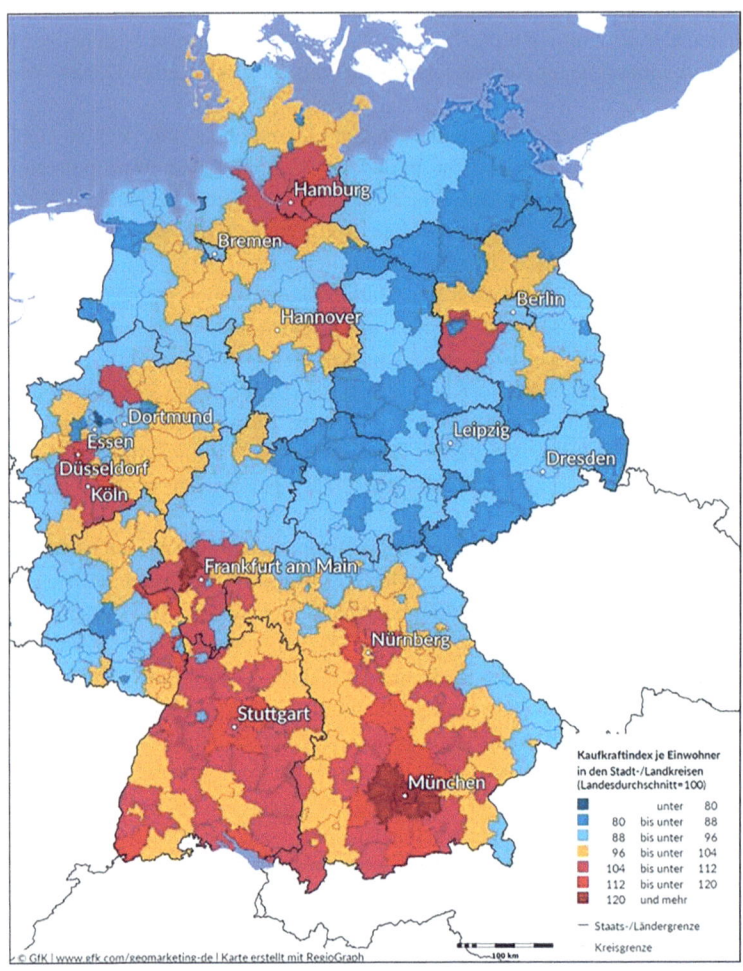

Abb. 3.2 GfK-Kaufkraft Deutschland 2023. (GfK, 2022a, Abdruck mit freundlicher Genehmigung der © GfK)²

---

² Die Kaufkraft basiert auf den verfügbaren Einkommen aller privaten Haushalte in Deutschland. Die Berechnungen stützen sich auf eine Vielzahl von Datenquellen. Grundlage sind die Ergebnisse der amtlichen Lohn- und Einkommensteuerstatistik (GfK, 2023a, S. 3). Der

3.1 Marktvolumen und Marktentwicklung 35

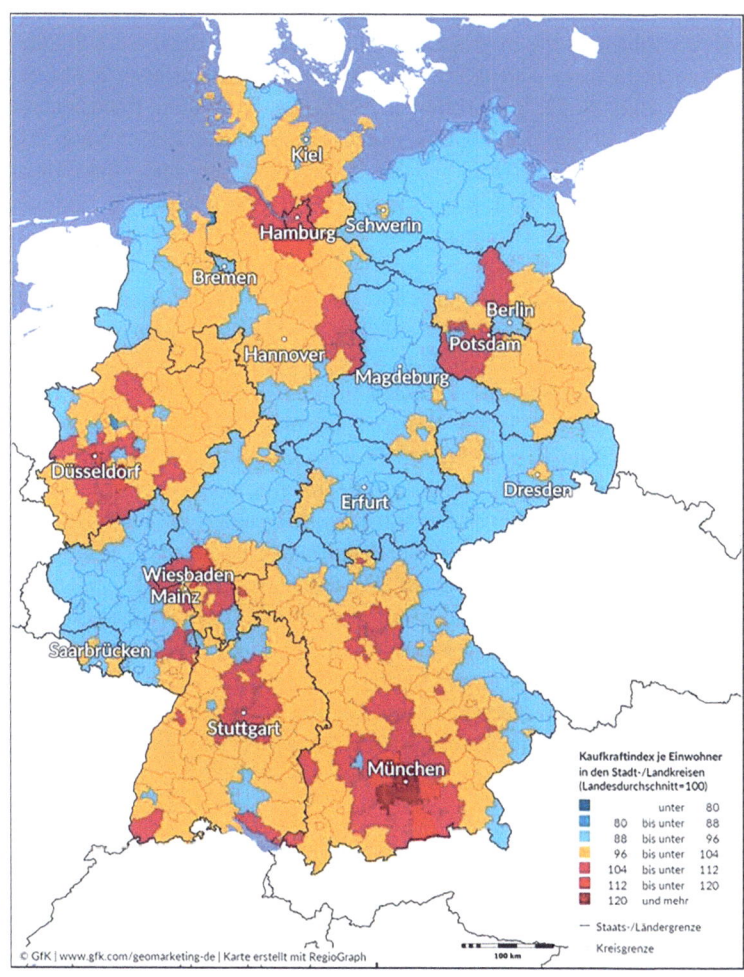

Abb. 3.3 GfK Sortimentskaufkraft Food 2022. (GfK, 2023c, S. 21, Abdruck mit freundlicher Genehmigung der © GfK)[3]

Kaufkraftindex zeigt an, inwieweit eine Region bezogen auf den Bundesdurchschnitt über eine über- bzw. unterdurchschnittliche Kaufkraft verfügt.

[3] Die sortimentsspezifische Einzelhandelskaufkraft für die Warengruppe Food (Sortimentskaufkraft Food) wird maßgeblich auf Grundlage des GfK-Verbraucherpanels ConsumerScan

Besonders dynamisch verlief seit 2020 die Entwicklung bei den Quick-Commerce-Anbietern, die in größeren Städten binnen maximal einer Stunde per (E-)Bike meist kleinere Warenkörbe bis zur Haustüre liefern (Schu, 2021a, S. 11; IFH KÖLN, 2021, S. 37; Roland Berger, 2022, S. 4). Auf die in Branchenkreisen viel diskutierten Player Gorillas (Kitzmann, 2021b; Holst, 2021c; Klug, 2020a; Krisch, 2021a; Schader, 2020a; Schwär & Schenk, 2021) und Flink (Holst & Mende, 2021; Hübner, 2021a; Kapalschinski, 2021a; Krisch, 2021b) sind schnell weitere Anbieter gefolgt (Hofmann, 2021; Loderhose, 2022a; Schu, 2021a, 29–31). Das anfangs gehypte Segment konsolidiert sich gerade (Accenture & GfK, 2022, S. 39) und verbündet sich mit den Restaurant-Lieferdiensten (Kepler, 2023). Behutsam expandierende langsamere Anbieter mit Fokus auf dem Wocheneinkauf gewinnen weiter an Terrain (Rest, 2022).

Der E-Food-Markt wächst bei noch fehlender Profitabilität, und er bleibt – getrieben von Porters (2013) fünf Kräften – turbulent: Die Konkurrenz innerhalb der Branche schläft nicht; neue Marktteilnehmer, auch aus dem Ausland, schüren den Wettbewerb; Kochboxen und Essenslieferdienste sorgen für Angebote, die den Lebensmitteleinkauf teilweise substituieren; Hersteller verkaufen über eigene Shops; Kunden sind vielfältig in ihren Bedürfnissen und bleiben anspruchsvoll, und die gesamtwirtschaftliche Lage ist alles andere als rosig.

Unterschiedlichste Anbieter betreten den Markt (und verlassen ihn auch teilweise wieder). Jeder versucht, sich seinen Anteil auf den Tellern der Konsumenten zu sichern. Um die Vielfalt der Konzepte im deutschen Online-Lebensmittelhandel zu verdeutlichen, werden im Folgenden – ohne Anspruch auf Vollständigkeit – exemplarisch ausgewählte prototypische Player mit Lebensmittelvollsortiment portraitiert und anschließend systematisiert.

---

ermittelt, in dem regelmäßig alle Einkäufe der privaten Haushalte bei Verbrauchsgütern (Food Sortimenten) erfasst werden. Die Karte zeigt, wie sich die Kaufkraft für Lebensmittel regional verteilt; sie verdeutlicht regionale Unterschiede hinsichtlich des Nachfragepotenzials für Lebensmittel (GfK, 2023b, S. 7). Je höher (über 100) der Indexwert einer Region, desto mehr liegt diese Region bei der Sortimentskaufkraft Food über dem Bundesdurchschnitt.

3.2 Ausgewählte prototypische Player und deren Modelle

Zunächst ein Blick auf die stationären Händler, die so genannten *Brick-and-Mortar-Retailer,* die ihr Geschäft durch den Online-Kanal erweitern, um so am Markt zu partizipieren und Kunden zu binden. Sie sind durch ihre lange Marktpräsenz bereits bekannt, verfügen über dichte Filialnetze, genießen aufgrund ihrer Lebensmittelkompetenz einen Vertrauensvorschuss und profitieren von Größenvorteilen bei der Warenbeschaffung und von langjährigen Beziehungen zu ihren Lieferanten. Edeka und Rewe, die Top 2 im deutschen Lebensmitteleinzelhandel, gehen in puncto E-Food unterschiedlich vor.

Rewe gilt als „Platzhirsch" mit langem Atem und ist breit aufgestellt. Als etablierter Händler mit stationärem Geschäft sind die Kölner im Online-Handel mit Lebensmitteln in Deutschland führend (GfK, 2022b, S. 47; Freimuth, 2023). Im Rahmen ihres *Multichannel-Konzeptes*[4] bieten sie den Kunden zusätzlich zum Filialnetz die Lieferung und den Abholservice von Lebensmitteln an. Seit 2011 mit dem Lieferservice am Markt, bedient Rewe (Stand 2023) nach eigenen Angaben mehr als 90 deutsche Städte und deren Einzugsgebiete (Wegner, 2023). Man setzt auf Automatisierung der Prozesse, u. a. mit dem modernen Fulfillment-Center Scarlet One, das im September 2018 vor den Toren Kölns in Betrieb genommen wurde (Kolf, 2019). Die moderne Lagerinfrastruktur wird kontinuierlich erweitert (Bökamp, 2022a; Holst & Tewes, 2021; Rode, 2022a). Ausgeliefert wird mit eigener Lieferflotte. Die Lieferwagen sind im Stadtbild als Werbeträger präsent, und an den Haustüren besteht direkter Kundenkontakt. An über 1700 Supermärkten stehen zudem Click-and-Collect-Angebote zur Verfügung (Bökamp, 2023). In Hamburg wird mit eigens angemieteten Ladenlokalen in Innenstadtlagen experimentiert, die als Abholpunkte für online bestellte Lebensmittel fungieren (Hübner, 2022a). Vereinzelt gibt es auch Automatenabholstationen; neue Standorte dafür sind ebenfalls in Planung (Bökamp, 2023). Mittels Liefer- und Abholservice ermöglicht Rewe es rund 90 % aller Haushalte in Deutschland, frische Lebensmittel online zu bestellen (Rewe, 2023). Auch im Quick Commerce mischt Rewe mit – über eine Beteiligung am Start-up Flink (Kapalschinski, 2021a).

Edekas Online-Engagement mutet dagegen zunächst weniger konsequent an. Bei Edeka hat man mehrere Eisen im Feuer: die Online-Plattform Olivia, die von den Edeka-Kaufleuten nur sehr schleppend angenommen wurde (o. V., 2019),

---

[4] Eine ausführliche Erläuterung von Multichannel-Konzepten im Online-Lebensmittelhandel bzw. deren Weiterentwicklung zum Omnichannel-Ansatz findet sich bei Schu (2022a).

den Paketversand edeka24 und die Zusammenarbeit mit dem niederländischen Anbieter Picnic, wo man als Kapitalgeber und Vertragspartner im Warengeschäft fungiert (Mende et al., 2020). Langfristig soll Picnic zum „Online-Arm von Edeka" werden; so formulierte es Edeka-Chef Markus Mosa im Mai 2021 (o. V., 2021d). Edeka-Händler arbeiten aber auch in begrenztem Umfang mit Lieferpartnern wie Wolt, Bringoo und Bringman zusammen (Tewes, 2021b). An Bringman war Edeka-Südwest zunächst beteiligt (Stockburger, 2021a). Das Liefergebiet wurde ausgedehnt (Stockburger, 2022a), aber es sind auch etliche Edeka-Partnerbetriebe wieder ausgeschieden (Stockburger, 2022b). Ende 2022 hat Edeka-Südwest Bringman ganz übernommen (Klug & Stockburger, 2022b). Die Edeka-Tochter Bringmeister, noch aus der Tengelmann-Übernahme im Jahr 2017 übrig geblieben und nur lokal in Berlin und München tätig, wurde im März 2021 an den tschechischen Investor Rockaway Capital verkauft (Stockburger, 2021b; Kapalschinski & Kolf, 2021), bezieht aber vorerst weiter Ware von Edeka.

Die in Deutschland so starken **Discounter** blieben im E-Food-Markt bisher eher außen vor. Aldi wagte erste vorbereitende Schritte (Schulz & Holst, 2021), über weitere Schritte wurde spekuliert (Ingelmann et al., 2022; Klug, 2023d), und tatsächlich sollen ab Juni 2023 in Deutschland erste punktuelle Tests mit einem Lieferservice starten, und Pläne für Click and Collect gebe es auch, wie die Lebensmittelzeitung berichtet (Schulz & Mende, 2023). Penny kooperiert lokal mit den Lieferdiensten Bringoo (Kolf, 2022) und Wolt (o. V., 2022b). Click-and-Collect-Angebote sind Brancheninsidern zufolge für 2023 zu erwarten (Tewes & Klug, 2022). Offensichtlich passte aber ein kostspieliger Lieferservice bei den Discountern bisher noch nicht zum Geschäftsmodell (Wittenhagen, 2021). Auf Kundenseite besteht allerdings Interesse an Online-Angeboten von Discountern (Spryker & appinio, 2022, S. 21).

Im Gegensatz zu den Brick-and-Mortar-Retailern haben die *Online-Pure-Player* keine stationären Geschäfte, sondern konzentrieren sich auf das Internet als alleinigen Vertriebskanal. Sie sind in den letzten Jahren wie Pilze aus dem Boden geschossen, haben frischen Wind in den Markt gebracht und sind weiter auf Expansionskurs. Typische Vertreter sind die Online-Supermärkte Picnic, als Partner von Edeka oben bereits erwähnt und seit 2018 in Deutschland vertreten, Knuspr, das zur tschechischen Rohlik-Gruppe gehört und seit August 2021 in Deutschland agiert, und Oda aus Norwegen, erst seit Anfang 2023 auf dem deutschen Markt und im Juni 2023 schon wieder verschwunden.

Picnic ist seit 2018 in Deutschland, rollt den Markt von Nordrhein-Westfalen aus auf (Becker, 2020a; Bökamp, 2021a; Frohn, 2021; Loderhose, 2021a; o. V., 2021d), belieferte Ende 2022 schon 72 Städte und ist weiter auf Wachstumskurs (Klug & Stockburger, 2022a; Edeka, 2023; Stockburger & Klug, 2023). Seit

April 2023 ist Picnic auch in Hamburg aktiv; Berlin soll folgen (Klug, 2023e), und langfristig will man deutschlandweit präsent sein (Holst et al., 2021a; Rode, 2022b; Stockburger et al., 2022; Stockburger, 2022c). Kleine wendige Elektroautos sind – auch in kleineren Städten – auf festen Routen unterwegs. So werden, wirtschaftlich sinnvoll, auf einer Tour viele Bestellungen gebündelt (so genanntes „Order Pooling"). Man positioniert sich als der nette „Milchmann" aus der Nachbarschaft, der sich mit der Region verbunden fühlt und auf Regionalität im Sortiment Wert legt (Schader, 2020b). Eigene Handelsmarken peppen das Sortiment, das zu großen Teilen von Edeka bestückt wird, auf (Klug, 2023e). Kunden können sich auf einer Warteliste registrieren, und entsprechend der örtlichen Nachfrage werden neue Liefergebiete erschlossen. Die Ware wird von Lagern (Fulfillment-Centern) an so genannte „Hubs" (Umschlagspunkte ohne Warenbestand) geliefert und von dort aus mit der eigenen Elektroflotte zu den Kunden gebracht. Picnic setzt auf Automatisierung der Prozesse. Ein großes hochautomatisiertes Logistikzentrum entsteht in Oberhausen (Bökamp, 2022b).

Knuspr ist im Münchner Raum und im Rhein-Main-Gebiet verfügbar und verfolgt ambitionierte Wachstumsziele (Klug, 2021c). Bis 2023 sollen auch Hamburg, Essen und Köln beliefert werden (o. V., 2022c). Haupt-Zielgruppe sind Mittelklasse-Familien, vor allem urbane, kaufkräftige und anspruchsvolle Kunden (McKinsey & Company, 2023, S. 31), bei denen man mit regionalem (Frische-) Sortiment, mit besonderem Service und einer Lieferung innerhalb von drei Stunden punkten möchte. „Supermarkt und Hofladen" zugleich, so lässt sich der Anspruch von Knuspr auf den Punkt bringen (Schader, 2022b). Im Bio-Segment, das eine wichtige Rolle spielt, gehört die Supermarktkette Tegut zu den Lieferanten (o. V., 2022d). Preiseinstiegs-Eigenmarken werden ebenfalls angeboten (Klug, 2021d; o. V., 2023b), und den Kunden stehen auch Non-Food-Artikel und frei verkäufliche Medikamente zur Verfügung (Klug & Loderhose, 2022). Hochautomatisierte Lager, das erste in Garching bei München, und eine eigene Lieferflotte gehören zum Konzept (Bökamp, 2021b). Die Bindung der Lieferanten aus der Region wird durch ein eigens aufgelegtes Förderprogramm für kleinere Betriebe gestärkt (Chernobylskaya, 2022; o. V., 2023c). Auf Kundenseite möchte man besonders junge Familien mittels Kundenclub an Knuspr binden (o. V., 2022e). Im Juli 2023 wurde bekannt, dass Knuspr die ehemalige Edeka-Tochter Bringmeister übernehmen möchte (Klug, 2023h).

Oda, nach eigener Aussage im Heimatland Norwegen der führende Online-Supermarkt, hatte Anfang 2023 in Berlin begonnen (o. V., 2023a), zielte aber auch auf die Gegend um Berlin herum, also auch auf mittelgroße Städte (Schu, 2023a), und wollte im Sommer 2023 in die Metropolregion Hannover expandieren (Hübner & Klug, 2023). Oda warb mit günstigen Preisen und einer intuitiv zu bedienenden App (Nissen, 2023, S. 27). Im Juni 2023 hat Oda den deutschen Markt schon wieder verlassen (Ingelmann, 2023d).

Logistikkompetenz ist ein wesentlicher Erfolgsfaktor im E-Food-Geschäft. Logistikexperte **Amazon** agiert in Deutschland jedoch bisher vergleichsweise zurückhaltend. Man hat sich im Jahr 2020 nach fünf Jahren vom Paketlieferdienst Amazon pantry verabschiedet (Holst, 2020c) und bedient mit **Amazon Fresh** ausschließlich Amazon-prime-Kunden in den Großstädten Berlin/Potsdam, Hamburg und München. Abseits der genannten Metropolen tritt Amazon punktuell in Hessen, Rheinland-Pfalz und Franken in Erscheinung, wo eine Zusammenarbeit mit der regional tätigen Supermarktkette **Tegut** aus Fulda besteht (App, 2020; Loderhose, 2021c; Müller, 2022; Schader, 2021; Chwallek, 2022; Becker, 2022b). Die über dieses *Kooperationsmodell* entstehende Mischung aus Logistik- und Lebensmittelkompetenz soll künftig weiter ausgebaut werden. Die Integration weiterer Lebensmittelhändler und der Schritt zum digitalen Marktplatz sind denkbar (Klug & Müller, 2022). Auch Kooperationspartner Tegut arbeitet nicht ausschließlich mit Amazon, sondern hat noch weitere Partner im Liefergeschäft (Klug, 2022c).

Wenn es um die optimale Logistik geht, sind für die meisten Anbieter moderne Fulfillment-Center, d. h. (teil-)automatisierte Lager mit optimierten Abläufen essenziell. **Food.de**, ein schon 2011 in Leipzig gegründeter Online-Pure-Player, der im Rheinland, in Leipzig und Berlin aktiv war, ging einen anderen Weg. Hier arbeitete man durch Verzicht auf eigene Lager nach einem „*Asset Light*"-*Ansatz*, also mit geringer Kapitalbindung. Die Ware wurde direkt bei Partnern im Großhandel von Einkäufern besorgt („gepickt"), gepackt und dann ausgeliefert. Auch **Bringman** – mittlerweile von Edeka übernommen – verfolgt diesen Ansatz. Und auch das Geschäftsmodell des vom Markt wieder verschwundenen Anbieters **Getnow**, der auf Großhandelsebene mit der Metro zusammenarbeitete, beruhte auf diesem Gedanken. Getnow wollte seine Technologie auch anderen Händlern für deren Einstieg ins E-Food-Geschäft anbieten und verfolgte das Ziel, die Warenangebote verschiedener Händler auf einer *Plattform* zu vereinen – nach dem Vorbild des US-amerikanischen Instacart (Holst, 2021d). Genau hier setzt heute der Dienst **Bringoo** an, der im Großraum Hamburg, Berlin und Köln mit lokalen Kaufleuten kooperiert und deren Sortimente gegen Provision direkt aus den Filialen in der näheren Umgebung ausliefert (Schu, 2021b; Ermisch, 2022). Bringoo versteht sich als „digitales Einkaufszentrum in der Nachbarschaft", das – nicht nur Lebensmittel – binnen 45 Minuten bis zur Haustür bringt. Penny, einzelne Edeka-Kaufleute und die Buchhandlung Hugendubel sind bereits Kooperationspartner, seit Mai 2022 auch Obi als Baumarkt und der Getränkespezialist Team Beverage (Klug, 2022d; Ingelmann, 2022). Langfristig sollen weitere lokale

3.2 Ausgewählte prototypische Player und deren Modelle

Händler, z. B. Apotheken, Blumenläden und Bekleidungsgeschäfte, im Sinne eines „Connected Commerce" einbezogen werden und von Bringoo technisch und logistisch unterstützt werden (Kolf, 2022; Loderhose, 2022a). **Everli** aus Italien plante für 2022 ebenfalls einen digitalen Marktplatz in Deutschland (Klug, 2021e). Auch **Wolt,** als Gastronomie-Lieferdienst gestartet, agiert als Plattform und möchte eine „App für alles" werden (Klug, 2023f). Man kooperiert mit dem Schnell-Lieferdienst Flink (Klug, 2023f), verstärkt weiter die Partnerschaften mit Lebensmitteleinzelhändlern (Klug, 2023g), arbeitet mit dem Tierfutterspezialisten Fressnapf (o. V., 2022f) und dem Floristen Blume2000 (o. V., 2023d) zusammen und stellt zudem als „Wolt Drive" interessierten Unternehmen die eigene Lieferflotte zur Verfügung (Klug, 2022e).

Mit der ultra-schnellen Lieferung von Lebensmitteln entstand 2020 ein neues Segment des Online-Lebensmittelhandels, der *Quick Commerce* (Schu, 2021a, S. 11). Newcomer des Jahres 2020 und prototypisch für dieses Segment ist **Gorillas**. Der „On-Demand"-Lieferservice, der seinen großstädtischen Kunden zu Beginn die Lieferung von Lebensmitteln per E-Bike bis zur Haustür binnen Minuten versprach, wuchs rasant und trieb die Expansion seines Geschäfts nach mehreren Finanzierungsrunden schnell weiter voran (Giuri, 2020a; o. V., 2021e). Ein breites, aber wenig tiefes Sortiment an Lebensmitteln wird aus kleineren nicht öffentlich zugänglichen Ladenlokalen in den Innenstädten, so genannten „Darkstores", ausgeliefert. Wegen der Arbeitsbedingungen seiner Fahrradkuriere ist Gorillas in die Kritik geraten (o. V., 2021f). Von der ultra-schnellen Lieferung von Lebensmitteln versprechen sich auch Food (Gastronomie-)Delivery Plattformen, wie **Lieferando** oder der bereits erwähnte Anbieter **Wolt,** zusätzliches Geschäft (Bökamp, 2020; o. V., 2023e). Beide verfügen über einen convenience-affinen Kundenstamm und über Liefernetzwerke, die sie optimal auslasten möchten. Branchengrenzen verschwimmen hier also. Mit **Bring, Flink, Getir, GetFaster** und anderen bekam Gorillas schnell direkte Wettbewerber (Hofmann, 2021; Holst, 2021e; Krisch, 2021a; Kapalschinski & Kolf, 2021; Klug & Kitzmann, 2021; Loderhose, 2021b, 2022a), von denen einige, z. B. Bring und GetFaster 2022 schon wieder aufgegeben haben (Klug, 2022k; Rentz, 2022a). Auch der Deutschlandstart von **Gopuff** aus den USA verzögert sich weiter (Klug, 2022f). Im November 2022 wurde Gorillas von Getir geschluckt (Klug, 2022a). Mittlerweile hat also im stark defizitär arbeitenden Quick-Commerce-Segment die erwartete Konsolidierungswelle begonnen (Schu, 2021a, S. 37; Klug et al., 2022). Statt Wachstum ist nun Profitabilität angesagt (Accenture & GfK, 2022, S. 40), Stellen werden abgebaut (Becker, 2022c; Rentz & Klug, 2022; Rinke, 2022), Lieferzeiten werden länger (Klug, 2022g), neue Lieferkonditionen sollen die Warenkörbe wachsen lassen (Klug & Becker, 2022), und Sortimente wandeln sich hin zu mehr Handelsmarken (Klug, 2022h), werden aber auch durch Nonfood-Artikel des täglichen Bedarfs, wie Drogerie- und Beauty-Produkte, breiter (arvato Bertelsmann, 2022, S. 4). Welche und wie viele Anbieter langfristig Bestand haben, bleibt abzuwarten. Von einem Zweikampf zwischen Gorillas und Flink und einer Etablierung des Segments, zumindest im urbanen Raum, spricht Anfang 2023 das Beratungsunternehmen Oliver Wyman (2023). Die Berater von Roland Berger sehen im Quick-Commerce einen neuen „Convenience-Kanal" für Spontan- und Notkäufe sowie emotionale Käufe, der auch mit stationären Convenience-Formaten wie Tankstellen oder Kiosken konkurriert (Roland Berger, 2022, S. 5) und nicht allein auf Lebensmittel-Sortimente beschränkt bleibt (Roland Berger, 2022, S. 9); insbesondere pharmazeutische Produkte werden als Warengruppe mit Potenzial für weitere Quick-Commerce-Angebote genannt (Roland Berger, 2022, S. 17).

Bisher war die Rede von Lebensmittel-Vollsortimentern mit Lieferdiensten. Ein alteingesessener Player in Deutschland setzt auf *Paketversand*: Der zur norddeutschen Bünting-Gruppe gehörende Online-Supermarkt **Mytime** ist schon seit 2012 am Markt, hat im Sommer 2020 den E-Food-Pionier allyouneed fresh übernommen (Klug, 2020b), versendet selbst frische, gekühlte und tiefgekühlte Waren per Paket und ist so bundesweit verfügbar. Die Bünting-Gruppe ergänzt ihr E-Food-Modell mittlerweile durch einen Heim-Lieferservice aus ihren stationären Märkten und eine „Click-and-Collect"-Option (Hofmann, 2022a).

Darüber hinaus findet man weitere, meist lokal oder in einer Nische agierende *„Sondermodelle"* im deutschen Online-Lebensmittelhandel. Ein Beispiel ist der genossenschaftlich organisierte Mitmach-Supermarkt **My Enso** aus Bremen. Hier können sich die Kunden auch finanziell am Geschäft beteiligen und bei der Sortimentsgestaltung mitwirken. Auf Lieferantenseite haben neben den Etablierten auch Food-Start-ups die Chance, sich im virtuellen Regal zu präsentieren. Der Lieferservice ist auf Bremen beschränkt. Zusätzlich gibt es einen bundesweiten Paketversand. Flankiert wird das Modell durch die so genannten „Tante Enso"-Läden, moderne, teilautomatisierte Mini-Supermärkte in ausgewählten kleinen Dörfern, die 24/7 Shopping ermöglichen und zu einer besseren Nahversorgung auf dem Land beitragen (Gräber, 2021). Dieses Konzept eines automatisierten Convenience-Formats (Rüschen et al., 2021; Rüschen & Schumacher, 2023) greifen auch die Supermarktkette Tegut mit ihren Teo-Tiny-Stores (Biester & Himberg, 2021) oder Rewe mit Josefs Nahkauf Box (Rentz, 2022b) auf. Erwähnenswert ist auch der 2015 in Hamburg gegründete (mittlerweile insolvente) Online-Hofladen **Frischepost**. Der Online-Marktplatz für Produkte von

3.2 Ausgewählte prototypische Player und deren Modelle

Direkterzeugern hat auch ein kleines Sortiment an Artikeln ausgewählter Manufakturen vertrieben und davon profitiert, dass die Nische der Wochenmärkte, Hofläden und regionalen Lieferdienste in Zeiten der Corona-Lockdowns überdurchschnittlich gewachsen ist (Hofmann, 2020; Rosbach, 2020). Zunächst per Franchise-Modell auf Expansionskurs wurden die Wachstumspläne zu Beginn des Jahres 2022 auf Eis gelegt (Hofmann, 2022b) und die beiden Standorte München und Berlin angesichts übermächtiger Konkurrenz wieder aufgegeben (o. V., 2022g). Frischepost sollte an einen Investor verkauft werden, der eine E-Food-Plattform entwickeln wollte (Becker, 2022d); dieser hat sich zurückgezogen, was in die Insolvenz mündete (Rentz, 2022a). Curated-Shopping-Anbieter wie **Hello Fresh**, die Kochboxen mit vorportionierten Zutaten und Rezepten im Abo verkaufen und liefern, agieren ebenfalls in einer Nische. Sie gelten als Gewinner der Pandemie (Eberhardt, 2021), müssen mittlerweile aber, wie viele andere auch, ihre Kosten reduzieren (Deglow, 2023).

Besondere Marktnischen und damit „spitze Zielgruppen" bedienen auch Ethnofood- und Unverpackt-Konzepte: **Yababa** – inzwischen insolvent (Ingelmann, 2023b) – hatte sich auf die Lieferung türkischer und arabischer Lebensmittel spezialisiert (Kapalschinski, 2021b), **Go Tiger** auf asiatische Lebensmittel (Hofmann, 2022c), während **Alpakas** – insolvent seit März 2023 (Ingelmann, 2023c) – die Müllproblematik aufgriff und als „Zero-Waste"-Lieferdienst auf Pfand und Mehrwegverpackungen setzte (Chernobylskaya, 2021; Bomke, 2022).

Wie vielfältig der E-Food-Markt ist, zeigt sich ferner beim Blick auf *Sortimente* und hier insbesondere auf die zahlreichen Spezialisten mit Teilsortimenten, die den Postversand nutzen. **Motatos** bietet Trockensortimente an und positioniert sich als Retter von Lebensmitteln, der Produkte kurz vor dem Ablaufdatum günstig verkauft (Becker, 2021b). Weitere Anbieter sind mit Spezialsortimenten am Markt aktiv, wie **Koro** (Rentz, 2022c) mit Nüssen und Mus, **FoodOase** (Kapalschinski, 2021c) mit gluten- und laktosefreien Lebensmitteln, **Velivery** (o. V., 2022h) mit veganen Produkten oder **FrischeParadies** mit Feinkost. Ob es um Weine, Gewürze oder Süßwaren geht, die Liste der Nischenanbieter mit Spezialsortimenten ließe sich unendlich lang fortsetzen. Einige Teilsortimenter mit Lieferservice haben ihre Angebote erweitert, so die bereits erwähnte **Flaschenpost**, die abseits der Getränke ein Lebensmittelvollsortiment anbietet (Kolf, 2021a; Klug, 2022i). Auch der Tiefkühlkost-Heimservice **Bofrost** experimentierte mit der Lieferung frischer Lebensmittel (Varnholt & Hanke, 2021), hat aber schon wieder Abstand davon genommen (Sachsenröder, 2022).

Zu diesen vielfältigen beschriebenen Handelsformaten kommen noch die **Lebensmittelhersteller mit ihren Online-Kanälen** hinzu (Hübner, 2021b, 2022b;

Janke, 2021; Loderhose, 2022b). Sie steigen über eigene Shops oder unter Nutzung bestehender Plattformen in das **Direct-to-Consumer**-Geschäft ein, etwa Danone im Herbst 2020 im Bereich der Babynahrung (Giuri, 2020b), Mondelez mit dem Oreo-Online-Shop im November 2020 (Janke, 2021, S. 22) oder Valensina im August 2022 mit der Premiummarke Hitchcock (o. V., 2022i). Auch Food-Start-ups wählen häufig zunächst diesen Weg (Graf, 2022). Sortimente, die so im Handel nicht zu finden sind, und personalisierte Produkte werden dabei von den Verbrauchern besonders geschätzt (KPMG, 2021, S. 8). Das Online-Geschäft ist allerdings bei den meisten Herstellern aufgrund der branchenspezifisch wichtigen Sortimentsbündelungsfunktion des Handels (Hudetz, 2022) und des hohen Anteils an Routinekäufen nur flankierender Absatzkanal (ECC Köln und Publicis Commerce Germany, 2022, S. 29). Fünf Prozent des Gesamtumsatzes machte beispielsweise beim Schokoladenkonzern Lindt & Sprüngli der E-Commerce-Anteil im Jahr 2020 aus (Chwallek, 2021). Ausschlaggebend für die vertikale Vorwärtsintegration der Hersteller dürften die neu gewonnene Nähe zum Kunden, die dadurch erreichbare Kundenbindung, das Generieren von Customer Insights sowie die besseren Möglichkeiten zur Inszenierung der Marke sein (Loderhose, 2021d; ECC Köln und Publicis Commerce Germany, 2022, S. 7).

Die gerade skizzierten Anbieter lassen durch ihre unterschiedlichen Ausrichtungen in puncto Strategien, Kanäle, Marktabdeckung, Sortimente, Services, Prozesse und Logistik bereits die große Vielfalt an Modellen im deutschen Online-Lebensmittelhandel erahnen.[5]

Ausgewählte Online-Anbieter mit Lebensmittelvollsortiment und Heimlieferung aus der „Brick-and Mortar"- und der „Online-Pure"-Welt zeigt Abb. 3.4 (Stand Mai 2023). Kooperationen, Warenflüsse und Kapitalverfechtungen sind exemplarisch angedeutet. Wie es scheint, vernetzen sich die beiden Welten zunehmend.

Tab. 3.1 zeigt in Anlehnung an Schu (2020, S. 44) Kategorisierungsmerkmale bei E-Food-Händlern, deren Ausprägungen sowie ausgewählte illustrative Beispiele (in alphabetischer Reihenfolge).

---

[5] Einen ausführlichen und systematischen Überblick dazu gibt Schu (2020, S. 44–53).

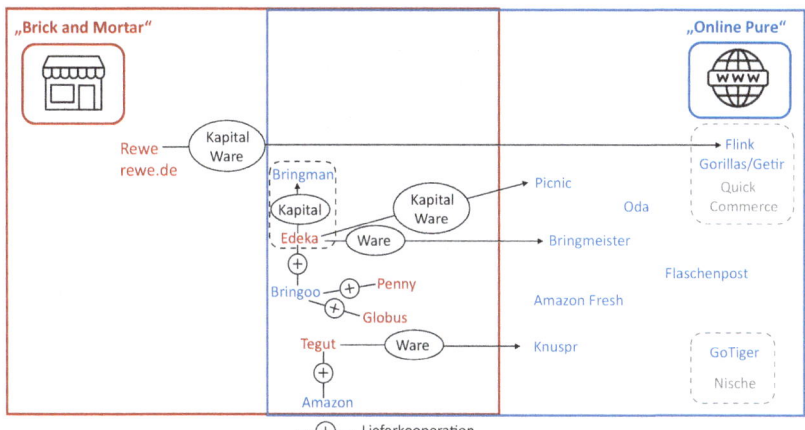

Abb. 3.4 Verflechtungen von Brick-and-Mortar- und Online-Pure-Welt. (Icons von Dinosoftlabs und Dreamstale, über flaticon.com, https://www.flaticon.com/de/kostenloses-icon/geschaft_3443338, https://www.flaticon.com/de/kostenloses-icon/www_691874?related_id=691874)

3.3 Herausforderungen, Chancen und Ansatzpunkte im Online-Geschäft mit Lebensmitteln

So unterschiedlich die Anbieter im Online-Lebensmittelhandel auch aufgestellt sind, allen stellt sich die Frage, wie man hier langfristig Geld verdienen kann. Auf europäischer Ebene haben sich Tjon Pian Gi und Spielvogel (2021) von McKinsey mit dieser Frage befasst. Einen differenzierten Blick auf die Profitabilität der deutschen E-Food-Anbieter wirft Maier (2021). Er kam im Juli 2021 zu dem Schluss, dass sämtliche Liefermodelle unprofitabel seien, was insbesondere für den Quick Commerce gelte. Auch Anfang 2023 sprechen die Berater von McKinsey & Company (2023, S. 23) noch davon, dass die Branche im Durchschnitt Geld verliere; sie glauben allerdings, dass Profitabilität in den nächsten zwei bis drei Jahren erreicht werden könne.

E-Food profitabel zu betreiben, sei „eine hohe unternehmerische Herausforderung, die noch kein Anbieter meistern konnte", meint auch der Experte für Lebensmittelmarketing Stephan Rüschen (2021a). Expansion (und damit einhergehend Größenvorteile und Marktmacht), automatisierte Fulfillment-Prozesse,

Tab. 3.1 Kategorisierungsmerkmale von E-Food-Händlern, Merkmale/Ausprägungen in Anlehnung an Schu (2020, S. 44)

Merkmal	Ausprägungen	Prototypische Beispiele (Auswahl)
Herkunft	Brick and Mortar	Edeka, Rewe, Tegut
	Online-Pure-Player	Amazon Fresh, Bringmeister, Bringoo, Flink, Getir/Gorillas, Knuspr, Picnic
Ausrichtung	„Stand-Alone"-Modell	Bringmeister, Picnic, Rewe
	Plattform-Modell	Bringoo
Kanalverknüpfung	Multi-/Omnichannel	Rewe
	nur ein Kanal	Bringmeister, Picnic
Zustell-Option	Lieferservice	Amazon Fresh, Bringmeister, Bringoo, Flink, Getir/Gorillas, Picnic, Rewe, Tegut
	Click and Collect	Rewe
	Postpaket	Mytime
Marktabdeckung beim Lieferservice (Stand 2021; IFH KÖLN, 2021, S. 35)	hoch (40 %, eher national)	Rewe
	(noch) niedrig (bis 10 %, regional/lokal)	Amazon Fresh, Bringmeister, Flink, Getir/Gorillas, Picnic
Lagerinfrastruktur	Fulfillment-Center (automatisiert, manuell)	Knuspr, Picnic, Rewe
	Darkstore	Getir/Gorillas, Flink
	ohne Lager: "Asset Light" (Instore-Picking)	Bringman, Bringoo
Lieferinfrastruktur	eigene Lieferflotte	Knuspr, Picinic, Rewe
	Liefer-Kooperation (mit Lieferdienst/Plattform)	Tegut (mit Amazon, Wolt)
	KEP(Kurier-Express-Paket)-Dienstleister	Mytime
Lieferzeit-Modell	Quick-Commerce (<1 h)	Getir/Gorillas, Flink
	Fast Commerce/Same Day	Knuspr, Rewe (standortbezogen)
	mindestens ein Tag Vorlauf mit flexibler Wahl des Lieferzeitfensters	Rewe
	„Milchmannprinzip" (Lieferung auf fester Route zu fester Zeit)	Picnic
Sortiment	Vollsortiment (breit und tief)	Amazon Fresh, Bringmeister, Edeka, Knuspr, Picnic, Rewe, Tegut
	Vollsortiment (breit, nicht tief)	Flink, Getir/Gorillas
	Teil-/Spezialsortiment	GoTiger, HelloFresh, Hersteller-Shops

optimale Steuerung der Kapazitätsauslastung und wettbewerbsfähige Einkaufskonditionen sieht er als die wichtigsten Erfolgsfaktoren (Rüschen, 2021a). Beek et al. (2021) nennen als wesentliche Hebel zur Steigerung der Profitabilität die Sortimente, Preise und Aktionen, Optimierungspotenziale bei Lagerhaltung und Kommissionierung, die Gestaltung der letzten Meile und zusätzliche Einkommensquellen über eine Monetarisierung von Kundendaten und Retail Media (den Verkauf digitaler Werbeflächen). Auf diese zusätzlichen Einkommensquellen verweisen auch die Berater von McKinsey (McKinsey & Company, 2022, S. 22, 2023, S. 19). Im Einklang damit bauen Rewe und andere ihre Retail-Media-Angebote weiter aus (Plank, 2022; Rentz, 2023; Krisch, 2023). Die Bedeutung und Ausgestaltungsmöglichkeiten von Retail Media diskutiert Schu (2023b, S. 87–101) ausführlich, ebenso die Rolle, die Liefergebühren als Hebel zur Profitabilität des E-Food Geschäfts spielen (Schu, 2022b). Die gerade genannten Stellschrauben für ein profitables E-Food-Geschäft hat auch Strategy& als Ergebnis einer Expertenbefragung im Sommer 2022 ermittelt (Strategy&, 2022, S. 24).

Allerdings schreibt selbst Marktführer Rewe, der bereits 2021 mehr als 700 Mio. € im Online-Lebensmittelhandel umgesetzt hat (o. V., 2021g), mit modernsten Fulfillment-Centern arbeitet und aufgrund seiner Einkaufsmacht vergleichsweise hohe Margen realisieren dürfte, nach wie vor rote Zahlen und hat nur wenig Hoffnung, dass sich das in naher Zukunft ändert (Kolf, 2021b; o. V., 2021g; Tewes, 2022). Auch im Oktober 2022 ist Rewe mit dem Lieferservice nach eigenen Angaben erst an vereinzelten Standorten profitabel (Rewe, 2022). Wettbewerber Picnic stellt ebenfalls fest, dass es bis zur Profitabilität noch dauern wird (o. V., 2022j; Stockburger & Klug, 2023). Profitabilität mag zurzeit auch noch nicht das primäre Ziel vieler Anbieter sein. Es geht immer noch um Wachstum, und für stationäre Händler ist auch die Kundenbindung über ihre Multichannel-Systeme (Wirtz, 2022, S. 26–27) ein wichtiges Ziel. So betont auch Rewe-Chef Lionel Souque die strategische Bedeutung des Online-Geschäfts: Der Kunde erwarte dieses Angebot, und deshalb müsse Rewe – im Sinne der Kundenbindung – diese Möglichkeit auch bieten (Kolf, 2021b).

Neben der Kundenbindung und dem Wunsch, an einem wachsenden Markt zu partizipieren, dürfte es – wie oben schon erwähnt – weitere Motivationen geben, im derzeit noch defizitären Online-Geschäft präsent zu sein: Kundendaten fallen automatisch an und sind eine wertvolle Ressource: Kunden, deren Bestellhistorie bekannt ist, werden mit der Zeit berechenbar, und die intelligente Nutzung ihrer Daten kommt der Warendisposition zu Gute (Foresti et al., 2023). Zudem können die Daten zur personalisierten Kundenansprache verwendet werden (Kehrer, 2021) und auch anderweitig genutzt werden. So kooperiert Gorillas mit dem Panelanbieter NielsenIQ (o. V., 2022k), und Flink arbeitet mit dem Marktforscher Bonsai zusammen (Bonsai, 2023). Auch dass Rewe die Kooperation mit Payback 2024 beendet und für 2025 ein eigenes Kundenbindungsprogramm plant (Mende & Konrad, 2023), passt in diesen Kontext. Eine aktive Einbindung der Kunden zu Marktforschungszwecken ist ebenfalls denkbar. Die Mitsprache bei der Sortimentsgestaltung wird von einigen Anbietern bereits praktiziert. Durch ihre regelmäßigen Lieferungen haben die E-Food-Anbieter außerdem „den Fuß in der Haustür" ihrer Kunden, was für weitere Liefer- oder Serviceangebote nutzbar wäre.

Zwischenfazit: Über eine breitere Kundenbasis, höhere Bestellfrequenzen und größere Warenkörbe kann die Profitabilität gesteigert werden. Die Automatisierung der Prozesse, die Optimierung der letzten Meile sowie zusätzliche Einnahmen durch das Angebot von Werbeflächen, Monetarisierung von Kundendaten, margenstarke Produkte und geschickte Liefergebührenmodelle könnten den Weg zur „schwarzen Null" ebnen.

Wo liegen Ansatzpunkte für einen erfolgreichen Online-Handel mit Lebensmitteln? Der Begriff „Electronic Food Commerce" deutet schon auf die drei Kompetenzfelder hin, auf denen die Anbieter sich alleine oder zusammen mit geeigneten Partnern beweisen müssen: Digitalkompetenz („Electronic"), Lebensmittelkompetenz („Food") und Handelsexpertise („Commerce"). Letztere umfasst das Supply-Chain-Management (Beschaffung und Logistik) und die Marktbearbeitung (Instrumente des Handelsmarketing) (Swoboda et al., 2019, S. 52).

Logistik und Lieferung sind entscheidende Faktoren (Klein et al., 2019; Kromer & Grünwald, 2022; Lodni et al., 2021; Piroth et al., 2020, S. 13; Schu, 2021c, S. 14). Ohne reibungslos funktionierende Logistik ist es schwierig, den hohen Anforderungen der Kunden gerecht zu werden: im Hinblick auf Liefergeschwindigkeit, Lieferzeiten, Lieferzeitfenster und Lieferzuverlässigkeit exakt derjenigen Artikel, die bestellt wurden. Zur Profitabilität verschiedener Lager- und Kommissionier-Modelle legt Schu (2021c, S. 21–30) eine detaillierte Analyse vor, ebenso zu Optionen zur Ausgestaltung der letzten Meile (Schu, 2020, S. 131–141, Schu, 2023c) und zu Liefergebühren-Modellen (Schu, 2022b, S. 16–31).

Piroth et al. (2020, S. 9) haben in ihrer Expertenbefragung zum Online-Lebensmittelmarkt in Deutschland neben dem wichtigen Feld der Logistik und Lieferung folgende erfolgsentscheidende Größen ermittelt:

- das Sortiment,
- die Preise und Konditionen,
- die technologische Infrastruktur,

3.3 Herausforderungen, Chancen und Ansatzpunkte ...

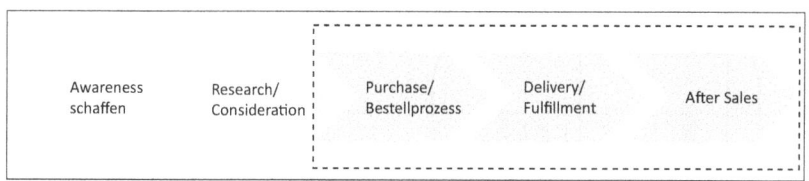

Abb. 3.5 E-Food-Customer-Journey. (nach Schu, 2020, S. 4, Hervorhebungen durch die Verfasserin)

- die Shopping-Experience/das Web-Design,
- die bequeme Abwicklung für die Kunden und
- den Kundenservice bzw. das Beschwerdemanagement.

Schu (2020, S. 4) schlägt vor, dass Anbieter die beim Online-Handel mit Lebensmitteln zu bewältigenden Herausforderungen systematisch entlang der in Abb. 3.5 dargestellten „E-Food-Customer-Journey" angehen.

Durch die Pandemie und die vielen neuen Player am Markt wurden die Kunden in den letzten Jahren vermehrt auf E-Food-Angebote aufmerksam und haben diese für ihre Lebensmitteleinkäufe in Erwägung gezogen oder bereits genutzt, sofern ihnen ein Angebot zur Verfügung stand (appinio & Spryker, 2021, S. 11–13; Spryker & appinio, 2022, S. 5). Kauf- und Bestellprozess, Lieferung und Logistik (Delivery/Fulfillment) sowie After-Sales-Maßnahmen bieten neben Sortiment und Preisen Ansatzpunkte für ein kundenorientiertes E-Food-Geschäft und eine Differenzierung im Wettbewerb. Abb. 3.6 greift diesen Gedanken auf und zeigt in Anlehnung an das Modell der Wertschöpfungskette von Porter (2013) die unternehmensinternen Leistungsprozesse (Swoboda et al., 2019, S. 52–53) und darauf aufbauende Kundenwertversprechen, die E-Food-Anbieter zur Differenzierung im Wettbewerb nutzen könnten.

Fazit zur Anbieterseite in Deutschland (Winter 2022/2023):
Seit dem Ausbruch der Pandemie im Jahr 2020 sind im deutschen Online-Lebensmittelhandel sehr viele Player mit unterschiedlichen Strategien und Geschäftsmodellen aktiv. Es ist viel Bewegung in der Branche – neue Anbieter kommen, bestehende Anbieter verschwinden oder werden aufgekauft.

Die stationären (Brick-and-Mortar-)Anbieter bespielen den Markt

- als Multichannel-Anbieter mit eigener Lager- und Lieferinfrastruktur (Rewe)
- als Kapitalgeber (Edeka-Picnic, Rewe-Flink)
- als Großhändler/Lieferant (Edeka-Picnic, Tegut-Knuspr)

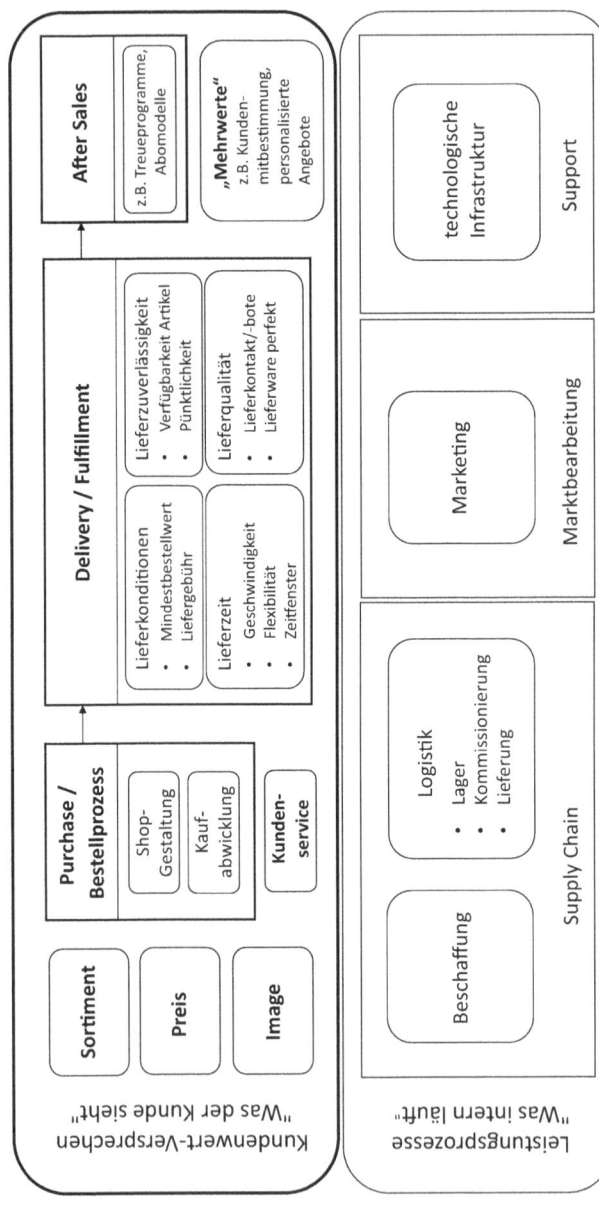

Abb. 3.6 Kundenwert-Versprechen (Differenzierungsmöglichkeiten) und Leistungsprozesse

- als Lebensmittelspezialist in Kooperation mit Logistikspezialisten bzw. Plattformen (Tegut-Amazon, Edeka-Bringman/Bringoo).

Die Online-Pure-Player bringen durch unterschiedliche Modelle und Kundenwertversprechen Bewegung in den Markt, z. B.

- als moderner Milchmann mit regionalem Bezug (Picnic)
- als digitales Einkaufszentrum in der Nachbarschaft (Bringoo)
- als „Asset-Light"-Einkäufer und Bote (Bringman)
- als Frische-Experte mit Pluspunkten im Sortiment/Service (Knuspr)
- als Schnell-Lieferant in der Großstadt (Gorillas/Getir)
- als Getränke-Spezialist mit Lebensmittel-Vollsortiment (Flaschenpost)
- als Sortimentsspezialist (GoTiger).

Ebenfalls am Markt agieren Hersteller (Direct-to-Consumer-Shops), Gastronomie-Lieferdienste, Curated-Shopping-Anbieter (Kochboxen) und verschiedenste Anbieter mit Teilsortimenten.

Die räumliche Ausdehnung des Marktes schreitet voran, wenn auch nicht so schnell wie von den Anbietern angekündigt, und es bleiben insbesondere im ländlichen Raum noch viele weiße Flecken auf der Deutschlandkarte, wo kein Lebensmittelangebot mit Lieferservice zur Verfügung steht.

Profitabilität bleibt eine wichtige Herausforderung. Wege dorthin führen über Effizienzsteigerungen und Größenvorteile, aber auch über den richtigen Mix an Nutzendimensionen, für die zielgruppenspezifisch Zahlungsbereitschaft besteht.

Experten erwarten eine Marktbereinigung und eine weitere Differenzierung der E-Food-Landschaft, was die beiden folgenden Zitate exemplarisch zeigen:

> „Aktuell entwickelt der Online-LEH eine ähnliche Angebotsvielfalt wie das stationäre Geschäft." Um erfolgreich zu sein, „braucht es ein klares Zielbild ... in Bezug auf die angestrebten Kundenwertversprechen und die künftige Positionierung im Markt." (Beek et al., 2021, S. 24)

> „Es wird nicht das *eine* E-Food Konzept geben, vielmehr bilden sich bereits Konzepte, die verschiedene Zielgruppen und deren Bedürfnisse befriedigen können." (Rüschen, 2021b)

Um diese Bedürfnisse der Kunden, ihre Kaufentscheidungsmuster, um die Bedeutung des Lebensmitteleinkaufs und um verschiedene Käufertypen und Kaufsituationen geht es im folgenden Kap. 4, das der Kundenseite gewidmet ist.

Literatur

Accenture & GfK. (2022). Grocery Insights 2022. Final Call for German E-Grocery. https://www.accenture.com/ch-en/insights/retail/grocery-insights-2022. Zugegriffen: 12. Juli 2022.

App, U. (2020). Tegut Kooperation: Amazon baut prime now weiter aus. *w&v*, 12.08.2020. https://www.wuv.de/tech/amazon_baut_prime_now_weiter_aus. Zugegriffen: 28. Okt. 2020.

appinio & Spryker. (2021). *E-Food-Insights: Die große 2021 Deutschlandstudie zur Zukunft des Lebensmitteleinzelhandels. Aktuelle Zahlen zu Nutzung, Potenzial und Markenwahrnehmung in der deutschen E-Food-Landschaft.* o. V.

arvato Bertelsmann. (2022). *Quick Commerce. Der Konsum der Zukunft?* o. V.

Becker, J. (2020a). Picnic vergrößert erneut sein Liefergebiet. *Lebensmittelzeitung*, 22.04.2020. https://www.lebensmittelzeitung.net/handel/E-Food-Picnic-vergroessert-erneut-sein-Liefergebiet-145940. Zugegriffen: 28. Okt. 2020.

Becker, J. (2020b). Rohlik startet in Deutschland als Knupr.de. *Lebensmittelzeitung*, 19.08.2020. https://www.lebensmittelzeitung.net/handel/Online-Supermarkt-Rohlik-startet-in-Deutschland-als-Knuspr.de-147826. Zugegriffen: 27. Okt. 2020.

Becker, J. (2021a). Neuer E-Food-Player: Flaschenpost liefert Lebensmittel in weiteren Städten aus. *Lebensmittelzeitung*, 08.07.2021. https://www.lebensmittelzeitung.net/handel/online-handel/neuer-e-food-player-flaschenpost-liefert-lebensmittel-in-weiteren-staedten-aus-160380. Zugegriffen: 13. Juli 2021.

Becker, J. (2021b). Aus reinem Altruismus bestellt keiner bei uns. *Lebensmittelzeitung*, 19.07.2021. https://www.lebensmittelzeitung.net/handel/online-handel/motatos-deutschlandchef-alexander-holzknecht-aus-reinem-altruismus-bestellt-keiner-bei-uns-160492. Zugegriffen: 23. Febr. 2023.

Becker, J. (2022a). Bünting wird Handelspartner des norwegischen Lieferdienstes Oda. *Lebensmittelzeitung*, 27.05.2022. https://www.lebensmittelzeitung.net/handel/online-handel/deutschlanddebuet-buenting-wird-handelspartner-fuer-norwegischen-lieferdienst-oda-165399. Zugegriffen: 27. Juli 2022.

Becker, J. (2022b). Tegut und Amazon vergrößern Liefergebiet. *Lebensmittelzeitung*, 19.10.2022. https://www.lebensmittelzeitung.net/handel/online-handel/e-food-tegut-und-amazon-vergroessern-liefergebiet-167712. Zugegriffen: 19. Okt. 2022.

Becker, J. (2022c). Gorillas setzt Rotstift in der Verwaltung an. *Lebensmittelzeitung*, 24.05.2022. https://www.lebensmittelzeitung.net/handel/online-handel/stellenstreichung-gorillas-setzt-rotstift-in-der-verwaltung-an-165352. Zugegriffen: 30. Juli 2022.

Becker, J. (2022d). Frischepost wird an Berliner Investor verkauft. *Lebensmittelzeitung*, 11.05.2022. https://www.lebensmittelzeitung.net/handel/online-handel/e-food-frischepost-wird-an-berliner-investor-verkauft-165169. Zugegriffen: 28. Juli 2022.

Becker, J., & Klug, D. (2022). Darum verzögert sich das Deutschlanddebüt von Oda. *Lebensmittelzeitung*, 20.10.2022. https://www.lebensmittelzeitung.net/handel/online-handel/online-supermarkt-darum-verzoegert-sich-das-deutschlanddebuet-von-oda-167708. Zugegriffen: 7. Nov. 2022.

Beek, J., Schmid, M., & Spielvogel, J. (2021). Gorillas im Nebel – Die Online-Zukunft des Lebensmittelhandels. In McKinsey & Company (Hrsg.), *Akzente 2'21: Nachhaltigkeit*

Literatur

erreichen – Aber wie? (S. 20–25). https://www.mckinsey.de/branchen/konsumguter-handel/akzente/akzente-2-2021. Zugegriffen: 11. Jan. 2022.

Biester, S., & Himberg, M. (2021). Tegut fährt mehrgleisig in die Zukunft. *Lebensmittelzeitung*, 01.02.2021. https://www.lebensmittelzeitung.net/handel/Young-Business-Factory-now-Tegut-faehrt-mehrgleisig-in-die-Zukunft-150600. Zugegriffen: 4. Febr. 2021.

Bökamp, L. (2020). Essenslieferdienste entdecken E-Food. *Lebensmittelzeitung*, 13.11.2020. https://www.lebensmittelzeitung.net/tech-logistik/Ultraschnelle-Lieferung-Essensliefer dienste-entdecken-E-Food-149278. Zugegriffen: 5. Jan. 2021.

Bökamp, L. (2021a). Picnic eröffnet drittes Logistikzentrum. *Lebensmittelzeitung*, 18.01.2021. https://www.lebensmittelzeitung.net/tech-logistik/Kapazitaetsausbau-Picnic-eroeffnet-drittes-Logistikzentrum-150344. Zugegriffen: 4. Febr. 2021.

Bökamp, L. (2021b). Roboterbasiertes Kommissioniersystem: Knuspr startet Offensive zur Lagerautomatisierung. *Lebensmittelzeitung*, 30.09.2021. https://www.lebensmittelzei tung.net/tech-logistik/nachrichten/roboterbasiertes-kommissioniersystem-knuspr-startet-offensive-zu-lagerautomatisierung-161706. Zugegriffen: 25. Febr. 2022.

Bökamp, L. (2022a). Rewe erhöht Effizienz bei E-Food. *Lebensmittelzeitung*, 29.07.2022. https://www.lebensmittelzeitung.net/tech-logistik/nachrichten/neues-online-fulfillment-center-rewe-erhoeht-effizienz-bei-e-food-166382. Zugegriffen: 29. Juli 2022.

Bökamp, L. (2022b). Picnic setzt bei E-Food-Logistik neue Maßstäbe. *Lebensmittelzeitung*, 05.05.2022. https://www.lebensmittelzeitung.net/tech-logistik/nachrichten/hightech-log istikzentrum-picnic-setzt-bei-e-food-logistik-neue-massstaebe-165065. Zugegriffen: 27. Juli 2022.

Bökamp, L. (2023). Rewe baut Abholangebote weiter aus. *Lebensmittelzeitung*, 28.04.2023. https://www.lebensmittelzeitung.net/tech-logistik/nachrichten/click--collect-rewe-baut-abholangebote-staerker-aus-170950. Zugegriffen: 29. Apr. 2023.

Bomke, L. (2022). Unverpackt-Lieferdienst Alpakas will die grüne Alternative zu Gorillas werden. *handelsblatt*, 16.02.2022. https://www.handelsblatt.com/unternehmen/handel-konsumgueter/e-commerce-unverpackt-lieferdienst-alpakas-will-die-gruene-alternative-zu-gorillas-werden/28073632.html. Zugegriffen: 27. Juli 2022.

Bonsai. (2023). Bonsai goes flink. Pressemitteilung vom 17.02.2023. https://www.bonsai-research.com/pressemeldungen//https/wwwbonsai-researchcom/pressemeldungen/bon sai-goes-flink-neue-marktforschung-fur-quick-commerce. Zugegriffen: 17. Mai 2023.

Chernobylskaya, M. (2021). Neuer Lieferdienst Alpakas startet in Berlin. *Lebensmittelzeitung*, 29.10.2021. https://www.lebensmittelzeitung.net/handel/nachrichten/e-food-unv erpackt-neuer-lieferdienst-alpakas-startet-in-berlin-162230. Zugegriffen: 21. Febr. 2022.

Chernobylskaya, M. (2022). Knuspr startet Förderprogramm für kleinere Betriebe. *Lebensmittelzeitung*, 06.04.2022. https://www.lebensmittelzeitung.net/handel/nachrichten/foe rderprogramm-knuspr-will-kleinere-betriebe-unterstuetzen-164632. Zugegriffen: 29. Juli 2022.

Chwallek, A. (2021). Lindt verdoppelt Online-Erlöse. *Lebensmittelzeitung*, 19.01.2021. https://www.lebensmittelzeitung.net/industrie/Umsatzverschiebung-Lindt-verdoppelt-die-Online-Erloese-150359. Zugegriffen: 5. Febr. 2021.

Chwallek, A. (2022). Tegut weitet Lieferdienst mit Amazon aus. *Lebensmittelzeitung*, 01.06.2022. https://www.lebensmittelzeitung.net/handel/online-handel/kooperation-mit-prime-tegut-weitet-lieferdienst-mit-amazon-aus-165469. Zugegriffen: 30. Juni 2022.

Deglow, H.-J. (2023). Hellofresh will sich bei Preiserhöhungen zurückhalten. *Lebensmittelzeitung,* 22.02.2023. https://www.lebensmittelzeitung.net/handel/nachrichten/e-commerce-hellofresh-will-sich-bei-preiserhoehungen-zurueckhalten-169861. Zugegriffen: 23. Febr. 2023.

Eberhardt, H. (2021). Deutscher Marketingpreis 2021: Hello Fresh setzt sich durch. *absatzwirtschaft,* 16.12.2021. https://www.absatzwirtschaft.de/gewinner-deutscher-marketingpreis-184025/. Zugegriffen: 28. Febr. 2022.

ECC Köln & Publicis Commerce Germany. (2022). *Verschenktes Potenzial – Warum Hersteller sich mit D2C beschäftigen müssen.* o. V.

Edeka. (2023). Change & Chance, Unternehmensbericht Edeka Verbund. Edeka Geschäftsbericht 2022. https://geschaeftsbericht.edeka/wachstumsfelder/online-handel/index-2.html. Zugegriffen: 14. Mai 2023.

Ermisch, S. (2022). Langsamer und ohne Lager: So will Bringoo andere Lieferdienste angreifen. *Wirtschaftswoche online,* 16.01.2022. https://www.wiwo.de/erfolg/gruender/den-meisten-geht-es-um-komfort-und-auswahl-langsamer-und-ohne-lager-so-will-bringoo-andere-lieferdienste-angreifen/27976384.html. Zugegriffen: 12. Febr. 2023.

Flaschenpost. (2023). Die flaschenpost kooperiert mit Alnatura. Pressemitteilung vom 08.03.2023. https://image.flaschenpost.de/cms/newsroom/pm/downloads/pdfs/20230308a_pm.pdf. Zugegriffen: 5. Juni 2023.

Foresti L., Perotti, S., Ekren, B. Y., & Prataviera, L. B. (2023). E-Grocery Challenges and a Solution Approach from Multi-objective Perspectives. In F. Calisir & M. Durucu (Hrsg.), *Industrial Engineering in the Covid-19-Era. GJCIE 2022. Lecture Notes in Management and Industrial Engineering* (S. 10–21). Springer. https://doi.org/10.1007/978-3-031-25847-3_2.

Freimuth, J. (2023). Rewe Lieferservice ist Testsieger der Stiftung Warentest 2023. https://mediacenter.rewe.de/pressemitteilungen/rewe-lieferservice-ist-testsieger-der-stiftungwarentest-2023. Zugegriffen: 30. Mai 2023.

Frohn, P. (2021). Picnic gegen Gorillas: Investorengeld befeuert den Kampf der Lieferdienste. *Handelsblatt,* 10.02.2021. https://www.handelsblatt.com/unternehmen/handel-konsumgueter/picnic-investorengeld-befeuert-den-kampf-der-lebensmittellieferdienste/26888326.html?ticket=ST-2022630-ADAygmvsAQorALd4VGzI-ap4. Zugegriffen: 21. Febr. 2021.

GfK. (2022a). Kaufkraft der Deutschen steigt 2023 auf 26.271 Euro – GfK-Studie zur Kaufkraft Deutschland 2023. https://www.gfk.com/hubfs/website/editorial_ui_pdfs/20221215_PM_Kaufkraft_Deutschland_2023_dfin.pdf. Zugegriffen: 18. Dez. 2022.

GfK. (2022b). *Die Kulturalisierung des Konsums. Wie kreative Generationen das Konsumverhalten in den nächsten Jahren prägen werden. 41. Unternehmergespräch Kronberg 2022, 20. Ausgabe, GfK Consumer Panels & Services.* o. V.

GfK. (2023a). GfK Kaufkraft Deutschland. http://www.gfk-geomarketing.de/fileadmin/gfkgeomarketing/de/marktdaten/erlaeuterungen/DE_GfK_Marktdaten_Kaufkraft_Deutschland_Erlaeuterung.pdf. Zugegriffen: 5. Juni 2023.

GfK. (2023b). GfK Sortimentskaufkraft Deutschland. http://www.gfk-geomarketing.de/fileadmin/gfkgeomarketing/de/marktdaten/erlaeuterungen/DE_GfK_Marktdaten_Sortimentskaufkraft_Deutschland_Erlaeuterung.pdf. Zugegriffen: 5. Juni 2023.

GfK. (2023c). Geomarketing Produktkatalog. http://www.gfk-geomarketing.de/fileadmin/gfkgeomarketing/de/produktkatalog.pdf. Zugegriffen: 5. Juni 2023.

Literatur

Giuri, M. (2020a). Gorillas will dank frischen Millionen expandieren. *Lebensmittelzeitung*, 14.12.2020. https://www.lebensmittelzeitung.net/tech-logistik/Lebensmittel-Lieferservice-Gorillas-will-dank-frischen-Millionen-expandieren-149862. Zugegriffen: 5. Jan. 2021.

Giuri, M. (2020b). Danone verkauft Babybrei direkt. *Lebensmittelzeitung*, 30.10.2020. https://www.lebensmittelzeitung.net/industrie/Onlineshop-Danone-verkauft-Babybrei-direkt-149032. Zugegriffen: 8. Nov. 2020.

Gräber, J. (2021). Kunde im Fokus: Wie My Enso den Food-Markt aufmischt. *absatzwirtschaft*, 22.02.2021. https://www.absatzwirtschaft.de/kunde-im-fokus-wie-my-enso-den-food-markt-aufmischt-177892/. Zugegriffen: 24. Febr. 2021.

Graf, J. (2022). Direct to Consumer: Gefahren und Potentiale für Handel, Hersteller und Startups. In M. Koppe, S. Rock, & M. Wild (Hrsg.), *Der zukunftsfähige Handel. Neue online und offline Konzepte sowie digitale und KI-basierte Lösungen* (S. 133–153). Springer Gabler.

HDE & IFH KÖLN. (2023). *HDE-Online-Monitor 2023*. o. V.

Hofmann, J. (2020). Lebensmittel-Fachhandel boomt: Hofläden wachsen in der Krise dynamisch. *Lebensmittelzeitung*, 20.11.2020. https://www.lebensmittelzeitung.net/handel/nachrichten/Lebensmittel-Fachhandel-boomt-Der-Fachhandel-waechst-in-der-Krise-dynamisch-149417. Zugegriffen: 15. Juli 2021.

Hofmann, J. (2021). Neuer Berliner Lieferdienst „Bring" plant Expansion in weitere Städte. *Lebensmittelzeitung*, 02.02.2021. https://www.lebensmittelzeitung.net/handel/nachrichten/E-Food-Neuer-Berliner-Lieferdienst-Bring-plant-Expansion-in-weitere-Staedte-150609. Zugegriffen: 4. Febr. 2021.

Hofmann, J. (2022a). Bünting will aus Filialen heraus liefern. *Lebensmittelzeitung*, 10.02.2022. https://www.lebensmittelzeitung.net/handel/online-handel/e-food-buenting-will-aus-filialen-heraus-liefern-163737. Zugegriffen: 21. Febr. 2022.

Hofmann, J. (2022b). Frischepost lässt sich mit Expansion mehr Zeit. *Lebensmittelzeitung*, 07.01.2022. https://www.lebensmittelzeitung.net/handel/nachrichten/regionaler-lieferdienst-frischepost-laesst-sich-mit-expansion-mehr-zeit-163203. Zugegriffen: 28. Juli 2022.

Hofmann, J. (2022c). Gotiger legt in Berlin los. *Lebensmittelzeitung*, 20.07.2022. https://www.lebensmittelzeitung.net/handel/online-handel/ethno-lieferdienst-gotiger-legt-in-berlin-los-166245. Zugegriffen: 27. Juli 2022.

Holst, J. (2020a). Getnow meldet Insolvenz an. *Lebensmittelzeitung*, 26.10.2020. https://www.lebensmittelzeitung.net/handel/E-Food-Getnow-meldet-Insolvenz-an-148956. Zugegriffen: 27. Okt. 2020.

Holst, J. (2020b). Flaschenpost nimmt Food ins Visier. *Lebensmittelzeitung*, 03.09.2020. https://www.lebensmittelzeitung.net/handel/E-Commerce-Flaschenpost-nimmt-Food-ins-Visier-148085. Zugegriffen: 27. Okt. 2020.

Holst, J. (2020c). Amazon beerdigt pantry. *Lebensmittelzeitung*, 28.05.2020. https://www.lebensmittelzeitung.net/handel/Kooperation-Tegut-expandiert-gemeinsam-mit-Amazon-147695. Zugegriffen: 28. Okt. 2020.

Holst, J. (2021a). Wo der E-Food-Markt 2021 hinsteuert. *Lebensmittelzeitung*, 26.01.2021. https://www.lebensmittelzeitung.net/handel/E-Commerce-Wo-der-E-Food-Markt-2021-hinsteuert-150446. Zugegriffen: 4. Febr. 2021.

Holst, J. (2021b). Oda verpflichtet Kaufland Manager. *Lebensmittelzeitung*, 17.06.21021. https://www.lebensmittelzeitung.net/handel/nachrichten/E-Food-Oda-verpflichtet-Kaufland-Manager-152992. Zugegriffen: 17. Juli 2021.

Holst, J. (2021c). Gorillas testet Franchise-Modell. *Lebensmittelzeitung*, 12.11.2021. https://www.lebensmittelzeitung.net/handel/online-handel/einzel-gmbhs-gorillas-testet-franchise-modell-162463. Zugegriffen: 16. Jan. 2022.

Holst, J. (2021d). Getnow will wieder expandieren. *Lebensmittelzeitung*, 13.01.2021. https://www.lebensmittelzeitung.net/handel/E-Food-Getnow-will-wieder-expandieren-150257. Zugegriffen: 4. Febr. 2021.

Holst, J. (2021e). Interview mit Getir-Deutschlandchef Tobias Brühne: Wir behandeln unsere Mitarbeiter besser als andere Unternehmen. *Lebensmittelzeitung*, 02.07.2021. https://www.lebensmittelzeitung.net/handel/nachrichten/interview-mit-getir-deutschlandchef-tobias-bruehne-wir-behandeln-unsere-mitarbeiter-besser-als-andere-unternehmen-160296. Zugegriffen: 16. Juli 2021.

Holst, J., & Lattmann, C. (2021). Flaschenpost stärkt Food-Geschäft. *Lebensmittelzeitung*, 06.05.2021. https://www.lebensmittelzeitung.net/handel/Onlinehandel-Flaschenpost-staerkt-Food-Geschaeft-152337. Zugegriffen: 12. Mai 2021.

Holst, J., & Mende, J. (2021). Flink listet Rewe-Marken ein. *Lebensmittelzeitung*, 03.09.2021. https://www.lebensmittelzeitung.net/handel/nachrichten/schnell-lieferung-flink-listet-rewe-marken-ein-161291. Zugegriffen: 16. Jan. 2022.

Holst, J., & Rennack, S. (2020). Knuspr will Rewe vom Thron stoßen. *Lebensmittelzeitung*, 13.11.2020. https://www.lebensmittelzeitung.net/handel/E-Food-Knuspr-will-Rewe-vom-Thron-stossen-149300. Zugegriffen: 5. Jan. 2021.

Holst, J., & Tewes, W. (2021). Rewe baut Lieferservice aus. *Lebensmittelzeitung*, 04.11.2021. https://www.lebensmittelzeitung.net/handel/online-handel/e-food-rewe-baut-lieferservice-aus-162319. Zugegriffen: 28. Juli 2022.

Holst, J., Mende, J., & Stockburger, M. (2021a). Expansion in Deutschland: Picnic greift Rewe an. *Lebensmittelzeitung*, 24.09.2021. https://www.lebensmittelzeitung.net/handel/online-handel/expansion-in-deutschland-picnic-greift-rewe-an-161621. Zugegriffen: 25. Febr. 2022.

Holst, J., Tewes, W., & Stockburger, M. (2021b). Lieferdienste drängen ins Ruhrgebiet. *Lebensmittelzeitung*, 10.12.2021. https://www.lebensmittelzeitung.net/handel/nachrichten/e-food-lieferdienste-draengen-ins-ruhrgebiet-162871. Zugegriffen: 27. Juli 2022.

Hübner, M. (2021a). Flink sieht sich als Marktführer. *Lebensmittelzeitung*, 10.12.2022. https://www.lebensmittelzeitung.net/handel/online-handel/schnelllieferdienste-flink-sieht-sich-als-marktfuehrer-162882. Zugegriffen: 16. Jan. 2022.

Hübner, M. (2021b). Industrie investiert mehr in den Online-Verkauf. *Lebensmittelzeitung*, 26.01.2021. https://www.lebensmittelzeitung.net/handel/Hersteller-Shops-Industrie-investiert-mehr-in-den-Online-Verkauf-149425. Zugegriffen: 4. Febr. 2021.

Hübner, M. (2022a). Rewe rückt der Konkurrenz mit Abholpunkten auf die Pelle. *Lebensmittelzeitung*, 08.02.2022. https://www.lebensmittelzeitung.net/handel/online-handel/neues-click--collect-angebot-rewe-rueckt-der-konkurrenz-mit-abholpunkten-auf-die-pelle-163692. Zugegriffen: 28. Juli 2022.

Hübner, M. (2022b). Bearingpoint-Studie: Direktvertrieb ist für Hersteller kein Nebengeschäft mehr. *Lebensmittelzeitung*, 31.05.2022. https://www.lebensmittelzeitung.net/industrie/nachrichten/studie-direktvertrieb-ist-fuer-hersteller-kein-nebengeschaeft-mehr-165456. Zugegriffen: 27. Juli 2022.

Hübner, M., & Klug, D. (2023). Oda wagt weiteren Expansionsschritt in Deutschland. *Lebensmittelzeitung*, 12.04.2023. https://www.lebensmittelzeitung.net/handel/online-handel/e-food-haendler-oda-wagt-weiteren-expansionsschritt-in-deutschland-170659. Zugegriffen: 12. Apr. 2023.

Hudetz, K. (2022). Nachgefragt beim Handelsforscher Kai Hudetz: „Das Rad nicht überdrehen". *Lebensmittelzeitung*, 18.02.2022, 22.

IFH KÖLN. (2020). *Lebensmittel online – Heute und 2030. Wie Kund*innen den (Gesamt)Markt in Bewegung bringen.* o. V.

IFH KÖLN. (2021). *Lebensmittel Online. Zahlen, Daten, Fakten.* o. V.

Ingelmann, A. (2022). Globus startet Kooperation mit Bringoo. *Lebensmittelzeitung*, 14.12.2022. https://www.lebensmittelzeitung.net/handel/online-handel/lieferservice-globus-startet-kooperation-mit-bringoo-168672. Zugegriffen: 23. Febr. 2023.

Ingelmann, A. (2023a). Flaschenpost listet Produkte von Alnatura. *Lebensmittelzeitung*, 08.03.2023. https://www.lebensmittelzeitung.net/handel/online-handel/onlinehandel-flaschenpost-listet-produkte-von-alnatura-170098. Zugegriffen: 11. März 2023.

Ingelmann, A. (2023b). Ethno-Lieferdienst Yababa stellt Insolvenzantrag. *Lebensmittelzeitung*, 08.02.2023. https://www.lebensmittelzeitung.net/handel/online-handel/finanzierungsrunde-gescheitert-ethno-lieferdienst-yababa-stellt-insolvenzantrag-169544. Zugegriffen: 23. Febr. 2023.

Ingelmann, A. (2023c). Alpakas stellt Insolvenzantrag. *Lebensmittelzeitung*, 29.03.2023. https://www.lebensmittelzeitung.net/handel/online-handel/bio-lieferdienst-alpakas-stellt-insolvenzantrag-170465. Zugegriffen: 30. März 2023.

Ingelmann, A. (2023d). Oda gibt Online-Supermarkt in Deutschland auf. *Lebensmittelzeitung*, 21.06.2023, https://www.lebensmittelzeitung.net/handel/online-handel/kehrtwende-oda-gibt-online-supermarkt-in-deutschland-auf-171917. Zugegriffen: 21. Juni 2023.

Ingelmann, A., Klug, D., & Schulz, H.-J. (2022). Aldi Süd will E-Food nach Deutschland bringen. *Lebensmittelzeitung*, 02.11.2022. https://www.lebensmittelzeitung.net/handel/nachrichten/onlinehandel-aldi-sued-will-e-food-nach-deutschland-bringen-167943. Zugegriffen: 8. Nov. 2022.

IRI. (2022). Grundgesamtheiten 2022, Deutschland, Stand: November 2022. https://www.iriworldwide.com/IRI/media/IRI-Clients/International/de/GG2022_Deutsch.pdf. Zugegriffen: 3. Jan. 2023.

Janke, K. (2021). Die neue Nähe. *absatzwirtschaft, 4*, 20–26.

Kapalschinski, C. (2021a). Liefersupermarkt Flink verbündet sich mit Rewe – Und holt so im Kampf gegen Gorillas auf. *Handelsblatt*, 04.06.2021. https://www.handelsblatt.com/unternehmen/handel-konsumgueter/lieferdienste-liefer-supermarkt-flink-verbuendet-sich-mit-rewe-und-holt-so-im-kampf-gegen-gorillas-auf/27254736.html?ticket=ST-8129805-ELOCN6z4sA7u7H1xUV5B-ap2. Zugegriffen: 15. Juli 2021.

Kapalschinski, C. (2021b). Lieferdienste: Der türkische Supermarkt aus dem Netz. *Handelsblatt*, 23.11.2021. https://www.handelsblatt.com/unternehmen/handel-konsumgueter/lieferdienste-der-tuerkische-supermarkt-aus-dem-netz/27822066.html?ticket=ST-170244-4kCtRL6SvWLeujyvePS3-ap1. Zugegriffen: 21. Febr. 2022.

Kapalschinski, C. (2021c). Knuspr, Gorillas, Delivery Hero: Können Roboterlager die Lieferdienste profitabel machen? *Handelsblatt*, 09.11.2021. https://www.handelsblatt.com/unternehmen/handel-konsumgueter/automatisierung-knuspr-gorillas-delivery-hero-koennen-roboterlager-die-lieferdienste-profitabel-machen/27772806.html. Zugegriffen: 11. März 2023.

Kapalschinski, C., & Kolf, F. (2021). Jakub Havrlant: Dieser tschechische Investor will Rewe, Amazon und Aldi die Kunden abjagen. *Handelsblatt*, 25.05.2021. https://www.handelsblatt.com/unternehmen/handel-konsumgueter/jakub-havrlant-dieser-tschechische-investor-will-rewe-amazon-und-aldi-die-kunden-abjagen/27236238.html. Zugegriffen: 5. Juni 2023.

Kehrer, E. (2021). E-Food und künstliche Intelligenz: 7 Tipps für bis zu 30% mehr Umsatz im Lebensmittelshop. *Fact-Finder-Blog*, 31.05.2021. https://www.fact-finder.de/blog/e-food/. Zugegriffen: 25. Juli 2021.

Kepler, R. (2023). Q-Commerce: Liefern, was das Zeug hält. https://www.meedia.de/marken/q-commerce-liefern-was-das-zeug-haelt-9369c16942f4c9ca4290e6693690be8c. Zugegriffen: 3. Juni 2023.

Kitzmann, M. (2021a). Getnow legt Betrieb auf Eis. *Lebensmittelzeitung*, 17.12.2021. https://www.lebensmittelzeitung.net/handel/online-handel/e-food-lieferdienst-getnow-legt-betrieb-auf-eis-163007. Zugegriffen: 16. Jan. 2022.

Kitzmann, M. (2021b). Gorillas schwingen sich in neue Liefergebiete. *Lebensmittelzeitung*, 10.03.2021. https://www.lebensmittelzeitung.net/handel/Expansion-Gorillas-schwingen-sich-in-neue-Liefergebiete-151343. Zugegriffen: 20. Apr. 2021.

Klein, R., Mackert, J., & Steinhardt, C. (2019). Nachfragesteuerung im Online-Lebensmittelhandel, Wirtschaftswissenschaftliches Studium (WiSt). *Zeitschrift für Studium und Forschung, 6*, 12–18. https://doi.org/10.15358/0340-1650-2019-6-12.

Klug, D. (2020a). Gorillas sagt Moin. *Lebensmittelzeitung*, 21.12.2020. https://www.lebensmittelzeitung.net/handel/Expansion-nach-Hamburg-Gorillas-sagt-Moin-149997. Zugegriffen: 5. Jan. 2021.

Klug, D. (2020b). Bünting übernimmt Marke von Allyouneed Fresh. *Lebensmittelzeitung*, 03.06.2020. https://www.lebensmittelzeitung.net/handel/Konsolidierung-Mytime-uebernimmt-Marke-von-Allyouneed-Fresh-146564. Zugegriffen: 28. Okt. 2020.

Klug, D. (2021a). Knuspr definiert Münchner Liefergebiet. *Lebensmittelzeitung*, 01.03.2021. https://www.lebensmittelzeitung.net/handel/Markteintritt-Knuspr-definiert-Muenchner-Liefergebiet-151163. Zugegriffen: 1. März 2021.

Klug, D. (2021b). Auftakt in München: Knuspr sagt Servus. *Lebensmittelzeitung*, 19.07.2021. https://www.lebensmittelzeitung.net/handel/online-handel/auftakt-in-muenchen-knuspr-sagt-servus-160548. Zugegriffen: 21. Juli 2021.

Klug, D. (2021c). Ambitionierte Pläne: Knuspr will hoch hinaus. *Lebensmittelzeitung*, 29.11.2021. https://www.lebensmittelzeitung.net/handel/online-handel/ambitionierte-plaene-knuspr-will-hoch-hinaus-162689. Zugegriffen: 31. Juli 2022.

Klug, D. (2021d). Knuspr-Mutter: Rohlik baut Eigenmarken-Geschäft aus. *Lebensmittelzeitung*, 23.12.2021. https://www.lebensmittelzeitung.net/handel/nachrichten/knuspr-mutter-rohlik-baut-eigenmarken-geschaeft-aus-163091. Zugegriffen: 25. Febr. 2022.

Klug, D. (2021e). Italienischer E-Food-Anbieter: Everli drängt nach Deutschland. *Lebensmittelzeitung*, 13.10.2021. https://www.lebensmittelzeitung.net/handel/online-handel/italienischer-e-food-anbieter-everli-draengt-nach-deutschland-161958. Zugegriffen: 25. Febr. 2022.

Literatur

Klug, D. (2022a). Schnelllieferdienst Getir schluckt Gorillas. *Lebensmittelzeitung*, 09.12.2022. https://www.lebensmittelzeitung.net/handel/online-handel/deal-ist-perfekt-schnelllieferdienst-getir-schluckt-gorillas-168290. Zugegriffen: 5. Jan. 2023.

Klug, D. (2022b). Tegut sucht weitere E-Food-Partner. *Lebensmittelzeitung*, 20.05.2022. https://www.lebensmittelzeitung.net/handel/online-handel/kooperationen-tegut-sucht-weitere-e-food-partner-165294. Zugegriffen: 7. Nov. 2022.

Klug, D. (2022c). Tegut lässt Lieferando liefern. *Lebensmittelzeitung*, 08.09.2022. https://www.lebensmittelzeitung.net/handel/online-handel/neue-kooperation-tegut-laesst-lieferando-liefern-167025. Zugegriffen: 7. Nov. 2022.

Klug, D. (2022d). Bringoo liefert für Obi und Team Beverage. *Lebensmittelzeitung*, 13.05.2022. https://www.lebensmittelzeitung.net/handel/online-handel/neue-partner-bringoo-liefert-fuer-obi-und-team-beverage-165217. Zugegriffen: 30. Juli 2022.

Klug, D. (2022e). Wolt bietet Unternehmen Express-Lieferflotte an. *Lebensmittelzeitung*, 24.10.2022. https://www.lebensmittelzeitung.net/tech-logistik/online-handel/neuer-logistik-service-wolt-bietet-unternehmen-express-lieferflotte-an-167787. Zugegriffen: 31. März 2023.

Klug, D. (2022f). Erfolgsdruck auf Lieferdienste steigt. *Lebensmittelzeitung*, 18.02.2022. https://www.lebensmittelzeitung.net/handel/online-handel/unsicherheit-im-markt-erfolgsdruck-auf-lieferdienste-steigt-163863. Zugegriffen: 30. Juli 2022.

Klug, D. (2022g). Schnelllieferdienste werden langsamer. *Lebensmittelzeitung*, 03.03.2022. https://www.lebensmittelzeitung.net/handel/online-handel/werbebotschaft-schnelllieferdienste-werden-langsamer-164086. Zugegriffen: 30. Juli 2022.

Klug, D. (2022h). Flink baut Handelsmarkensortiment aus. *Lebensmittelzeitung*, 03.06.2022. https://www.lebensmittelzeitung.net/handel/online-handel/schnelllieferdienst-flink-baut-handelsmarkensortiment-aus-165523. Zugegriffen: 30. Juli 2022.

Klug, D. (2022i). Flaschenpost baut Food-Einkauf auf. *Lebensmittelzeitung*, 29.04.2022. https://www.lebensmittelzeitung.net/handel/online-handel/sortimentsausbau-flaschenpost-baut-food-einkauf-auf-164972. Zugegriffen: 27. Juli 2022.

Klug, D. (2022k). Flink konzentriert sich auf die Kernmärkte. *Lebensmittelzeitung*, 23.06.2022. https://www.lebensmittelzeitung.net/handel/online-handel/quick-commerce-flink-konzentriert-sich-auf-die-kernmaerkte-165821. Zugegriffen: 30. Juli 2022.

Klug, D. (2023a). Tegut lasst Lieferando nicht mehr liefern. *Lebensmittelzeitung*, 10.05.2023. https://www.lebensmittelzeitung.net/handel/online-handel/e-food-tegut-laesst-lieferando-nicht-mehr-liefern-171192. Zugegriffen: 30. Mai 2023.

Klug, D. (2023b). Lieferdienstleister weiten Partnerschaften aus. *Lebensmittelzeitung*, 06.02.2023. https://www.lebensmittelzeitung.net/handel/online-handel/plattform-geschaeft-lieferdienstleister-weiten-partnerschaften-aus-169521. Zugegriffen: 30. Mai 2023.

Klug, D. (2023c). Flaschenpost listet regionale Sortimente. *Lebensmittelzeitung*, 27.01.2023. https://www.lebensmittelzeitung.net/handel/online-handel/e-food-flaschenpost-listet-regionale-sortimente-169342. Zugegriffen: 11. März 2023.

Klug, D. (2023d). Aldi USA lässt Doordash liefern. *Lebensmittelzeitung*, 23.02.2023. https://www.lebensmittelzeitung.net/handel/online-handel/e-food-kooperation-aldi-usa-laesst-doordash-liefern-169911. Zugegriffen: 31. März 2023.

Klug, D. (2023e). Picnic holt mehr Eigenmarken ins Sortiment. *Lebensmittelzeitung*, 14.04.2023. https://www.lebensmittelzeitung.net/handel/online-handel/online-shop-picnic-holt-mehr-eigenmarken-ins-sortiment-170688. Zugegriffen: 15. Apr. 2023.

Klug, D. (2023f). Darum erweitern Wolt und Flink ihre Partnerschaft. *Lebensmittelzeitung*, 18.01.2023. https://www.lebensmittelzeitung.net/handel/online-handel/lieferdienste-darum-erweitern-wolt-und-flink-ihre-partnerschaft-169152. Zugegriffen: 31. März 2023.

Klug, D. (2023g). Interview mit Wolt-Retail-Chef Bassel Soukar „Wir sprechen mit jedem großen Einzelhändler". *Lebensmittelzeitung*, 09.02.2023. https://www.lebensmittelzeitung.net/handel/online-handel/interview-mit-wolt-retail-chef-bassel-soukar-wir-sprechen-mit-jedem-grossen-einzelhaendler-169594. Zugegriffen: 31. März 2023.

Klug, D. (2023h). Knuspr will Bringmeister übernehmen. *Lebensmittelzeitung*, 28.07.2023, https://www.lebensmittelzeitung.net/handel/online-handel/anmeldung-beim-kartellamt-knuspr-will-bringmeister-uebernehmen-172612. Zugegriffen: 02. Aug. 2023.

Klug, D., & Becker, J. (2022). Gorillas feilt an Liefergebühr. *Lebensmittelzeitung*, 28.07.2022. https://www.lebensmittelzeitung.net/handel/online-handel/quick-commerce-gorillas-feilt-an-liefergebuehr-166393. Zugegriffen: 30. Juli 2022.

Klug, D., & Hofmann, J. (2023). Globus stellt deutsches E-Food-Geschäft ein. *Lebensmittelzeitung*, 30.06.2023, https://www.lebensmittelzeitung.net/handel/online-handel/e-commerce-globus-stellt-deutsches-e-food-geschaeft-ein-172087. Zugegriffen: 17. Juli 2023.

Klug, D., & Kitzmann, M. (2021). Das sind die E-Food-Liefergebiete in den Hotspots. *Lebensmittelzeitung*, 08.03.2021. https://www.lebensmittelzeitung.net/handel/Ballungsgebiete-Berlin-und-Muenchen-So-teilen-sich-die-neuen-E-Food-Anbieter-die-Hotspots-auf-150474. Zugegriffen: 9. März 2021.

Klug, D., & Loderhose, B. (2022). "Der Preis ist nicht alles", Interview mit Erich Comor, Chef des Lebensmittellieferdienstes Knuspr. *Lebensmittelzeitung*, 16.09.2022, 21.

Klug, D., & Müller, A. C. (2022). E-Food: Amazon tüftelt an Plattform mit Tegut. *Lebensmittelzeitung*, 04.02.2022. https://www.lebensmittelzeitung.net/handel/online-handel/e-food-amazon-tueftelt-an-plattform-mit-tegut-163652. Zugegriffen: 25. Febr. 2022.

Klug, D., & Stockburger, M. (2022a). Picnic zehrt von finanziellem Polster. *Lebensmittelzeitung*, 18.11.2022. https://www.lebensmittelzeitung.net/handel/online-handel/edeka-beteiligung-picnic-zehrt-von-finanziellem-polster-168260. Zugegriffen: 23. Febr. 2023.

Klug, D., & Stockburger, M. (2022b). Edeka Südwest schluckt Bringman. *Lebensmittelzeitung*, 08.12.2022. https://www.lebensmittelzeitung.net/handel/nachrichten/e-food-edeka-suedwest-schluckt-bringman-168595. Zugegriffen: 23. Febr. 2023.

Klug, D., Stockburger, M., & Brändlein, P. (2022). Schnelllieferdienste konsolidieren im Eiltempo. *Lebensmittelzeitung*, 03.06.2022. https://www.lebensmittelzeitung.net/handel/online-handel/e-food-schnelllieferdienste-konsolidieren-im-eiltempo-165491. Zugegriffen: 30. Juli 2022.

Knuff, M. (2022). E-Grocery: Evaluation of the fastest growing channel within FMCG. https://www.ecr-community.org/wp-content/uploads/2022/03/220615-GfK.pdf. Zugegriffen: 13. März 2023.

Kolf, F. (2019): Rewe forciert den Lieferdienst für Lebensmittel. *Handelsblatt*, 18.10.2019. https://www.handelsblatt.com/unternehmen/handel-konsumgueter/onlinehandel-rewe-forciert-den-lieferdienst-fuer-lebensmittel/25127838.html?ticket=ST-7425454-2IbSWne3cuwF9OoAV4hl-ap3. Zugegriffen: 17. Febr. 2021.

Kolf, F. (2021a). Flaschenpost will bundesweit auch Lebensmittel liefern. *Handelsblatt*, 07.07.2021. https://www.handelsblatt.com/unternehmen/handel-konsumgueter/getraenkelieferdienst-flaschenpost-will-bundesweit-auch-lebensmittel-liefern/27396972.html?ticket=ST-6970403-xwF0rBfs63LQkcAVqr9d-ap6. Zugegriffen: 14. Juli 2021.

Kolf, F. (2021b). Niedrige Margen, hoher Wettbewerbsdruck: Händler in der Online-Falle. *Handelsblatt*, 13.07.2021. https://www.handelsblatt.com/unternehmen/handel-konsumgueter/einzelhandel-niedrige-margen-hoher-wettbewerbsdruck-haendler-in-der-onlinefalle/27413680.html?ticket=ST-8453839-xBDreuUwA2Lw6LmHXKvn-ap4. Zugegriffen: 17. Juli 2021.

Kolf, F. (2022). E-Commerce-Lieferdienst Bringoo will die Innenstädte retten. *Handelsblatt*, 27.01.2022. https://www.handelsblatt.com/unternehmen/handel-konsumgueter/e-commerce-lieferdienst-bringoo-will-die-innenstaedte-retten/28010786.html?ticket=ST-119133-mNZq3FJHNcecO1UMwbfY-ap1. Zugegriffen: 21. Febr. 2022.

Kolf, F., & Terpitz, K. (2020). Getränkelieferdienst: Mit der Flaschenpost-Übernahme gelingt Oetker-Chef Christmann der erste große Coup. *Handelsblatt*, 02.11.2020. https://www.handelsblatt.com/unternehmen/handel-konsumgueter/getraenke-lieferdienst-mit-der-flaschenpost-uebernahme-gelingt-oetker-chef-christmann-der-erste-grosse-coup/26581920.html?ticket=ST-9652919-5WjDRYYNApw19DCAhFKv-ap6. Zugegriffen: 8. Nov. 2020.

KPMG. (2021). *Consumer Barometer 01/2021, Fokusthema: Direct-to-Consumer, 2021*. o. V.

Krisch, J. (2021a). Gorillas liefert nicht mehr sonntags, aber bald in Stuttgart und Frankfurt. *Exciting Commerce*. https://excitingcommerce.de/2021/02/08/gorillas-liefert-nicht-mehr-sonntags-aber-bald-in-stuttgart-und-frankfurt/. Zugegriffen: 9. Febr. 2021.

Krisch, J. (2021b). Flink will mit Cherry und Pickery gegen Gorillas antreten. *Exciting Commerce*. https://excitingcommerce.de/2021/01/11/flink-will-mit-cherry-und-pickery-gegen-gorillas-antreten/. Zugegriffen: 8. Febr. 2021.

Krisch, J. (2023). Instacart nimmt die erste Werbemilliarde ins Visier. *Exciting Commerce*. https://excitingcommerce.de/2023/05/28/instacart-nimmt-die-erste-werbemilliarde-ins-visier/. Zugegriffen: 30. Mai 2023.

Kromer, S., & Grünwald, A. (2022). Letzte Meile eignet sich als Differenzierungsfaktor bei E-Food. *Lebensmittelzeitung*, 14.10.2022, 43.

Loderhose, B. (2021a). Interview mit Frederic Knaudt: „Nichts zu befürchten". *Lebensmittelzeitung* vom 08.03.2021. https://www.lebensmittelzeitung.net/hadel/Interview-mit-Frederic-Knaudt-Nichts-zu-befuerchten-151291. Zugegriffen: 9. März 2021.

Loderhose, B. (2021b). Wettkampf der Schnell-Lieferdienste. *Lebensmittelzeitung*, 08.02.2021. https://www.lebensmittelzeitung.net/handel/E-Food-Wettkampf-der-Schnell-Lieferdicnste-151288. Zugegriffen: 9. März 2021.

Loderhose, B. (2021c). Amazon und Tegut weiten Kooperation aus. *Lebensmittelzeitung*, 24.03.2021. https://www.lebensmittelzeitung.net/handel/online-handel/Lieferservice-Amazon-und-Tegut-weiten-Kooperation-aus-151583. Zugegriffen: 23. Juli 2021.

Loderhose, B. (2021d). Flirt mit dem Kunden. *Lebensmittelzeitung*, 19.02.2021, 29–30.

Loderhose, B. (2022a). Wirbel im Quick Commerce. *Lebensmittelzeitung*, 14.01.2022, 28–29.

Loderhose, B. (2022b). Direkt zum Kunden. *Lebensmittelzeitung*, 18.02.2022, 32.

Lodni, C., Najmaei, M., & Mansori, S. (2021). The Effect of COVID-19 pandemic on the German E-Grocery industry with respect to challenges for retailers and customer satisfaction. *Journal of Marketing Management and Consumer Behavior, 3*(3), 1–31 (ISSN-Canada: 2371-3615).

Maier, E. (2021). Gorillas, Flink, Getir & Co.: Kann sich Quick Commerce rechnen?, Handels.blog an der HHL Leipzig, Graduate School of Management vom 08.07.2021. https://handels.blog/diskussion/quick-commerce/. Zugegriffen: 22. Juli 2021.

McKinsey & Company. (2022). Navigating the market headwinds: The State of Grocery Retail 2022, Europe, März 2022. https://www.mckinsey.com/industries/retail/our-insights/state-of-grocery-europe-2022-navigating-the-market-headwinds. Zugegriffen: 21. Apr. 2022.

McKinsey & Company. (2023). Living with and responding to uncertainty: The State of Grocery Retail 2023, Europe. https://www.mckinsey.com/industries/retail/our-insights/state-of-grocery-europe-2023-living-with-and-responding-to-uncertainty?cid=other-eml-dre-mip-mck&hlkid=c839fe2b34804c3780ad3f9b1a496652&hctky=14415103&hdpid=4ff816bc-a29e-4ffe-85cd-df4044f3d0e0. Zugegriffen: 20. Apr. 2023.

Mende, J., & Konrad, J. (2023). Rewe bestätigt Trennung von Payback. *Lebensmittelzeitung*, 23.01.2023. https://www.lebensmittelzeitung.net/handel/nachrichten/kundenbindungsprogramm-rewe-bestaetigt-trennung-von-payback-169224. Zugegriffen: 13. März 2023.

Mende, J., Stockburger, M., & Holst, J. (2020). Edeka will mehr von Picnic. *Lebensmittelzeitung*, 23.10.2020. https://www.lebensmittelzeitung.net/handel/Kooperation-Edeka-will-mehr-von-Picnic-148913. Zugegriffen: 28. Okt. 2020.

Mihr, R. (2023). Edeka wächst. Rewe holt auf. *Lebensmittelpraxis*, *05*(2023), 28–31.

Müller, A. C. (2020). Tegut expandiert gemeinsam mit amazon. *Lebensmittelzeitung*, 11.08.2020. https://www.lebensmittelzeitung.net/handel/Kooperation-Tegut-expandiert-gemeinsam-mit-Amazon-147695. Zugegriffen: 28. Okt. 2020.

Müller, A. C. (2022). Tegut forciert die Expansion mit amazon. *Lebensmittelzeitung*, 02.02.2022. https://www.lebensmittelzeitung.net/handel/nachrichten/online-geschaeft-tegut-expandiert-mit-amazon-163586. Zugegriffen: 21. Febr. 2022.

Nissen, M. (2023). Die Charme-Offensive. *Lebensmittelzeitung*, 13.01.2023, 25–27.

o. V. (2019). Edeka rollt Online-Plattform Olivia 2.0 aus. *Lebensmittelzeitung*, 29.03.2019. https://www.lebensmittelzeitung.net/handel/Webshop-Loesung-Edeka-rollt-Online-Plattform-Olivia-2.0-aus-140127. Zugegriffen: 11. Febr. 2021.

o. V. (2021a). Investor will insolventen Online-Shop Getnow retten. *Lebensmittelzeitung*, 04.01.2021. https://www.lebensmittelzeitung.net/handel/E-Food-Investor-will-insolventen-Online-Shop-Getnow-retten-150094. Zugegriffen: 5. Jan. 2021.

o. V. (2021b). Knuspr Mutter will an die Frankfurter Börse. *Lebensmittelzeitung*, 10.03.2021. https://www.lebensmittelzeitung.net/handel/E-Food-Knuspr-Mutter-will-an-die-Frankfurter-Boerse-151331. Zugegriffen: 13. Mai 2021.

o. V. (2021c). Niederländischer Online-Supermarkt: Butlon will in Deutschland starten. *Lebensmittelzeitung*, 12.07.2021. https://www.lebensmittelzeitung.net/handel/nachrichten/niederlaendischer-online-supermarkt-butlon-will-in-deutschland-starten-160428. Zugegriffen: 13. Juli 2021.

o. V. (2021d). Edeka setzt im Online-Handel auf Picnic. *absatzwirtschaft*, 04.05.2021. https://www.absatzwirtschaft.de/edeka-setzt-im-online-handel-auf-picnic-179292/. Zugegriffen: 13. Mai 2021.

o. V. (2021e). Gorillas ist jetzt „Einhorn". *Lebensmittelzeitung*, 26.03.2021. https://www.lebensmittelzeitung.net/handel/Milliardenbewertung-Gorillas-ist-jetzt-ein-Einhorn-151654. Zugegriffen: 20. Apr. 2021.

Literatur

o. V. (2021f). Civey Umfrage: Image von Gorillas offenbar angekratzt. *Lebensmittelzeitung*, 23.07.2021. https://www.lebensmittelzeitung.net/handel/online-handel/civey-umfrage-image-von-gorillas-offenbar-angekratzt-160622. Zugegriffen: 23. Juli 2021.

o. V. (2021g). Beim Online-Lebensmittelhandel hinkt Deutschland hinterher. *Lebensmittelzeitung*, 29.12.2021. https://www.lebensmittelzeitung.net/handel/online-handel/e-food-beimonline-lebensmittelhandelhinkt-deutschland-hinterher-163123. Zugegriffen: 16. Jan. 2022.

o.V. (2022a). Globus lässt Bringoo liefern. *Lebensmittelzeitung*, 30.09.2022, 4.

o. V. (2022b). Wolt kooperiert mit Penny. *Lebensmittelzeitung*, 23.08.2022. https://www.lebensmittelzeitung.net/handel/online-handel/schnelllieferdienst-wolt-kooperiert-mit-penny-166800. Zugegriffen: 8. Nov. 2022.

o. V. (2022c). Knuspr zieht positive Bilanz. *Lebensmittelzeitung*, 30.05.2022. https://www.lebensmittelzeitung.net/handel/online-handel/neun-monate-knuspr-zieht-positive-bilanz-165436. Zugegriffen: 29. Juli 2022.

o. V. (2022d). Knuspr legt bei Bio und pflanzenbasierten Produkten nach. *Lebensmittelzeitung*, 02.11.2022. https://www.lebensmittelzeitung.net/handel/online-handel/online-supermarkt-knuspr-legt-bei-bio-und-pflanzenbasierten-produkten-nach-167961. Zugegriffen: 9. Nov. 2022.

o. V. (2022e). Knuspr startet Club für werdende Eltern und junge Familien. *Lebensmittelzeitung*, 19.07.2022. https://www.lebensmittelzeitung.net/handel/online-handel/lieferdienst-knuspr-startet-club-fuer-werdende-eltern-und-junge-familien-166230. Zugegriffen: 29. Juli 2022.

o. V. (2022f). Fressnapf startet Kooperation mit Wolt. *Lebensmittelzeitung*, 30.08.2022. https://www.lebensmittelzeitung.net/handel/nachrichten/schnelllieferung-von-tierfutter-fressnapf-startet-kooperation-mit-wolt-166892. Zugegriffen: 28. Mai 2023.

o. V. (2022g). Frischepost wirft das Handtuch in Berlin. *Lebensmittelzeitung*, 14.07.2022. https://www.lebensmittelzeitung.net/handel/online-handel/lieferdienst-frischepost-wirft-das-handtuch-in-berlin-166189. Zugegriffen: 28. Juli 2022.

o. V. (2022h). AVE GmbH relauncht seinen Onlineshop unter dem neuem Namen velivery.com. vegconommist vom 06.10.2022. https://vegconomist.de/food-and-beverage/ave-gmbh-relauncht-seinen-onlineshop-unter-dem-neuem-namen-velivery-com/. Zugegriffen: 11. März 2023.

o. V. (2022i). Hitchcock eröffnet Online-Saftladen. *Lebensmittelzeitung*, 31.08.2022. https://www.lebensmittelzeitung.net/industrie/online-handel/direct-to-consumer-hitchcock-eroeffnet-online-saftladen-166931. Zugegriffen: 15. Okt. 2022.

o. V. (2022j). Picnic meldet auch für 2020 zweistellige Verluste. https://www.lebensmittelzeitung.net/handel/online-handel/geschaeftsergebnis-picnic-meldet-auch-fuer-2020-zweistellige-verluste-163248. Zugegriffen: 27. Juli 2022.

o. V. (2022k). Gorillas kooperiert mit NielsenIQ. *Lebensmittelzeitung*, 26.07.2022. https://www.google.com/search?client=firefox-b-d&q=Gorillas+kooperiert+mit+NielsenIQ. Zugegriffen: 31. Juli 2022.

o. V. (2023a). Oda beliefert jetzt ganz Berlin. *Lebensmittelzeitung*, 16.02.2023. https://www.lebensmittelzeitung.net/handel/online-handel/e-food-oda-beliefert-jetzt-ganz-berlin-169752. Zugegriffen: 23. Febr. 2023.

o. V. (2023b). Knuspr bringt neue Eigenmarke. *Lebensmittelzeitung*, 26.05.2023. https://www.lebensmittelzeitung.net/handel/online-handel/lebensmittellieferdienst-knuspr-bringt-neue-eigenmarke-171500. Zugegriffen: 29. Mai 2023.

o. V. (2023c). Online-Supermarkt Knuspr sucht neue Partner. *Lebensmittelpraxis*, 19.05.2023. https://lebensmittelpraxis.de/handel-aktuell/37027-online-supermarkt-knuspr-zulieferer-unterstuetzung-wird-ausgebaut.html. Zugegriffen: 22. Mai 2023.

o. V. (2023d). Lieferdienst Wolt schließt Bündnis mit Blume2000. *Lebensmittelzeitung*, 02.01.2023. https://www.lebensmittelzeitung.net/handel/online-handel/neue-partnerschaft-lieferdienst-wolt-schliesst-buendnis-mit-blume2000-168884. Zugegriffen: 31. März 2023.

o. V. (2023e). Lieferando weitet Lebensmittel-Lieferung in Berlin aus. *Lebensmittelzeitung*, 12.01.2023. https://www.lebensmittelzeitung.net/handel/online-handel/e-food-lieferando-weitetlebensmittel-lieferungen-in-berlin-aus-169070. Zugegriffen: 31. März 2023.

Oliver Wyman. (2023). Quick Commerce in Deutschland: Gekommen, um zu bleiben. https://www.oliverwyman.de/content/dam/oliver-wyman/v2-de/media/2023/PM_Quick%20Commerce%20in%20Deutschland_Gekommen,%20um%20zu%20bleiben.pdf. Zugegriffen: 14. März 2023.

Piroth, P., Rüger-Muck, E., & Bruwer, J. (2020). Digitalisation in grocery retailing in Germany: An exploratory study. *The International Review of Retail, Distribution and Consumer Research, 30*(5), 479–497. https://doi.org/10.1080/09593969.2020.1738260.

Plank, L. (2022). Rewe baut sein Retail Media Angebot weiter aus. *w&v*, 21.09.2022. https://www.wuv.de/Exklusiv/Specials/Moonova-Satellites-D2C-und-Customer-Centricity/Rewe-baut-sein-Retail-Media-Angebot-weiter-aus. Zugegriffen: 13. Nov. 2022.

Porter, M. E. (2013). *Wettbewerbsstrategie: Methoden zur Analyse von Branchen und Konkurrenten* (12. Aufl.). Campus.

Rentz, I. (2022a). Frischepost und Getfaster im Insolvenzverfahren. *Lebensmittelzeitung*, 03.08.2022. https://www.lebensmittelzeitung.net/handel/online-handel/quick-commerce-frischepost-und-getfaster-im-insolvenzverfahren-166473. Zugegriffen: 15. Okt. 2022.

Rentz, I. (2022b). „Josefs Nahkauf Box" darf nun auch sonntags öffnen. *Lebensmittelzeitung*, 09.05.2022. https://www.lebensmittelzeitung.net/handel/nachrichten/walk-in-store-in-bayern-josefs-nahkauf-box-darf-nun-doch-sonntags-oeffnen-165119. Zugegriffen: 10. Nov. 2022.

Rentz, I. (2022c). Koro will sich auf Wachstum konzentrieren. *Lebensmittelzeitung*, 03.08.2022. https://www.lebensmittelzeitung.net/handel/online-handel/online-haendler-koro-will-sich-auf-wachstum-konzentrieren-166484. Zugegriffen: 11. März 2023.

Rentz, I. (2023). Vermarktung von Kundendaten. Wie Flink mit Retail Media wachsen will. *Lebensmittelzeitung*, 11.05.2023. https://www.lebensmittelzeitung.net/handel/nachrichten/vermarktung-von-kundendaten-wie-flink-mit-retail-media-wachsen-will-171217. Zugegriffen: 15. Mai 2023.

Rentz, I., & Klug, D. (2022). Getir streicht Stellen und sucht neuen Deutschlandchef. *Lebensmittelzeitung*, 27.05.2022. https://www.lebensmittelzeitung.net/handel/online-handel/e-food-getir-streicht-stellen-und-sucht-neuen-deutschlandchef-165416. Zugegriffen: 30. Juli 2022.

Rest, J. (2022). Gefährlich langsam. *Manager magazin, Nr. 11,* 21.10.2022, 98.

Rewe. (2022). 10 Jahre Lieferservice: „Was uns nach vorne bringt, sind unsere Mitarbeitenden". https://www.rewe-group.com/de/presse-und-medien/newsroom/stories/10-jahre-lieferservice-was-uns-nach-vorne-bringt-sind-unsere-mitarbeitenden/. Zugegriffen: 27. Okt. 2022.

Rewe. (2023). Unternehmen Rewe: Struktur und Vertriebslinien. https://www.rewe-group.com/de/unternehmen/struktur-und-vertriebslinien/rewe/. Zugegriffen: 23. Febr. 2023.

Rinke, F. (2022). Gorillas & Co. im Krisenmodus – Kommt jetzt das Ende der Marketingschlacht? https://omr.com/de/daily/gorillas-flink-getir-kommt-das-ende-der-marketing schlacht/. Zugegriffen: 30. Juli 2022.

Rode, J. (2022a). Rewe spendiert halbautomatisiertes E-Food-Lager. *Lebensmittelzeitung*, 25.07.2022. https://www.lebensmittelzeitung.net/tech-logistik/nachrichten/picking-loop-technik-rewe-spendiert-frankfurt-halbautomatisiertes-e-food-lager-166335. Zugegriffen: 28. Juli 2022.

Rode, J. (2022b). Picnic mietet Lager für Hamburg. *Lebensmittelzeitung*, 27.07.2022. https://www.lebensmittelzeitung.net/tech-logistik/nachrichten/x-picnic-mietet-lager-fuer-ham burg-166369. Zugegriffen: 27. Juli 2022.

Roland Berger. (2022). *Quick commerce – A lasting revolution? How omnichannel retailers are rising to the challenges of quick commerce.* o. V.

Rosbach, B. (2020). Online Hofladen: Frischepost soll bundesweit ausgerollt werden. https://www.lebensmittelzeitung.net/handel/online-handel/Online-Hofladen-Frischepost-soll-bundesweit-ausgerollt-werden-145862. Zugegriffen: 15. Juli 2021.

Rüschen, S. (2021a). Pro E-Food: E-Food wird profitabel. *LPeconomy*, 05.05.2021, 8.

Rüschen, S. (2021b). Der Boom in Sachen E-Food. https://lebensmittelpraxis.de/zentrale-management/30482-rueschens-kolumne-der-boom-in-sachen-e-food.html. Zugegriffen: 30. Mai 2023.

Rüschen, S., & Schumacher, J. (2023): Smart Stores 24/7 – Wo stehen wir nach zwei Jahren (2021–2023), Whitepaper #23, Duale Hochschule Baden-Württemberg, o. V.

Rüschen, S., Dengel, S., Hoffmann, M., Jäger, P., Röder, T., & Scheidler, E. (2021). Smart Stores 24/7 – Status Quo und Ausblick, Schriftenreihe Handelsmanagement, Whitepaper #6, Duale Hochschule Baden-Württemberg, o. V.

Sachsenröder, D. (2022). Bofrost schließt Frische-Versuch ab. *Lebensmittelzeitung*, 16.09.2022. https://www.lebensmittelzeitung.net/industrie/nachrichten/tiefkuehl-lic ferdienst-bofrost-schliesst-frische-versuch-ab-167186. Zugegriffen: 15. Okt. 2022.

Schader, P. (2020a). Größerer Lieferradius, lokaleres Sortiment: Gorillas erweitert Lebensmittel-Blitzlieferung in Berlin. *Supermarkt-Blog*, 07.08.2020. https://www.supermarktblog.com/2020/08/07/groesserer-lieferradius-lokaleres-sortiment-gorillas-erweitert-die-lebensmittel-blitzlieferung-in-berlin/. Zugegriffen: 27. Okt. 2020.

Schader, P. (2020b). Regionalstrategie bei Picnic: Hallo Herr Bürgermeister, wir sind der neue Lieferdienst für Ihre Stadt. *Supermarkt-Blog*, 18.06.2020. https://www.supermark tblog.com/2020/06/18/regional-strategie-bei-picnic-hallo-herr-buergermeister-wir-sind-der-neue-lieferdienst-fuer-ihre-stadt/. Zugegriffen: 28. Okt. 2020.

Schader, P. (2021). Zwischenbilanz: Wie Tegut mit Amazon Prime Now Online-Stammkund:Innen gewinnt. *Supermarkt-Blog*, 25.02.2021. https://www.supermark tblog.com/2021/02/25/zwischenbilanz-wie-tegut-mit-amazon-prime-now-online-sta mmkundinnen-gewinnt/. Zugegriffen: 25. Febr. 2021.

Schader, P. (2022a). Der Flaschenpost-Flop – Oder: Warum sich Dr. Oetker mit neuen Geschäftsmodellen schwer tut. *Supermarkt-Blog*, 31.10.2022. https://www.supermarktblog.com/2022/10/31/der-flaschenpost-flop-oder-warum-sich-dr-oetker-mit-neuen-geschaeftsmodellen-schwer-tut/. Zugegriffen: 7. Nov. 2022.

Schader, P. (2022b). Neue Lieferdienste (1): Wie Knuspr sich als Alternative zu den „Supermarkt-Giganten" positioniert. *Supermarkt-Blog*, 02.02.2022. https://www.supermarktblog.com/2022/02/02/neue-lieferdienste-1-wie-knuspr-sich-als-alternative-zu-den-supermarkt-giganten-positioniert/. Zugegriffen: 25. Febr. 2022.

Schu, M. (2020). *Das E-Food-Buch. Märkte, Player, Strategien.* Deutscher Fachverlag.

Schu, M. (2021a). Der Quick Commerce Report. Markt, Strategie, Geschäftsmodelle, Player, Ausblick, August, 2021. https://www.matthiasschu.ch/reports/. Zugegriffen: 9. Jan. 2022.

Schu, M. (2021b). Bringoo: Das neue deutsche Instacart für Quick Commerce, etailment, 21.07.2021. https://etailment.de/news/stories/Etailment-Expertenrat---Shop-Critique-Bringoo-Das-neue-deutsche-Instacart-fuer-Quick-Commerce-23529. Zugegriffen: 22. Juli 2021.

Schu, M. (2021c). Der E-Food Fulfillment Report: Markt, Challenges, Geschäftsmodelle, August, 2021. https://www.matthiasschu.ch/produkt/der-e-food-fulfillment-report/. Zugegriffen: 26. Juli 2022.

Schu, M. (2022a). Der E-Food Omnichannel Report: Kaufverhalten, Businessmodelle, Trends, Anwendungen, August 2022. https://www.matthiasschu.ch/reports/. Zugegriffen: 1. Aug. 2022.

Schu, M. (2022b). Der E-Food Pricing Report: Liefergebühren, Modelle, Trends, Anwendungen, September 2022. https://www.matthiasschu.ch/reports/. Zugegriffen: 26. Sept. 2022.

Schu, M. (2023a). Oda hat schon das Berliner Umland im Blick. *etailment*, 14.03.2023. https://etailment.de/news/stories/etailment-expertenrat---shop-critique-oda-hat-schon-das-berliner-umland-im-blick-24296?utm_source=%252Fmeta%252Fnewsflash%252FmorningBriefing&utm_medium=newsletter&utm_campaign=nl4167&utm_term=cbc3f6f4fc0be8be1ac4e89bd93caf69. Zugegriffen: 15. März 2023.

Schu, M. (2023b). Der E-Food-UX-Report: Grundlagen, Shopdesign und UX Principles, Nudging, WKZ. Retail Media, Februar 2023. https://www.matthiasschu.ch/produkt/der-e-food-ux-report/. Zugegriffen: 20. Febr. 2023.

Schu, M. (2023c). Der E-Food Last Mile Delivery Report: Picking, Modelle, Zustelllösungen, Nachhaltigkeit, Kosten, Trends, August 2023. https://www.matthiasschu.ch/produkt/der-e-food-last-mile-delivery-report/. Zugegriffen: 23. Aug. 2023.

Schulz, H. J., & Holst, J. (2021). Aldi nimmt sich E-Food vor. *Lebensmittelzeitung*, 18.02.2021. https://www.lebensmittelzeitung.net/handel/Online-Handel-Aldi-nimmt-sich-E-Food-vor-150959. Zugegriffen: 18. Febr. 2021.

Schulz, H. J., & Mende, J. (2023). Aldi Süd liefert erstmals Lebensmittel. *Lebensmittelzeitung,* 22.05.2023. https://www.lebensmittelzeitung.net/handel/online-handel/e-commerce-in-deutschland-aldi-sued-liefert-erstmals-lebensmittel-171383. Zugegriffen: 23. Mai 2023.

Schwär, H. (2023). Wie Flaschenpost an der Seite Dr. Oetkers ums Überleben kämpft, Capital, 25.02.2023. https://www.capital.de/wirtschaft-politik/dr--oetker-und-flaschenpost--der-hype-um-lebensmittel-lieferdienste-33164004.html. Zugegriffen: 8. Mai 2023.

Schwär, H., & Schenk, C. T. (2021). „Gorillas 2.0" – der Geheimplan des Liefer-Start-Ups, Capital, 06.07.2021. https://www.capital.de/wirtschaft-politik/gorillas-2-0-der-geheimplan-des-liefer-start-ups. Zugegriffen: 13. Juli 2021.

Spryker & appinio. (2022). *German online grocery report 2022. Ultimate overview of online food retailing in Germany in 2022 and Beyond.* o. V.

Stockburger, M. (2021a). Edeka steigt bei Bringman ein. *Lebensmittelzeitung,* 25.11.2022. https://www.lebensmittelzeitung.net/handel/nachrichten/lieferdienste-edeka-steigt-bei-bringman-ein-162641. Zugegriffen: 25. Febr. 2022.

Stockburger, M. (2021b). Edeka gibt Bringmeister ab. *Lebensmittelzeitung,* 09.03.2021. https://www.lebensmittelzeitung.net/handel/Online-Lieferservice-Edeka-gibt-Bringmeister-ab-151315. Zugegriffen: 9. März 2021.

Stockburger, M. (2022a). Bringman bringt's auch in Frankfurt und Stuttgart. *Lebensmittelzeitung,* 25.02.2022. https://www.lebensmittelzeitung.net/handel/online-handel/lieferdienste-bringman-brings-auch-in-frankfurt-und-stuttgart-163995. Zugegriffen: 25. Febr. 2022.

Stockburger, M. (2022b). Bringman bremst. *Lebensmittelzeitung,* 27.05.2022. https://www.lebensmittelzeitung.net/handel/nachrichten/lieferdienst-mit-edeka-beteiligung-bringman-bremst-165411. Zugegriffen: 27. Juli 2022.

Stockburger, M. (2022c). Picnic rollt im Frühjahr nach Berlin. *Lebensmittelzeitung,* 15.07.2022. https://www.lebensmittelzeitung.net/handel/nachrichten/expansion-picnic-rollt-im-fruehjahr-nach-berlin-166176. Zugegriffen: 27. Juli 2022.

Stockburger, M., & Klug, D. (2023). Picnic plant mir starkem Wachstum. *Lebensmittelzeitung,* 22.05.2023. https://www.lebensmittelzeitung.net/handel/online-handel/starkes-wachstum-geplant-picnic-strebt-400-mio.-euro-umsatz-an-171371. Zugegriffen: 22. Mai 2023.

Stockburger, M., Klug, D., & Tewes, W. (2022). Picnic peilt die Umsatzmilliarde an. *Lebensmittelzeitung,* 14.04.2022. https://www.lebensmittelzeitung.net/handel/online-handel/expansion-in-deutschland-picnic-peilt-die-umsatzmilliarde-an-164769. Zugegriffen: 27. Juli 2022.

Strategy&. (2022). *The future of grocery shopping.* o. V.

Swoboda, B., Foscht, T., & Schramm-Klein, H. (2019). *Handelsmanagement. Offline-, Online- und Omnichannel-Handel* (4. Aufl.). Vahlen.

Tewes, W. (2021a). Globus will Online-Lieferdienst aufbauen. *Lebensmittelzeitung,* 20.10.2021. https://www.lebensmittelzeitung.net/handel/nachrichten/e-food-globus-will-online-lieferdienst-aufbauen-162057. Zugegriffen: 16. Jan. 2022.

Tewes, W. (2021b). Wolt Kooperation: Edeka Kaufleute hadern mit Online-Strategie. https://www.lebensmittelzeitung.net/handel/online-handel/wolt-kooperation-edeka-kaufleute-hadern-mit-online-strategie-162549. Zugegriffen: 21. Febr. 2022.

Tewes, W. (2022). Rewe Group erzielt online Milliardenumsatz. *Lebensmittelzeitung,* 07.04.2022. https://www.lebensmittelzeitung.net/handel/nachrichten/meilenstein-rewe-group-erzielt-online-milliardenumsatz-164673. Zugegriffen: 28. Juli 2022.

Tewes, W., & Klug, D. (2022). Penny baut E-Commerce-Geschäft aus. *Lebensmittelzeitung,* 15.12.2022. https://www.lebensmittelzeitung.net/handel/online-handel/click--collect-service-penny-baut-e-commerce-geschaeft-aus-168703. Zugegriffen: 31. März 2023.

Tjon Pian Gi, C., & Spielvogel, J. (2021). The e-grocery challenge: Moving toward profitable growth. In Mc Kinsey & Company (Hrsg.), *Disruption and uncertainty. The State of Grocery Retail 2021: Europe* (S. 66–73), März 2021. https://www.mckinsey.com/~/media/mckinsey/industries/retail/our%20insights/the%20path%20forward%20for%20european%20grocery%20retailers/disruption-and-uncertainty-the-state-of-grocery-retail-2021-europe-final.pdf. Zugegriffen: 21. Apr. 2023.

Varnholt, H., & Hanke, G. (2021). Bofrost liefert testweise auch frische Ware. *Lebensmittelzeitung*, 16.07.2021. https://www.lebensmittelzeitung.net/industrie/nachrichten/strategiewechsel-bofrost-liefert-testweise-auch-frische-ware-160509?utm_source=%2Fmeta%2Fnewsletter%2Fnewsletter&utm_medium=newsletter&utm_campaign=nl226-abonnent&utm_term=b17198e2a70ec896806e132877b612db. Zugegriffen: 16. Juli 2021.

Wegner, A. (2023). Tabellenführer Rewe-Lieferservice startet im Ruhrgebiet. *Pressemitteilung Rewe*, 01.02.3023. https://mediacenter.rewe.de/pressemitteilungen/rewe-lieferservice-ruhrgebiet-start-in-bochum. Zugegriffen: 19. März 2023.

Wirtz, B. W. (2022). *Multi-Channel-Marketing. Grundlagen – Instrumente – Prozesse* (3. Aufl.). Springer Gabler. https://doi.org/10.1007/978-3-658-03345-3.

Wittenhagen, J. (2021). Einzelhandel nach dem Lockdown: Keine Rückzieher bei Omnichannel. *Lebensmittelzeitung*, 23.07.2021. https://www.lebensmittelzeitung.net/handel/karriere/einzelhandel-nach-dem-lockdown-keine-rueckzieher-bei-omnichannel-160576. Zugegriffen: 27. Juli 2021.

Online-Lebensmittelhandel in Deutschland – Kundenseite

4

> **Zusammenfassung**
>
> Mit Blick auf die Kundenseite werden zunächst Daten, Fakten und grundsätzliche Überlegungen zum Lebensmitteleinkauf in Deutschland präsentiert, bevor das Kaufverhalten bei Lebensmitteln im Online-Kontext thematisiert und analysiert wird.

4.1 Lebensmitteleinkauf – eine Alltagsbeschäftigung mit vielen Facetten

Bei monatlich 402 € pro Haushalt lagen 2021 die durchschnittlichen Ausgaben für Nahrungsmittel, Getränke und Tabakwaren in Deutschland. 14,7 % der gesamten Konsumausgaben der Haushalte entfielen auf diese Warengruppen (Statistisches Bundesamt, 2022). Den Konsumenten steht ein überbordendes Angebot von 170.000 verschiedenen Produkten der Lebensmittelwirtschaft zur Verfügung (Lebensmittelverband Deutschland, 2023). Bei einer seit Jahren hohen Präferenz für die Discounter gelten die Deutschen als besonders preissensibel. Die aktuelle Wirtschaftslage verstärkt diese Tendenz (Konrad, 2023; GfK, 2023).

Lebensmittel sind Warengruppen des täglichen Bedarfs, die den Handel vor besondere Herausforderungen stellen, da sie

- kurzfristig zur Verfügung stehen sollen,
- häufig leicht verderblich sind und Kühlung benötigen,
- viele vergleichsweise geringwertige Einzelprodukte umfassen,
- geringe Margen aufweisen und einem hohen Preiswettbewerb ausgesetzt sind und

- ein „Warenkorb-Geschäft" darstellen, bei dem die Kunden viele Produkte verschiedener Hersteller aus unterschiedlichen Sortimenten gebündelt kaufen möchten.

Anlässe für den Lebensmitteleinkauf sind der geplante Wocheneinkauf, die Bevorratung, der Bedarf für die zeitnahe Zubereitung von Mahlzeiten und der Bedarf für den Sofortverzehr außer Haus (HDE & IFH KÖLN, 2018, S. 15). Umsatzmäßig spielt der Wocheneinkauf die größte Rolle. Mit zunehmender Haushaltsgröße gewinnen geplante und organisierte Großeinkäufe an Gewicht. Wer in Stadtzentren mit fußläufig erreichbaren Einkaufsstätten lebt, wird wahrscheinlich häufiger kleinere Einkäufe tätigen, die spontan in den Tagesablauf integriert werden.

Das Beratungsunternehmen Nielsen (2019b) arbeitet mit acht sogenannten Shopper Missions, um Einkäufe bei schnell drehenden Konsumgütern zu systematisieren:

- Big Trolley (Vorratseinkäufe mit sehr großem Warenkorb)
- Top up Bulk (wöchentlicher Einkauf, überwiegend haltbare Produkte, Auffüllen von Vorräten)
- Top up Chilled (wöchentlicher Einkauf, Auffüllen von überwiegend gekühlten Produkten)
- Quick Meal & Snacks (spontaner „Feierabend"-Einkauf)
- Destination Fresh (Einkäufe mit Schwerpunkt auf Obst, Gemüse, Fleisch und Wurst)
- Destination Specific Category (Einkäufe mit Schwerpunkt auf einzelnen Fokus-Produkten)
- Destination Bread (Einkäufe mit Schwerpunkt auf Backwaren)
- Destination Drug (Einkäufe mit Schwerpunkt auf Drogeriewaren).

Fast die Hälfte aller FMCG-Umsätze entfällt auf die Big-Trolley- und Top-up-Chilled-Käufe. Auch bei der GfK (2022a, S. 31), die zwischen Großeinkäufen, Routine-Versorgungskäufen, unüblichen Versorgungskäufen, Frische-Einkäufen, Klein-Einkäufen und Rosinen-Pick unterscheidet, machen die Großeinkäufe und die Routine-Versorgungseinkäufe den Löwenanteil der Umsätze aus.

In der Regel wird beim Lebensmittelkauf ein Einkaufsstätten-Portfolio genutzt; schwerpunktmäßig sind das Discounter, Supermärkte und Verbrauchermärkte bzw. SB-Warenhäuser (AWA, 2022, S. 81; Gesellschaft für integrierte Kommunikationsforschung mbH & Co. KG, 2022; HDE & IFH KÖLN, 2020, S. 12; HDE & IFH KÖLN, 2018, S. 14). Wohnort- bzw. Arbeitsplatznähe sind ausschlaggebend bei der Wahl der Einkaufsstätten (HDE & IFH KÖLN, 2018, S. 26). Wer online einkauft, nutzt diese Option zusätzlich zu den oben genannten

4.1 Lebensmitteleinkauf – eine Alltagsbeschäftigung mit vielen Facetten

Einkaufsstätten (IFH KÖLN, 2021, S. 14). Die Corona-Krise hat dazu geführt, dass die Bedeutung des Online-Kanals gestiegen ist (HDE & IFH KÖLN, 2020, S. 14) und die Kunden im Durchschnitt etwas weniger Einkaufsstätten nutzten (HDE & IFH KÖLN, 2020, S. 13). Ein Großteil (85 %) hat aber auch schon vor der Pandemie den Lebensmitteleinkauf am liebsten sortimentsübergreifend auf einmal erledigt (HDE & IFH KÖLN, 2018, S. 9). Dieses so genannte „One-Stop-Shopping" ist unter Corona-Bedingungen noch wichtiger geworden (HDE & IFH KÖLN, 2020, S. 17; o. V., 2021a, S. 42), und Marktforscher gehen davon aus, dass das auch nach der Pandemie so bleiben wird (o. V., 2021b). Auch die Einkaufsfrequenz ist infolge der Pandemie gesunken; die vorausschauende Planung spielte eine größere Rolle (IFH KÖLN, 2021, S. 13). Kauften 2019 noch drei Viertel der Deutschen mehrmals pro Woche ein, so waren es 2020 nur noch zwei Drittel (HDE & IFH KÖLN, 2020, S. 15).

Der Lebensmitteleinkauf gilt überwiegend als Low-Involvement-Kauf (Neumann, 2009, S. 147–149), der regelmäßig und häufig stattfindet und größtenteils Gewohnheitsentscheidungen beinhaltet (Kroeber-Riel & Gröppel-Klein, 2019, S. 405; Baumgartner, 2012, S. 272; Nitzko & Spiller, 2014, S. 319). Limitiertes Entscheidungsverhalten (Kroeber-Riel & Gröppel-Klein, 2019, S. 297) – vereinfachte Entscheidungsmuster auf Basis früherer Kauferfahrung oder anderer Schlüsselinformationen – kommt ebenfalls vor. Doch auch impulsives Verhalten (Kroeber-Riel & Gröppel-Klein, 2019, S. 409) und das Variety-Seeking (Kroeber-Riel & Gröppel-Klein, 2019, S. 407), also die Suche nach Abwechslung und Inspiration, spielen beim Einkauf von Lebensmitteln eine Rolle (Strecker et al., 2021, S. 46). Am Point of Sale wird der Kunde durch vielfältige Verkaufsförderungsmaßnahmen daran erinnert, was er noch alles brauchen könnte; er tätigt spontan ungeplante Käufe und lässt sich auch verführen, impulsiv zuzugreifen (Inman et al., 2009).

Über die Jahre hinweg – und nicht zuletzt während der Pandemie – hat die Beschäftigung mit den Themen Ernährung und Gesundheit in der Gesellschaft zugenommen, und auch das Verständnis von gesunder Ernährung hat sich gewandelt (Rützler, 2021, S. 34–39). Zudem gibt es mehr, einfachere und bessere Möglichkeiten, sich über Lebensmittel zu informieren und sich darüber auszutauschen (Rützler, 2021, S. 112–114). Dies könnte – zumindest zielgruppenspezifisch (Nitzko & Spiller, 2014, S. 325) – zu einem höheren Involvement beim Einkauf von Lebensmitteln führen. Ein höheres Involvement beim Lebensmittelkauf könnte auch durch die angespannte wirtschaftliche Situation aufgrund des Krieges in der Ukraine entstehen. Die Krise lässt die Menschen nicht nur zum Discounter gehen und zu Handelsmarken greifen, sondern sie führt auch dazu, dass Einkäufe stärker geplant werden und im Vorfeld ein intensives Studium der Handzettelwerbung des Handels und eine stärkere Auseinandersetzung mit den Preisen erfolgt (GfK, 2023, S. 3).

Baumgartner (2002, S. 289, 2010, S. 23–25) präsentiert mit seinem „purchase cube" eine Typologie von Kaufentscheidungsmustern auf Basis von drei Dimensionen mit jeweils zwei Ausprägungen: geplant versus spontan, Bedarfskauf versus psychosozial motivierter Kauf sowie höheres versus niedrigeres Involvement. Daraus ergeben sich acht Entscheidungsmuster, die sich auch auf den Kauf von Lebensmitteln übertragen lassen. Sie sind in Abb. 4.1 aufgeführt und mit illustrativen Beispielen zum Lebensmittelkauf versehen. Die dabei genannten Warengruppen sind nicht zwingend einem bestimmten Entscheidungstyp zuzuordnen. Die Beispiele sollen lediglich verdeutlichen, wie vielschichtig das Kaufverhalten bei Lebensmitteln ist.

Die skizzierte Verschiedenartigkeit der Kaufentscheidungen bei Lebensmitteln, die durch unterschiedliche Betriebstypen im Lebensmitteleinzelhandel und durch vielfältige Marketingmaßnahmen seitens des Handels und der Industrie gefördert wird, zeigt, dass der Einkauf weit mehr ist als die rationale und routinierte Beschaffung von Lebensmitteln. Je nach Situation, Stimmung, Anlass, Einkaufsstätte, Warengruppe oder Zielgruppe erfolgt er geplant oder spontan, kann Inspiration, Entspannung, Belohnung oder Ausdruck von Lebensstil sein, ggf. auch soziale Funktionen erfüllen. Effizienz und Zeitersparnis sind allerdings schon lange zentrale Themen beim Lebensmitteleinkauf vieler Kunden in Deutschland (Nielsen, 2019a). Auch deshalb ist der hohe

	geplante Käufe	spontane Käufe
(funktionale) Bedarfskäufe	1 - extensiver Kauf (gedankliche Auseinandersetzung) vegane glutenfreie Backmischung 2 - Wiederholungskauf ☆ (Markentreue, Gewohnheit) Lieblingsjoghurt, übliches Speiseöl	5 - Promotion-Kauf (Preisreduktion, Schnäppchen) günstiger Schinken im Angebot 6 - gedankenloser Kauf (ohne viel Nachdenken) Nudeln, die gerade ins Auge fallen
psychosozial motivierte Käufe	3 - symbolischer Kauf (Image, Status, Selbstdarstellung) exklusive Flasche Wein 4 - hedonistischer Kauf (etwas einfach mögen) Kartoffelchips zum Fernsehabend	7 - explorativer Kauf (Neugier, Suche nach Abwechslung) neuer Smoothie (Limited Edition) 8 - Impulskauf (emotional-reizgesteuert) Schokoriegel an der Kasse

☐ Involvement höher   ☐ Involvement niedriger   ☆ hoher Anteil beim Lebensmittelkauf

Abb. 4.1 Typologie der Kaufentscheidungen. (in Anlehnung an Baumgartner, 2010, S. 23, mit illustrativen Beispielen zum Lebensmittelkauf, ergänzt durch die Autorin)

Anteil, der im Lebensmittelbereich auf Wiederholungskäufe mit relativ geringem Involvement entfällt, nicht verwunderlich. Und dies ist ein Bereich, den der Online-Handel besonders gut bedienen kann.

Reinartz und Hudetz (2019) nennen drei Aspekte, über die stationäre Händler – auch vor dem Hintergrund einer wachsenden Online-Konkurrenz – für ihre Kunden attraktiv sein können: Sie müssen das Beschaffungsproblem der Kunden lösen – über ein ausreichend breites und tiefes Sortiment, Vorrätigkeit der Ware, auch durch Kuratierung passender Angebote. Sie können für eine hohe Aufenthaltsqualität im Laden sorgen, gute Gefühle und Inspiration schaffen. Und schließlich kommt es auch auf den individuellen Austausch mit den Kunden und eine entsprechend emotionale Ansprache an. Auch Krüger (2022) betont, dass die Supermärkte der Zukunft sich auf den Dimensionen Effizienz, Nachhaltigkeit oder Entertainment positionieren könnten, um ihre Zielgruppen adäquat anzusprechen. Und Peters (2021, S. 54) geht davon aus, dass es im Lebensmittelbereich künftig eine noch stärkere Differenzierung zwischen Versorgungs- und Erlebniseinkäufen geben wird.

Fazit: Der Lebensmitteleinkauf ist eine Alltagstätigkeit, die unterschiedliche Funktionen erfüllt. Das Gros der Einkäufe erfolgt gewohnheitsmäßig. Im Großen und Ganzen kauft der Kunde in Deutschland am liebsten effizient, auch gerne alles in einem Geschäft. Während der Pandemie kaufte er seltener ein, dafür aber größere Warenkörbe. Die Pandemie hat den Lebensmitteleinkauf verändert, war aber nur eine unter vielen anderen Einflussgrößen. Letztlich bestimmen Situation (Familien-, Wohn-, Jobsituation), Stimmung, Anlass, Lebensstil, Kaufkraft etc. wer wann was wie einkauft. Die Verfügbarkeit von Angeboten wirkt sich ebenfalls aus (IFH KÖLN, 2020, S. 102). Convenience und Zeitersparnis sind Kriterien, auf die Kunden schon seit Jahren besonderen Wert legen (HDE & IFH KÖLN, 2020, S. 16; Nielsen, 2019a). Es sind zugleich die Aspekte, mit denen die Online-Händler bei ihren Zielgruppen besonders punkten können.

4.2 Online-Lebensmitteleinkauf – Convenience per Click

Dass mittlerweile auch Verbraucherschützer (Wirag, 2020) und der Gesetzgeber (Falker, 2021; Bundesministerium der Justiz, 2023) das Thema auf der Agenda haben, zeigt, dass der Online-Lebensmittelmarkt keine unbedeutende Nische mehr ist. Bezüglich der Größe der Einkaufskörbe bestand allerdings 2021 laut GfK-Haushaltspanel noch ein großer Unterschied zwischen stationär und online getätigten Käufen (GfK, 2021, S. 3): Online dominierten die kleineren Einkäufe. Der Anteil der Versorgungs-/Großeinkäufe lag bei 34 %, während diese im stationären Handel 82 % der Gesamtumsätze ausmachten. Allerdings verzeichneten die Online-Großeinkäufe von 2019 bis 2020 ein dynamisches Wachstum.

Die GfK (2021, S. 4) meinte dazu: „Eine große Anzahl an Haushalten hat im Jahr 2020 auch mit Online-Versorgungseinkäufen Erfahrung gemacht. Und diese Erfahrungen bilden den Keim für weiteres Wachstum in den nächsten Jahren." Die Pandemie hat dazu beigetragen, Vorbehalte und wahrgenommene Kaufrisiken abzubauen und das Vertrauen in den Online-Kauf von Lebensmitteln zu stärken (Gruntkowski & Martinez, 2022). Zum Online-Lebensmittelkauf gibt es noch viel Forschungsbedarf. Wie die Nutzung von Online-Angeboten Einkaufsmuster beim Lebensmittelkauf verändern kann und wodurch sich Online-Käufer von rein stationären Käufern unterscheiden, sind spannende Fragen, die Marketingforscher bereits aufgreifen (Brüggemann & Schultz, 2023; Brüggemann & Olbrich, 2022; Brüggemann & Pauwels, 2022).

Food-Marketing-Experte Peters (2016, S. 27) stellte schon im Jahr 2016 die These auf, dass beim Lebensmitteleinkauf „die Grundversorgung, effizient und aufwandsreduziert, vom E-Commerce bestimmt werden wird, und Convenience als wichtiger Treiber unseres Alltagsmanagements die Nutzung dieser Kauf- und Abwicklungsangebote zunehmend fördern wird". Im „Offline-Shopping" hingegen sah er mehr und mehr eine „reduzierte, allerdings beliebte Einkaufsoption", die ebenfalls erhalten bliebe, denn schließlich gehe es beim Einkaufen auch um die Befriedigung sensorischer und sozialer Bedürfnisse.

Die Argumente für und gegen den Online-Kauf von Lebensmitteln aus Sicht der Konsumenten sind vielfach untersucht (appinio & Spryker, 2021; Dannenberg & Franz, 2014, S. 241; dpd group, 2022, S. 29, S. 31; KPMG, 2021; Morschett et al., 2017, S. 96; Schu, 2020, S. 30–31) und in Abb. 4.2 zusammengefasst.

Zeitersparnis, Einkauf ohne Stress und bequeme Lieferung bis zur Haustür, ohne dass man selbst schleppen muss, sind die Hauptgründe, online zu bestellen. Convenience in jeder Hinsicht ist das schlagende Argument. Schon bei der Orientierung im Online-Shop und beim Bestellprozess muss es bequem sein. Dass Kunden großen Wert auf schnelle Erledigung ihres Einkaufs legen und nicht bereit sind, sich auf lange Suchprozesse einzulassen, zeigten Anesbury et al. (2016) schon im Jahr 2016 in einer explorativen Studie in Australien, die wahrscheinlich so auch auf Deutschland übertragbar wäre (Nielsen, 2019a). Gegen den Online-Kauf von Lebensmitteln sprechen die hohe Supermarktdichte in Deutschland, die es vielen Kunden erlaubt, nur mal kurz „um die Ecke zu gehen", um etwas einzukaufen, ferner die Sorge der Kunden um die Qualität der Ware, der

4.2 Online-Lebensmitteleinkauf – Convenience per Click

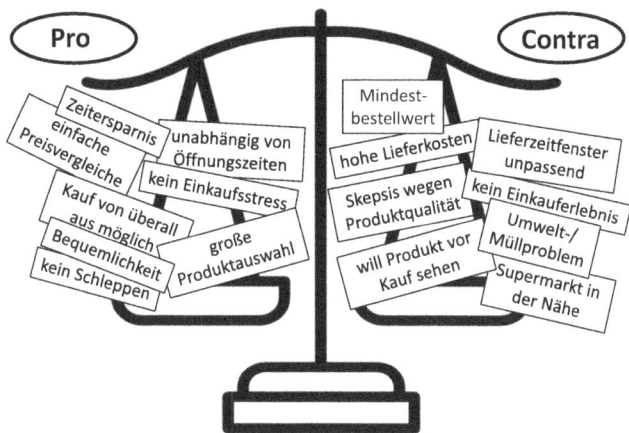

Abb. 4.2 Online-Kauf von Lebensmitteln – Pro und Contra. (Icons von Made by Made Premium über flaticon.com, https://www.flaticon.com/de/kostenloses-icon/waage_728049?term=waage&page=1&position=74&origin=search&related_id=728049)

Wunsch, vor allem frische Ware vor dem Kauf zu begutachten, und die als hoch empfundenen Liefergebühren. In welche Richtung sich die in Abb. 4.2 dargestellten Waagschalen bewegen, ist zielgruppenspezifisch und von situativen Faktoren abhängig. Die weitere Entwicklung und Optimierung der Online-Angebote spielt dabei auch eine Rolle.

Durch die völlig unterschiedlichen Einkaufsumgebungen sind Entscheidungsmuster und Einkaufserfahrungen im Online-Umfeld anders als im stationären Geschäft. Schu (2023) befasst sich mit den Möglichkeiten zur optimalen Gestaltung der digitalen Läden, damit diese den hohen Ansprüchen der Kunden in puncto Convenience auch schon beim Kauf- und Bestellprozess gerecht werden. Was die Lieferung betrifft, ist die Heimlieferung in Bezug auf Convenience sicherlich unschlagbar. Jedoch können je nach Situation und Kundengruppe auch Click-and-Collect-Optionen praktisch und zeitsparend sein. Wenn Kunden sich für die Heimlieferung entscheiden, ist ihre Erwartungshaltung an den Lieferprozess und die Qualität der gelieferten Waren hoch: Deges und Speckmann (2020, S. 39) haben in einer 2019 durchgeführten Studie ermittelt, dass Pünktlichkeit, Schnelligkeit, Preisgünstigkeit und Flexibilität zählen. Besonders hoch sind die Ansprüche, wenn es um die Warengruppe Frische geht (Rock, 2022). Aber: Wer drei Mal einen Bestelldienst ausprobiert hat und jeweils zufrieden war, bleibt dabei – so das Ergebnis einer Kundenzufriedenheitsstudie der Berater von Oliver

Wyman (Oliver Wyman, 2021). Außerdem sei die von den Lieferdiensten angesprochene urbane Kundschaft attraktiv, da sie tendenziell „nicht so auf den Euro schaue". Derzeitige Hauptzielgruppe der Online-Lebensmittelhändler sind einkommensstärkere Haushalte in städtischen Ballungszentren. Dem pflichtet auch E-Commerce-Unternehmer Alexander Graf bei, wenn er im April 2023 im Interview mit der Lebensmittelzeitung betont, dass es zurzeit immer noch darum ginge, überhaupt ein Angebot zu schaffen, auch wenn das grundsätzlich etwas teurer sei als der vergleichbare stationäre Handel. Es gebe genügend Kundenkohorten, die bereit seien, Zeit gegen Geld zu tauschen, also etwas mehr dafür auszugeben, dass ihnen die Lebensmittel geliefert werden (Nissen & Klug, 2023).

Jedoch werden auch diese Zielgruppen nicht ihre gesamten Einkäufe ins Netz verlagern, sondern die Online-Shops als zusätzliche Option im Einkaufsstätten-Portfolio nutzen. Swoboda und Winters (2020, S. 25) meinen, dass die Direktbelieferung bei Gütern des täglichen Bedarfs verbreiteter sein wird, aber Erlebnisbedürfnisse und einzigartige Angebote und Services in den Läden dennoch relevant bleiben. Gerade das städtische Publikum schätzt zudem bisweilen den Besuch auf dem Wochenmarkt (AWA, 2022, S. 81) oder den inspirierenden „nicht-alltäglichen" Einkauf in einem Erlebnis-Supermarkt, etwa im Konsumtempel Zurheide von Edeka in Düsseldorf (Himberg, 2019) oder im architektonisch beeindruckenden Rewe-Vorzeigemarkt in Wiesbaden (Himberg, 2021). Und wer seinen alltäglichen Einkauf stationär erledigt, kann dies dank Digitalisierung ebenfalls stressfreier und effizienter tun als früher: Self-Scanning-Kassen verkürzen Wartezeiten, in kassenlosen Märkten (Rewe, 2022) geht es noch schneller, und automatisierte Mini-Supermärkte ermöglichen den Lebensmitteleinkauf rund um die Uhr.

4.3 Zielgruppen und Kaufanlässe beim Online-Lebensmitteleinkauf

Gizycki und Pöhlmann (2021) haben im Jahr 2018 die Nutzungsbereitschaft und Akzeptanz verschiedener digitaler Konzepte im Lebensmitteleinzelhandel untersucht mit dem Ziel, Kundensegmente zu identifizieren und zu beschreiben. Bei den untersuchten Konzepten ging es auch um den Online-Lebensmittelkauf. Drei Kundengruppen wurden ermittelt:

- junge Technikbegeisterte (Digital Natives), die aus Bequemlichkeit gerne online kaufen und auch gerne digitale Elemente am Point of Sale nutzen,

4.3 Zielgruppen und Kaufanlässe beim Online-Lebensmitteleinkauf

- „mittelalte" Neugierige und Skeptiker (Digital Immigrants), die empfänglich sind für den Online-Kauf, aber auch zwiegespalten, da sie einerseits die potenzielle Zeitersparnis, andererseits aber auch die Vorteile des stationären Einkaufs schätzen, und
- ältere konservative und kaufkräftige Technikabgeneigte mit einer ablehnenden Haltung gegenüber dem Online-Einkauf, wobei diese Ablehnung nicht auf grundsätzlichen Vorbehalten, sondern u. a. auf einer als verwirrend und zeitaufwändig empfundenen Handhabung beruht.

Als Fazit halten die Autorinnen fest, dass nicht allein das Alter der Kunden wichtig ist, sondern es auf den wahrgenommenen persönlichen Nutzen und die Anwendungsfreundlichkeit der digitalen Konzepte ankommt. Komfort und Convenience würden von allen Käufertypen und jeder Generation nachgefragt; alle Gruppen würden demnach Potenzial bergen, sollten aber kommunikativ unterschiedlich angesprochen werden. Vielleicht sind wir hier heute nach den Pandemie-Jahren schon einen Schritt weiter, da die Konzepte der Online-Lebensmittelhändler bei allen Altersgruppen die Chance hatten, ihren Nutzen unter Beweis zu stellen.

Zielgruppen für das Online-Geschäft mit Lebensmitteln sind nach Schu (2020, S. 41, 2022, S. 6):

- DINKs (Double Income No Kids): Doppelverdiener mit viel Stress und wenig Zeit,
- Familien, die zwar preissensibler sind, aber große Warenkörbe ordern,
- Senioren, serviceorientiert und ggf. mit eingeschränkter Mobilität,
- Singles in Großstädten und
- Gourmets und Nischeneinkäufer, weniger preissensibel und auf der Suche nach Spezialitäten, die stationär nicht leicht zu bekommen sind.

Im GfK-Haushaltspanel sieht man im Jahr 2021 die höchsten Online-Anteile an den Gesamtausgaben für Lebensmittel bei Aufsteigern (Social Climbers), jungen Singles und DINKs (Accenture & GfK, 2022, S. 20), allesamt Zielgruppen, die bereit sind, sich den Lieferservice etwas kosten zu lassen.

Die größten Steigerungsraten bei Online-Lebensmitteleinkäufen verzeichneten Anspruchsvolle und Biokäufer, auch dies tendenziell preisunsensible Kunden, sowie Großeinkäufer und Familienversorger mit Zeitdruck und logistischen Herausforderungen (GfK, 2022b, S. 30, c, S. 4–5). Auch Spryker und appinio (2022, S. 11) berichten, dass bei den 25- bis 44-Jährigen fast 20 % der Ausgaben für Lebensmittel bereits in Online-Kanäle fließen, und man sieht hier vor allem die

Familienhaushalte mit berufstätigen Eltern, die unter starkem Zeitdruck stehen. Aber auch bei den älteren Zielgruppen, deren Bevölkerungsanteil ständig wächst, besteht Potenzial (Accenture & GfK, 2022, S. 26).

Als Kaufanlässe (Shopping-Missions) der Lebensmittel-Online-Shopper nennen die Berater von Strategy& (2022, S. 19):

- den spontanen Heißhunger, z. B. nach Süßigkeiten, Snacks, Eis oder Getränken, ein typischer Fall für Schnelllieferdienste,
- Produkte, die als Ergänzung zum Kochen noch fehlen, z. B. Saucen oder Kräuter, ebenfalls Dinge, die der Quick-Commerce gut bedienen kann,
- den täglichen Bedarf an frischen Produkten, wie Gemüse und Fleisch, prädestiniert für Anbieter mit taggleicher Zustelloption,
- wöchentlich benötigte Standardprodukte, wie Nudeln, Brot oder Milch, die regelmäßig über die automatische Einkaufsliste im Online-Supermarkt bestellt werden könnten, sowie
- monatlich benötigte Standardprodukte, etwa Getränke, Kaffee, Toilettenpapier oder Putzmittel, die sich auch per Abo bestellen ließen.

Die Online-Einkäufe mit Heimlieferung bewegen sich zwischen zwei Extremen: Während die Online-Supermärkte auf regelmäßige geplante Wochen- und Versorgungseinkäufe mit größeren Warenkörben zielen, haben die Quick-Commerce-Anbieter die spontanen anlassbezogenen Not- und Ergänzungskäufe im Blick. Für sie stellt sich die Frage, ob und unter welchen Umständen Kunden dazu bewegt werden können, auch bei ihnen etwas größere Warenkörbe zu ordern (Rest, 2021). Die Warenkörbe über den derzeit bedienten Zusatz- und Spontanbedarf hinaus zu steigern, könnte gelingen, wenn die Kunden weniger planen und einen Teil ihres regulären Bedarfs tagesindividuell nach Lust und Laune einkaufen würden oder wenn sich die Zusammensetzung der Warenkörbe ändern würde, etwa durch das zusätzliche Ausliefern von Medikamenten. Auch die engere Verzahnung mit Food-Delivery-Plattformen wie Lieferando oder Wolt eröffnet neue Perspektiven.

Was die Zukunft bringen könnte, ist Thema des nächsten Kapitels, in dem über die Ergebnisse einer Befragung von 23 Branchenexperten berichtet wird.

Literatur

Accenture & GfK. (2022). Grocery Insights 2022. Final Call for German E-Grocery. https://www.accenture.com/ch-en/insights/retail/grocery-insights-2022. Zugegriffen: 12. Juli 2022.

Anesbury, Z., Nenycz-Thiel, M., Dawes, J., & Kennedy, R. (2016). How do shoppers behave online? An observational study of online grocery shopping. *Journal of Consumer Behavior, 15*(3), 261–270. https://doi.org/10.1002/cb.1566.

appinio & Spryker. (2021). *E-Food-Insights: Die große 2021 Deutschlandstudie zur Zukunft des Lebensmitteleinzelhandels. Aktuelle Zahlen zu Nutzung, Potenzial und Markenwahrnehmung in der deutschen E-Food-Landschaft*. o. V.

AWA. (2022). Allensbacher Markt- und Werbeträgeranalyse. Codebuch AWA 22 Essen und Trinken. https://www.ifd-allensbach.de/fileadmin/AWA/AWA2022/Codebuchausschnitte/AWA2022_Essen_und_Trinken.pdf. Zugegriffen: 20. März 2023.

Baumgartner, H. (2002). Toward a personology of the consumer. *Journal of Consumer Research, 29*(2), 286–292. (ISSN 1537-5277). https://doi.org/10.1086/341578.

Baumgartner, H. (2010). A review of prior classifications of purchase behavior and a proposal for a new typology. In N. K. Malhotra (Hrsg.), *Review of Marketing Research (6)* (S. 3–36), Emerald Group Publishing. (ISSN: 1548-6435). https://doi.org/10.1108/S1548-6435(2009)0000006005.

Baumgartner, H. (2012). Repetitive purchase behavior, In A. Dimantopoulos, W. Fritz, & L. Hildebrandt (Hrsg.), *Quantitative marketing and marketing management. Marketing models and methods in theory and practice* (S. 269–285). Springer Gabler. https://doi.org/10.1007/978-3-8349-3722-3_13.

Brüggemann, P., & Olbrich, R. (2022). The Impact of Pandemic Restrictions on Offline and Online Grocery Shopping Behavior - New Normal or Old Habits?. In F.J. Martínez-López & L.F. Martinez (Hrsg.), *Advances in Digital Marketing and eCommerce. DMEC 2022* (S. 224–232). Springer Proceedings in Business and Economics. Springer. https://doi.org/10.1007/978-3-031-05728-1_24.

Brüggemann, P., & Pauwels, K. (2022). Consumers' Attitudes and Purchases in Online Versus Offline Grocery Shopping, In F.J. Martínez-López, J.C. Gázquez-Abad & M. Ieva (Hrsg.), *Advances in National Brand and Private Label Marketing, SPBE* (S. 39–46). Springer Proceedings in Business and Economics. Springer. https://doi.org/10.1007/978-3-031-06581-1_5.

Brüggemann, P., & Schultz, C. D. (2023). Shift in National Brand and Private Label Shares with Households Commencing Online Grocery Shopping. In J.C. Gázquez-Abad, F.J. Martínez-López & K. Gielens (Hrsg.), *Advances in National Brand and Private Label Marketing. NB&PL 2023* (S. 119–126). Springer Proceedings in Business and Economics. Springer. https://doi.org/10.1007/978-3-031-32894-7_13.

Bundesministerium der Justiz. (2023). Lebensmittel- und Futtermittelgesetzbuch, § 43a. https://www.gesetze-im-internet.de/lfgb/__43a.html. Zugegriffen: 4. Juni 2023.

Dannenberg, P. & Franz, M. (2014). Essen aus dem Internet. Online-Supermärkte auf dem Weg aus der Experimentierphase? *Standort, Zeitschrift für angewandte Geographie, 38*(4), 237–243. https://doi.org/10.1007/s00548-014-0347-8.

Deges, F., & Speckmann, A. S. (2020). Lieferservice im Online-Lebensmittelhandel, Analyse des Spannungsfeldes zwischen den Erwartungen der Konsumenten und den Leistungsversprechen der Anbieter, Diskussionsbeitrag/Working Paper Nr. 19, Oktober 2020, Europäische Fachhochschule Brühl, o. V.

dpd group. (2022). *E-Shopper-Barometer 2021*. o. V.

Falker, G.-M. (2021). Reform soll E-Food-Kontrolle stärken. *Lebensmittelzeitung*, 11.02.2021. https://www.lebensmittelzeitung.net/politik/Lebensmitteluebwerwachung-Reform-soll-E-Food-Kontrolle-staerken-150804. Zugegriffen: 9. März 2021.

Gesellschaft für integrierte Kommunikationsforschung mbH & Co. KG. (2022). Best for planning 2022/Berichtsband best für planning 2022 „Wissen wie Deutschland jetzt und in Zukunft lebt"; Deutschsprachige Bevölkerung ab 14 Jahre; Frage 132_1, München.

GfK. (2021). Consumer Index 04/21: Große und kleine Gorillas auf unseren Straßen. GfK Consumer Panels & Services. https://www.gfk.com/hubfs/website/editorial_ui_pdfs/NCE_DE_2021_CI_04.pdf. Zugegriffen: 20. März 2021.

GfK. (2022a). *Die Kulturalisierung des Konsums. Wie kreative Generationen das Konsumverhalten in den nächsten Jahren prägen werden. 41. Unternehmergespräch Kronberg 2022, 20. Ausgabe. GfK Consumer Panels & Services*. o. V.

GfK. (2022b). FMCG shopper types across GfK countries. GfK Consumer Panels & Services. https://www.gfk.com/insights/report-fmcg-shopper-types-across-gfk-countries. Zugegriffen: 27. Okt. 2022.

GfK. (2022c). *„Paint a Picture" der FMCG-Shopper Typen 2021. Shopper Potenziale verstehen und effektiv erschließen. GfK Consumer Panels & Services, unveröffentlichte Studie.* o. V.

GfK. (2023). Consumer Index 01/23: Wütender Pragmatismus. GfK Consumer Panels & Services. https://www.gfk.com/hubfs/EU%202023%20Files/Consumer%20Index/CI_01_2023.pdf. Zugegriffen: 17. März 2023.

Gizycki, V. Von, & Pöhlmann, V. (2021). Kaufverhalten im Lebensmitteleinzelhandel zwischen digital und stationär – Eine Segmentierung. In J. Naskrent, M. Stumpf, & J. Westphal (Hrsg.), *Marketing & Innovation 2021. Digitalität – Die Vernetzung von digital und analog* (FOM-Edition, S. 47–64). Springer Gabler. https://doi.org/10.1007/978-3-658-29367-3_3.

Gruntkowski, L. M., & Martinez L. F. (2022). Online Grocery Shopping in Germany: Assessing the Impact of COVID-19. *Journal of Theoretical and Applied Electronic Commerce Research*, 2022, 17, 984–1002. https://doi.org/10.3390/jtaer17030050.

HDE & IFH KÖLN. (2018). *Handelsreport Lebensmittel. Fakten zum Lebensmitteleinzelhandel*. o. V.

HDE & IFH KÖLN. (2020). *Handelsreport Lebensmittel, Corona-Update 2020.* o. V.

Himberg, M. (2019). Zurheides The Crown in Düsseldorf, Erste Bilanz des Vorzeigemarktes. *Lebensmittelzeitung*, 21.03.2019. https://www.lebensmittelzeitung.net/handel/storechecknews/Erste-Bilanz-Zurheide-The-Crown-Ein-hartes-erstes-Jahr-140008. Zugegriffen: 20. März 2023.

Himberg, M. (2021). Rewe in Wiesbaden-Erbenheim: Kathedrale des Konsums. *Lebensmittelzeitung*, 27.05.2021. https://www.lebensmittelzeitung.net/handel/storechecknews/Rewe-in-Wiesbaden-Erbenheim-Kathedrale-des-Konsums-152639. Zugegriffen: 27. Juli 2021.

IFH KÖLN. (2020). *Lebensmittel online – Heute und 2030. Wie Kund*innen den (Gesamt)Markt in Bewegung bringen*. o. V.

IFH KÖLN. (2021). *Lebensmittel Online. Zahlen, Daten, Fakten*. o. V.

Inman, J. J., Winer, R. S., & Ferraro, R. (2009). The Interplay among Category Chracteristics, Customer Characteristics and Customer Activities on In-Store Decision Making. *Journal of Marketing, 73*(5), 19–29. (ISSN: 1547-7185). https://doi.org/10.1509/jmkg.73.5.19.

Konrad, J. (2023). Consumer Index der GfK: Discounter hängen Supermärkte ab. *Lebensmittelzeitung*, 27.01.2023. https://www.lebensmittelzeitung.net/handel/nachrichten/consumer-index-der-gfk-discounter-haengen-supermaerkte-ab-169349. Zugegriffen: 17. März 2023.

KPMG. (2021). Online Shopping. Einkaufsverhalten – wer kauft was, wann, wie. Analyse zu Trends und Potenzialen im E-Commerce in der DACH-Region, April 2021. https://assets.kpmg.com/content/dam/kpmg/ch/pdf/studie-online-shopping-kpmg-2021.pdf. Zugegriffen: 3. Juni 2023.

Kroeber-Riel, W., & Gröppel-Klein, A. (2019). *Konsumentenverhalten* (11. Aufl.). Vahlen.

Krüger, J. (2022). Bühne frei: Neue Konzepte zur Vitalisierung des LEH. *Markenartikel, 1–2*, 60–63.

Lebensmittelverband Deutschland. (2023). 5,1 Millionen Erwerbstätige, 619.000 Betriebe, 170.000 Produkte – Die deutsche Lebensmittelwirtschaft in Zahlen. Pressemitteilung vom 12.04.2023. https://www.lebensmittelverband.de/de/presse/pressemitteilungen/branchenzahlen-2021. Zugegriffen: 19. Mai 2023.

Morschett, D., Schmid, D., & Foscht, T. (2017). *Food Online – Hype oder die Zukunft des LEH?* Deutscher Fachverlag.

Neumann, R. (2009). *Die Involvementtheorie und ihre Bedeutung für das Lebensmittelmarketing*. Europäischer Hochschulverlag.

Nielsen. (2019a). Die Deutschen setzen auf effizientes Einkaufen – Nielsen App zeigt die Trends zu Verbraucher, Handel und Werbung. https://www.nielsen.com/de/de/insights/article/2019/consumers-app/. Zugegriffen: 8. Febr. 2021.

Nielsen. (2019b). 8 Shopper Missions – Was motiviert Kunden? https://www.marktforschung.de/aktuelles/marktforschung/8-shopper-missions-was-motiviert-kunden/. Zugegriffen: 9. Jan. 2022.

Nissen, M., & Klug, D. (2023). Unerwartete Hindernisse. *Lebensmittelzeitung*, 28.04.2023, 29–31.

Nitzko, S., & Spiller, A. (2014). Zielgruppenansätze in der Lebensmittelvermarktung. In M. Halfmann (Hrsg.), *Zielgruppen im Konsumentenmarketing* (S. 315–332). Springer.

o. V. (2021a). Eigenmarken genießen Vertrauen. Neugestaltung und Modernisierung kommen vor allem bei jüngeren Kunden an – „Handelsmarken-Monitor 2021" von LZ/Innofact. *Lebensmittelzeitung*, 30.04.2021, 41–42.

o. V. (2021b). Konsum im LEH: Corona hat das Kaufverhalten nachhaltig verändert. *Lebensmittelzeitung*, 24.08.2021. https://www.lebensmittelzeitung.net/handel/nachrichten/konsum-im-leh-corona-hat-das-kaufverhalten-nachhaltig-veraendert-161122. Zugegriffen: 22. Febr. 2022.

Oliver Wyman. (2021). Großeinkauf per Smartphone: Der Wettlauf beginnt. https://www.oliverwyman.de/media-center/2021/jul/grosseinkauf-per-smartphone.html. Zugegriffen: 12. Juli 2021.

Peters, A. (2016). *Good Food Marketing. Zehn Beiträge aus der Praxis für erfolgreiches Food Marketing*. Deutscher Fachverlag.

Peters, A. (2021). *New Food Marketing. Trends und Chancen bis 2030*. Deutscher Fachverlag.

Reinartz, W., & Hudetz, K. (2019). Attraktivität auf der Fläche. *Harvard Business Manager, 7*, 34–41.

Rest, J. (2021). Futter-Neid: Fett finanzierte Start-ups stürmen den Lebensmittelmarkt. *Manager magazin, Nr. 5*, 23.04.2021, 48.

Rewe. (2022). Offizieller Start in Berlin: REWE Pick&Go bringt hybriden Supermarkt mit kassenloser Bezahlmöglichkeit für alle Kundinnen und Kunden in die Hauptstadt. https://www.rewe-group.com/de/presse-und-medien/newsroom/pressemitteilungen/offizieller-start-in-berlin-rewe-pickgo-bringt-hybriden-supermarkt-mit-kassenloser-bezahlmoeglichkeit-fuer-alle-kundinnen-und-kunden-in-die-hauptstadt/. Zugegriffen: 24. März 2023.

Rock, S. (2022). Herausforderung E-Food – Ein kundennutzenorientiertes Leistungsbündel in der Distribution von Frischeprodukten. In M. Knoppe, S. Rock, & M. Wild (Hrsg.), *Der zukunftsfähige Handel. Neue online und offline Konzepte sowie digitale und KI-basierte Lösungen* (S. 239–256). Springer Gabler. https://doi.org/10.1007/978-3-658-36218-8.

Rützler, H. (2021). Hanni Rützlers Food Report 2022, Zukunftsinstitut.

Schu, M. (2020). *Das E-Food-Buch. Märkte, Player, Strategien*. Deutscher Fachverlag.

Schu, M. (2022). Der E-Food Omnichannel Report: Kaufverhalten, Businessmodelle, Trends, Anwendungen, August 2022. https://www.matthiasschu.ch/reports/. Zugegriffen: 1. Aug. 2022.

Schu, M. (2023). Der E-Food-UX-Report: Grundlagen, Shopdesign und UX Principles, Nudging, WKZ, Retail Media, Februar 2023. https://www.matthiasschu.ch/produkt/der-e-food-ux-report/. Zugegriffen: 20. Febr. 2023.

Spryker & appinio. (2022). *German Online Grocery Report 2022. Ultimate overview of online food retailing in Germany in 2022 and Beyond*. o. V.

Statistisches Bundesamt. (2022). Konsumausgaben privater Haushalte nach Verwendungszwecken. https://www.destatis.de/DE/Themen/Gesellschaft-Umwelt/Einkommen-Konsum-Lebensbedingungen/Konsumausgaben-Lebenshaltungskosten/Tabellen/privater-konsum-d-lwr.html. Zugegriffen: 19. Mai 2023.

Strategy&. (2022). *The future of grocery shopping*. o. V.

Strecker, O., Elles, A., Weschke, D., & Kliebisch, C. (2021). *Marketing für Lebensmittel und Agrarprodukte* (4. Aufl., in aktualisierter Online-Fassung). DLG Verlag.

Swoboda, B., & Winters, A. (2020). Mega Trend 1: Customer Centricity – Auf dem Weg zur Individual Experience. In T. Foscht, D. Morschett, H. Schramm-Klein, & B. Swoboda (Hrsg.), *Mega-Trends 2030+. Der Handel auf dem Weg in ein neues Zeitalter* (S. 7–35). Deutscher Fachverlag.

Wirag, L. (2020). Lebensmittel online bestellen: 8 Online-Supermärkte im Vergleich, Ökotest, Kategorie Essen und Trinken, 04.11.2020. https://www.oekotest.de/essen-trinken/Lebensmittel-online-bestellen-8-Online-Supermaerkte-im-Vergleich_11194_1.html. Zugegriffen: 27. Juli 2021.

Online-Lebensmittelhandel in Deutschland – Sicht von Branchenexperten

5

> **Zusammenfassung**
>
> Die Diskussion über künftige Entwicklungen im Online-Lebensmittelhandel in Deutschland hält an. Nach wie vor betreten neue Anbieter den Markt; gleichzeitig herrscht vielerorts Unsicherheit angesichts der derzeitigen multiplen Krisen. Auch für Branchenexperten bleibt die Zukunft schwer vorherzusagen und wird kontrovers gesehen. Die in diesem Kapitel dargestellte qualitative Studie möchte Bestand aufnehmen und die Debatte vertiefen. Sie bietet eine Momentaufnahme zum Online-Lebensmittelhandel in Deutschland zu Beginn des Jahres 2023.

Es gibt in Deutschland eine relativ überschaubare Community, die sich mit dem Online-Lebensmittelhandel beschäftigt. Das Thema ist in Bewegung und bei weitem noch nicht systematisch erforscht. Insofern erschien eine explorative Studie mit einem qualitativen Forschungsansatz (Steffen & Doppler, 2019) zweckmäßig. Eine umfassende Sicht auf das Thema, auch das Herausarbeiten kontrastierender Meinungen, vor allem aber die Offenheit für neue Erkenntnisse standen im Vordergrund des Forschungsinteresses.

5.1 Experteninterviews: Methodik, Vorgehensweise, Durchführung

Insgesamt 23 Fachleute, die sich aus unterschiedlichen Blickwinkeln und Motiven professionell mit dem Online-Lebensmittelhandel und dem Konsumentenverhalten beim Lebensmitteleinkauf beschäftigen, wurden im Rahmen teilstrukturierter qualitativer Interviews (Helfferich, 2022; Misoch, 2019, S. 65; Pfadenhauer, 2009) befragt.

Die Studie erhebt keinen Anspruch auf Repräsentativität. Vielmehr wurde bewusst ein heterogener Kreis von Experten aus Konsumgüterunternehmen, Handel, Beratungsunternehmen, Journalismus und Hochschulen angesprochen. Mögliche Interviewpartner, die selbst schon zum Online-Lebensmittelhandel publiziert hatten, die als Berater oder Manager damit zu tun haben oder hatten oder als Hochschullehrer in den Bereichen Handel, E-Commerce oder Konsumentenverhalten forschen und lehren, wurden persönlich, telefonisch, per LinkedIn oder per Mail kontaktiert. Es wurde versucht, aus allen Bereichen geeignete Gesprächspartner zu rekrutieren, die in der Zeit von Dezember 2022 bis Mai 2023 für ein ca. einstündiges Gespräch zur Verfügung stehen konnten.

Eine Liste der Gesprächspartner findet sich in Anhang 1. Die Interviewten wurden den folgenden drei Gruppen zugeordnet:

- (WI) – Wirtschaft (Handel und Konsumgüterbranche): 8 Personen
- (HS) – Hochschulen (Schwerpunkte Handel/Marketing): 6 Personen
- (BJ) – Beratungsunternehmen und Journalisten: 9 Personen

Ziel war es, verschiedene Perspektiven auf das Thema – ein Kaleidoskop von Meinungen – einzufangen, die Gesprächspartner ihr derzeitiges Bild des Online-Lebensmittelhandels in Deutschland zeichnen zu lassen und ihre Einschätzungen zur künftigen Entwicklung bis ins Jahr 2030 zu erfahren.

Fast alle Gesprächspartner hatten nicht nur berufliche Berührungspunkte zum Online-Lebensmittelhandel, sondern auch persönliche, teils langjährige oder regelmäßige Erfahrungen mit dem Einkauf von Lebensmitteln im Internet. Das Spektrum reichte von der Bestellung von Spezialitäten mit postalischer Lieferung, Wocheneinkäufen über Lieferservices oder Click-and-Collect-Angebote, Quick-Commerce-Erfahrungen bis hin zu Einkäufen in Direct-to-Consumer-Shops. Nur 6 der 23 Gesprächspartner gaben an, bislang privat noch keine Lebensmittel via Internet geordert zu haben, was meist am fehlenden Angebot lag.

Die Interviews wurden von Dezember 2022 bis Mai 2023 per Video-Call von der Autorin persönlich durchgeführt und aufgezeichnet. Die Interviewpartner bekamen den Gesprächsleitfaden im Vorfeld zugeschickt. Der Leitfaden, der in Anhang 2 abgedruckt ist, umfasste folgende Themenbereiche zum Online-Lebensmittelhandel:

- Online-Lebensmittelmarkt: Abgrenzung, Entwicklung und Charakterisierung
- Anbieterseite: Lieferoptionen, Geschäftsmodelle, Differenzierungsmerkmale, Profitabilität

- Kundenseite: Potenziale, Kundenanforderungen, Pro und Contra Online-Kauf, Einkaufsverhalten
- Auswirkungen auf den stationären Lebensmitteleinzelhandel
- Auswirkungen auf Konsumgüterhersteller

Zusätzlich wurde auf Themen, die die Interviewpartner von sich aus ansprachen, eingegangen. Einzelne Fragen des Leitfadens wurden dann im Gesprächsverlauf moderat angepasst.

Alle Interviews wurden vollständig wörtlich transkribiert (Höld, 2009). Es erfolgte eine Anonymisierung der Antworten, sodass keine Rückschlüsse auf die befragten Personen möglich waren, und die Gesprächsprotokolle wurden inhaltsanalytisch (Mayring & Fenzl, 2022) ausgewertet. Die Inhaltsanalyse ist eine kategoriengeleitete Textanalyse (Mayring, 2022, S. 13). Texte werden systematisch, regel- und theoriegeleitet analysiert, indem die Textpassagen mithilfe eines Kategoriensystems geordnet werden, um daraus Schlüsse zu ziehen. Die Interview-Transkripte wurden so schrittweise auf ihre Kernaussagen reduziert und inhaltlich strukturiert (Mayring & Brunner, 2009, S. 674).

Die folgende Auswertung versucht, die Antworten der Gesprächspartner zu klassifizieren und in beschränktem Umfang auch zu quantifizieren. Ansonsten stellt sie exemplarisch typische, vor allem auch gegensätzliche Einzelmeinungen dar, die die Bandbreite der Einschätzungen der befragten Experten schlagwortartig verdeutlichen und zu weiterer Diskussion anregen sollen.

5.2 Ergebnisse der Experteninterviews

5.2.1 Abgrenzung, Entwicklung und Charakterisierung des Online-Lebensmittelmarktes

Begriff „Online-Lebensmittelhandel"
Allgemein wurde unter „*Online-Lebensmittelhandel*" ein Teilbereich des E-Commerce verstanden, bezogen auf Lebensmittel. Es sei der Verkauf und Kauf von Lebensmitteln über das Internet. Einige Gesprächspartner wiesen darauf hin, dass es neben Lebensmitteln auch um andere Güter des täglichen Bedarfs gehen kann, um weitere Sortimente aus dem Bereich der Fast Moving Consumer Goods (FMCG), z. B. Drogerieartikel.

Der Begriff „*E-Food*" war den Befragten nicht so geläufig. Teilweise war er nicht bekannt oder wurde als unpassend empfunden. Es wurde angemerkt:

> „Den Begriff nutze ich nicht, weil das Essen weiterhin physisch ist und nicht elektronisch."

Im Vergleich zum Online-Lebensmittelhandel wurde der Begriff „E-Food" breiter definiert:

> „Alles, von der einzelnen Tomate bis zum Ready Meal …, all das verstehe ich unter E-Food."

Bei dem Begriff „Online-Lebensmittelhandel" blieben die Restaurant-Lieferdienste außen vor, da sie fertige Gerichte liefern. Sie wurden als „Grauzone" bezeichnet. Food im weitesten Sinne seien sie natürlich schon. Auch Kochboxen seien „grenzwertig". Gewürdigt wurden die Restaurant-Lieferdienste im Gespräch durchaus. Ein Interviewpartner meinte:

> „Lieferando & Co. sind schon etwas Eigenes, aber interessant sind sie, weil man es da wirklich mit Plattform-Ökonomie zu tun hat. Das macht es interessant."

Ein anderer deutete an, dass er den Online-Markt für Lebensmittel anders abgrenze und es aus seiner Sicht zu kurz greife, ihn nur als Teilbereich des Lebensmittelhandels aufzufassen.

Darüber, dass der Online-Lebensmittelhandel die *Bestellung* von Lebensmitteln im Internet beinhaltet, waren sich alle Gesprächspartner dieser Studie einig, auch wenn sie es unterschiedlich formulierten: Der Laden „finde digital statt", es gehöre jeder dazu, der „einen digitalen POS" habe. Man könne vom Computer oder Handy aus bestellen und müsse nicht in den stationären Handel gehen. Online-Lebensmittelhandel bedeute, dass „der Einkaufsvorgang online war und online bestellt wurde" bzw. „dass der Kunde seine Kaufentscheidung digital trifft und sie auf irgendwelchen digitalen Endgeräten auslöst". Eine Person ging bei ihrer Antwort genauer auf die Internet-Schnittstelle ein, auch darauf, wie sie künftig gestaltet sein könnte:

> „Es ist im Wesentlichen der Bestellvorgang im ‚Internet'; ich setze es immer ein bisschen in Anführungszeichen, weil ich darunter wirklich alles verstehen würde, von einem Interface über einen Laptop oder ein Notebook oder über einen stationären PC, genauso wie beispielsweise über ein Gerät, mit dem ich über eine Spracheingabe, also über Alexa, Siri oder Ähnliches die Informationen an das Unternehmen gebe, was ich

5.2 Ergebnisse der Experteninterviews

haben möchte. Oder ob ich das per WhatsApp tue, oder ob mein Kühlschrank das automatisch macht. Die Eingabeform würde ich dabei offen sehen. Ich denke, dass sie auch nach oben offen ist, weil es auch bis hin zu einer Art automatischen Disposition gehen kann."

Bezüglich des Bestellprozesses herrschte also Einigkeit unter den Experten; bei der *Lieferung* der Lebensmittel gingen die Meinungen allerdings auseinander: Während die Heimlieferung von allen als selbstverständlicher Bestandteil des Online-Lebensmittelhandels gesehen wurde, war das beim Abholservice (Click and Collect) nicht der Fall. 5 der 23 Befragten wiesen explizit darauf hin, dass Click and Collect für sie nicht zum Online-Lebensmittelhandel zähle bzw. dass sie unsicher seien, ob sie es dort zuordnen sollten. Exemplarisch zwei gegensätzliche Stimmen zu diesem Thema:

> „Online-Lebensmittelhandel heißt nicht automatisch, dass auch nach Hause geliefert werden muss; das kann auch Click and Collect sein."

> „Ich persönlich verwende eigentlich lieber den Begriff: ‚Food and Delivery', weil ich das immer in Kombination sehe, online bestellen und geliefert bekommen. Für mich gehört Click and Collect nicht dazu. Click and Collect wäre für mich nur eine andere Art, stationär einzukaufen."

Beim Nachdenken über den Begriff „Online-Lebensmittelhandel" kamen den meisten Befragten auch die unterschiedlichen Segmente des Online-Lebensmittelmarktes in den Sinn: „klassischer" Online-Lebensmittelhandel und Quick Commerce, aber auch alles, was an haltbaren Lebensmitteln online verkauft und versendet wird, z. B. Weine und Spezialitäten. Im Originalton klingt das so:

> „Von den Marktsegmenten unterscheide ich zwischen klassischem E-Food und Quick Service."

> „Mehr als nur Quick Commerce. – Man kann nach der Art der Belieferung und der Art der Sortimente gliedern, z. B. Vollsortiment, Frischesortiment, Spezialsortiment, Tiefkühlsortiment (Eismann, Bofrost), italienische Feinkost, Wein (Hawesko) …"

> „Ich mache keine Differenzierung, ob es ein Wocheneinkauf ist oder bei einem einzelnen Markenhersteller bestellt wird; es ist alles, was Lebensmittel betrifft."

Abb. 5.1 fasst die Überlegungen der Befragten zum Begriff des Online-Lebensmittelhandels zusammen.

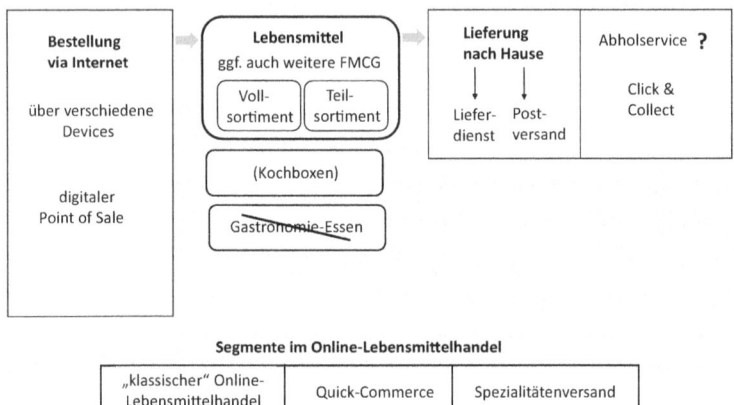

Abb. 5.1 Begriff „Online-Lebensmittelhandel"

„Top-of-Mind"–Anbieter im Online-Lebensmittelhandel

Die Antwort auf die Frage nach drei *Anbietern,* die im Augenblick bei ihnen *„Top of Mind"* seien, fiel keinem Gesprächspartner schwer. Scherzhaft wurde hier darauf verwiesen, dass man sich ja quasi tagesaktuell fragen müsse, wer schon insolvent sei und wer noch nicht. Insgesamt ergab sich ein recht klares Bild der „Top-of-Mind-Anbieter". Abb. 5.2 zeigt dieses Bild, wobei die Schriftgrößen die Häufigkeit der Nennungen illustrieren, mit denen die Marktakteure genannt wurden.

Abb. 5.2 Top-of-mind-Awareness: Anbieter im Online-Lebensmittelhandel

Mit Abstand die meisten Nennungen entfielen auf Rewe. Bei fast allen Gesprächspartnern war Rewe unter den ersten drei Anbietern, die ihnen spontan einfielen. Begründet wurde dies damit, dass Rewe im Online-Geschäft schon sehr lange agiere, in Deutschland Marktführer und bundesweit auch in der Fläche sehr präsent sei und bereits viel in diesem Bereich investiert habe. Auch die eigene Nutzung dieses Anbieters spielte bei den Befragten eine Rolle. Den zweiten Platz besetzte Picnic. Hier wurden das dahinter stehende Konzept, das „Milchmannmodell", die Weitergabe von Effizienzvorteilen an den Kunden und die besonnene Expansionsstrategie gelobt. Auch weitere Online-Pure-Player, die den deutschen Markt noch nicht so lange bearbeiten, kamen vereinzelt zur Sprache: Knuspr aufgrund seiner Sortimentsgestaltung und Oda als spannender Newcomer des Jahres 2023. Dass auf Platz 3 der Top-of-Mind-Awareness die Quick-Commerce-Anbieter Gorillas/Getir und Flink standen, war vor allem deren medialer Präsenz geschuldet. Aber auch die Schnelligkeit als Differenzierungsmerkmal wurde öfter genannt. Eine befragte Person formulierte es folgendermaßen:

> „Gorillas & Co. fallen mir ein, weil das die ersten waren, die letztendlich den ‚Zalando-Effekt' für die Branche auslösten … und das Thema ‚Bestellung' auf ein ganz anderes Niveau gehoben haben."

Amazon und Amazon Fresh hingegen spielten in der Wahrnehmung als Online-Lebensmittelhändler nicht in der oberen Liga mit. Dies überrascht angesichts der Zurückhaltung des Konzerns in diesem Bereich nicht.

Zu den beiden meistgenannten Anbietern Rewe und Picnic kamen vonseiten der Befragten auch relativ viele Kommentare. Diese Originalzitate sind in Tab. 5.1 aufgeführt und kategorisiert.

Zukunftsaussichten des Online-Lebensmittelhandels bis 2030

Aufgefordert, die *Zukunftsaussichten des Online-Lebensmittelhandels bis 2030* in Deutschland auf einer 5-stufigen Skala (1 = sehr gut, 5 = sehr schlecht) zu bewerten, entschied sich der Großteil der Studienteilnehmer für sehr gut (8 Stimmen) oder gut (9 Stimmen). Vorsichtiger – mit dem Votum „mittelmäßig" – äußerten sich nur 6 Personen.

Die äußerst positive Einschätzung wurde vor allem damit begründet, dass die Branche noch am Anfang stehe, sehr klein sei, daher extrem wachsen könne und „viel Luft nach oben" habe. Argumentiert wurde sowohl von der Kundenseite (dass das Kundenbedürfnis nach Convenience vorhanden sei, sich die Menschen an die Angebote gewöhnten und vor allem jüngere Menschen sie nachfragten) als auch von der Angebotsseite (dass das Angebot sich ausweite, immer mehr

Tab. 5.1 Originalzitate der Interviewpartner zu Rewe und Picnic

Rewe	Picnic
Bekannter Händler mit viel Erfahrung: „klassischer großer Lebensmittelhändler" „Vollsortimenter und Food-Profi" „war immer unsere stationäre Nr. 1, also nutzen wir den auch online"	*Einzigartiger besonderer Ansatz:* „ganz cleveres Modell" „innovatives Konzept, das einzigartig ist in der Branche und so noch nicht kopiert" „spannendes Konzept" „sehr interessantes Geschäftsmodell" „guter Denkansatz (Milchmannprinzip)" „anderes Modell mit festgelegten Routen" „Verknüpfung von Tradition und E-Commerce" „sehr fokussierter moderner Anbieter, mobile only"
Marktführer: „Marktführer mit einem guten Angebot" „der größte und breiteste Anbieter" „sind die Größten"	*Gute Marktposition:* „wahrscheinlich der zweitgrößte Player in Deutschland"
Früher Markteinstieg: „der Pionier auf dem Gebiet" „schon sehr lange in dem Gebiet aktiv" „sind frühzeitig gestartet" „machen das am längsten und am konsequentesten"	*Relativ früher Markteinstieg:* „einer der Frühen"
Hohe Verbreitung und starke Infrastruktur: „der etablierteste Player" „der Player mit der stärksten Infrastruktur" „der einzige, der das Konzept flächendeckend anbietet" „in der Fläche sehr präsent (gerade mit Click and Collect)" „hat als einziger stationärer Händler schon sehr konsequent das gesamte Bundesgebiet erschlossen" „sehr präsent (sehr häufig eher mit Abhol- als mit Liefersystem)"	*Langsame und durchdachte Expansion:* „expandieren ganz besonnen" „sind in ihren Regionen Marktführer" „zumindest in ihren Gebieten hohe Abdeckung und Bekanntheit"
Professionalität und Innovationskraft: „sind schon relativ professionell" „sind bereit, viel Geld zu investieren, um den Bereich weiter voranzubringen" „werden im Testen nicht müde"	*Gute Performance:* „machen viel richtig" „machen einen sehr guten Job" „sehr effizient" „geben Effizienzvorteile an Kunden weiter" „Preise auf Supermarktniveau" „ohne Liefergebühr" „hohe Warenverfügbarkeit"

5.2 Ergebnisse der Experteninterviews

Anbieter nachzögen und ambitionierte Wachstumspläne verkündeten und dass das Angebotsspektrum sehr breit sei und in seiner Breite Erfolg haben werde). Dass der Online-Lebensmittelhandel in anderen Ländern schon verbreiteter ist als in Deutschland, führten einige Gesprächspartner als Argument an, dass auch hierzulande Optimismus angesagt sei; für andere war das ein Grund, die Perspektiven in Deutschland nicht als sehr gut, sondern nur als gut zu bewerten, auch angesichts der hohen Supermarktdichte in Deutschland. Wermutstropfen oder Einschränkungen wurden trotz der insgesamt sehr positiven Beurteilung angesprochen, aber eher als temporäre Probleme erachtet. Dazu zählten der Krieg in der Ukraine, die Inflation, die Energiepreise und die schwierige Situation auf den Kapitalmärkten, dies auch vor dem Hintergrund, dass die Profitabilität des Online-Geschäfts noch nicht erreicht ist. Ein Interviewpartner sprach auch mögliche Regulierungen von staatlicher Seite an, die den Lieferservice verteuern könnten. Abb. 5.3 fasst die wichtigsten Argumente für die weitere positive Entwicklung des Marktes zusammen.

Es gab 6 Gesprächspartner, die die Aussichten nur als mittelmäßig bezeichneten. Die hohe Supermarktdichte in Deutschland, die schwer zu erreichende Profitabilität des Online-Geschäfts mit Lebensmitteln, gepaart mit der hohen Preisorientierung der deutschen Kunden, komplexe Anforderungen der Sortimente und der Wunsch vieler Verbraucher, vor allem frische Ware selbst zu checken, waren die wichtigsten Gründe für diese vorsichtigere Bewertung.

Zwei Befragte brachten ihre Bedenken folgendermaßen auf den Punkt:

„Im Gros haben wir in Deutschland limitierte Chancen. Für mich bleibt es eine interessante Nische. … In einigen Marktsegmenten sieht es ganz gut aus, und z. B. beim Quick Commerce sieht es ganz schlecht aus. … Konzepte, wo wirklich Multichannel betrieben wird, haben auf jeden Fall Zukunft. Auch bei Nischengeschichten (regionale Produkte, Premium-Produkte) kann das funktionieren. Es gibt schon Zielgruppen, und es gibt auch Shopping-Trips und Kaufsituationen, wo das durchaus Sinn macht."

„Im städtischen Raum, da ist schon ein gewisses Volumen da. Im ländlichen Raum ist es einfach von der Logistik extrem schwer zu bedienen. Aber selbst im städtischen Raum würde ich es eher mittelmäßig sehen – mit Blick auf das Volumen, das bewegt werden würde. Für den klassischen Lebensmitteleinkauf haben wir, wenn wir die Gesamtbevölkerung anschauen, so viel Ware, die bewegt werden müsste, dass sich mir da nicht erschließt, wie mit dem, was wir jetzt in der Logistik haben, große Umsatzanteile verlagert werden sollten."

Die Schätzung der Experten für den Umsatzanteil des Online-Lebensmittelhandels am gesamten Lebensmittelhandel im Jahr 2030 ist in Abb. 5.4 dargestellt. Fünf bis um die zehn Prozent erschien den meisten Befragten realistisch.

„Alles ist noch in den ‚**early stages**‘, also noch sehr am Anfang. Es ist eine Branche, die noch so klein ist, dass sie auch noch extrem wachsen kann."

„Ich schwanke zwischen ‚sehr guten' und ‚guten' Aussichten. Die **aktuelle Herausforderung** mit Inflation und Energiepreisen fordert den Handel insgesamt und wird die Entwicklung des Online-Lebensmittelhandels bremsen, weil alles was neu ist, jetzt erstmal wieder stärker beäugt wird."

„Wenn ich mir vergleichbare Märkte im **Ausland** anschaue, dann würde ich sagen, können wir alle Hoffnungen haben, dass es sich auch hier in diesem Bereich entwickelt."

„Man sieht's ja auch, dass es in **anderen Ländern** mit guten Konzepten klappt. Es kommt immer auf die Konzepte an, ob die für das Land passen."

„Klare Tendenz in Richtung ‚sehr gut' wegen des **demographischen Effekts**: Die **jüngere Generation**, die sind so digitalisiert, die haben ihr Leben quasi optimiert und nutzen diese Apps, wie wir früher Bleistift und Papier genutzt haben. Die optimieren darüber ihre Einkäufe und haben auch keine Lust, einkaufen zu gehen. Also wird mal eben bestellt. Da ist letztlich ein ganz anderer Habitus, was das anbelangt; es ist sehr in den Alltag integriert. Die werden das Geschäft beflügeln."

„**Deutschland** hängt international zurück, wenn man asiatische Länder betrachtet oder die USA. Aber ich glaube, das ist ein deutsches Phänomen, dass wir immer ein bisschen zögerlich sind und am Alten hängen."

„Die Aussichten sind sehr gut, weil das **Convenience**-Angebot im Grunde unschlagbar ist."

„Kurzfristig sind die Aussichten nicht so rosig, aber man sieht es immer wieder: Die Haushalte loben die **Convenience** und **Zeitersparnis**, und das ist für viele Leute ein Thema. Deswegen wird es auch seinen Platz bekommen."

Abb. 5.3 Gründe für die sehr gute/gute Bewertung der Zukunftsaussichten des Online-Lebensmittelhandels (Originalzitate der Interviewpartner)

5.2 Ergebnisse der Experteninterviews

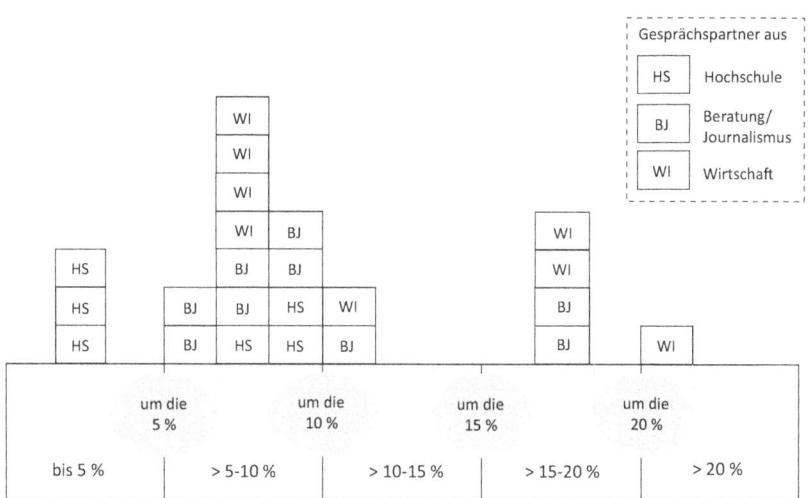

Abb. 5.4 Umsatzanteil des Online-Lebensmittelhandels am gesamten Lebensmittelhandel – Schätzung für 2030

Als Haupttreiber der weiteren Entwicklung des Online-Lebensmittelmarktes wurden vor allem die sich wandelnden Lebens- und Arbeitswelten, die Akzeptanz/ das Niveau der Digitalisierung, technologische Neuerungen und die demographische Entwicklung genannt. Die Befragten durften bei dieser Frage aus der in Tab. 5.2 dargestellten Liste bis zu fünf Faktoren auswählen.

Die vier am häufigsten genannten Faktoren werden im Folgenden näher erläutert. Was die *Lebens- und Arbeitswelten* anbelangt, wurde von vielen Befragten über den Trend zum Homeoffice nachgedacht – mit unterschiedlichem Ergebnis: Einerseits sei es eine Entwicklung, die die bequeme Lieferung nach Hause fördere. Man sei von vornherein weniger unterwegs und auch leichter erreichbar, wenn der Lieferbote klingele. Ein Gesprächspartner meinte:

> „Das Homeoffice wird online beflügeln. Die Leute haben durch hybrides Arbeiten zwar mehr Zeit, einkaufen zu gehen; sie tun es aber nicht."

Andere betonten wiederum, dass der kurze Supermarktbesuch in der Mittagspause eine willkommene Unterbrechung des einsamen Arbeitsalltags sein könne – und wenn man liefern lasse, dann eher fertig zubereitete Gerichte. Dass der Convenience-Gedanke, die Freizeitorientierung in modernen Lebensstilen und eng getaktete

Tab. 5.2 Haupttreiber der Entwicklung im Online-Lebensmittelmarkt

Wählen Sie aus den unten genannten Faktoren bis zu fünf Faktoren aus!	Anzahl der Nennungen
Veränderung von Lebens- und Arbeitswelten (Zeitdruck im Alltag, Homeoffice, Einstellungen zum Autobesitz …)	20
Digitalisierungsniveau (Netzausbau, App-Nutzung, Voice-Commerce …)	12
Technologischer Fortschritt (künstliche Intelligenz, Lagerautomatisierung, fahrerlose Autos …)	11
Demographische Entwicklung (Überalterung, Migration/Zuwanderung …)	11
Struktur des stationären Lebensmitteleinzelhandels (Supermarktdichte, neue Einzelhandelsformate …)	9
Gesamtwirtschaftliche Lage (Konsumklima, Kaufkraft …)	9
Urbanisierungsgrad (Wachstum Metropolregionen, Stadt-Land-Gefälle …)	8
Entwicklungen im Lebensmittelmarkt (Ernährungstrends, Food-Start-ups, Direktvermarktung durch Hersteller …)	6
Gesellschaftlicher Wertewandel (Umwelt-, Gesundheitsbewusstsein …)	4

Zeitpläne aufgrund beruflicher Anforderungen eine wichtige Rolle spielten, wurde ebenfalls angemerkt und als Treiber für den Online-Lebensmittelhandel gesehen. Exemplarisch eine Stimme dazu:

> „Man wird kaum jemanden finden, der Spaß daran hat, seinen Big-Trolley-Einkauf von Lebensmitteln zu machen. … Für viele ist es einfach eine Notwendigkeit. Und wenn man da Zeit sparen kann und vielleicht nicht mehr Geld ausgeben muss, dann ist das schon ein wesentlicher Faktor. … Also, Leben und Einkaufen ist ja doch etwas anderes, zumindest dieser reine Versorgungseinkauf, der geht ja von der Lebenszeit ab."

Grundsätzlich wurde noch angemerkt, dass durch die Pandemie auch ein Wandel in den Köpfen der Menschen stattgefunden habe, was zu einer größeren Offenheit für Neuerungen führe.

Zum *Digitalisierungsniveau* wurde einerseits gesagt, dass das heute nicht mehr so wichtig sei, weil bereits jeder, auch die älteren Zielgruppen, online sei. Andererseits betonte eine Person, dass es ein wichtiger Punkt sei, vor allem wenn man über automatische Disposition und das Internet der Dinge nachdenke. Dass der *technologische Fortschritt* eine wichtige Rolle spielt, wurde mit dem Argument untermauert, dass man beobachten könne, wie hier anbieterseitig viel experimentiert werde, um den Markt voranzubringen. Ferner würde bei Online-Lebensmittelhändlern viel branchenfremdes Personal eingestellt, das von der technischen Seite reinkomme. Bei der *demographischen Entwicklung* waren die Ansichten zweigeteilt. Eine Gruppe hatte die Älteren im Visier, die vielleicht nicht mehr so mobil sind, aber bereits internetaffin und mit einer gewissen Kaufkraft ausgestattet. Exemplarisch eine Stimme dazu:

> „Man kann das Ganze auch als Kommerzialisierung des Gedankens ‚Essen auf Rädern' betrachten. Je älter wir werden, desto bequemer wird es, wenn wir es ans Haus gebracht bekommen."

Eine andere Gruppe betonte eher die Bedeutung der jungen Zielgruppen:

> „Die Jüngeren sind eher bereit dafür; sie sind digital geprägt und haben eine andere Herangehensweise, ihr Leben zu gestalten."

Die berichteten Ergebnisse decken sich zum Teil mit einem von Strategy& (2022, S. 13) vorgeschlagenen Modell, das auf Basis einer multivariaten Regressionsanalyse als Determinanten für das Wachstum im Online-Lebensmittelhandel das Niveau der Digitalisierung, den technologischen Fortschritt, den Grad der Urbanisierung, das wirtschaftliche Wachstum und die Marktentwicklung im Lebensmittelhandel anführt.

Charakterisierung des Online-Lebensmittelhandels
Wie die Befragten den Online-Lebensmittelmarkt anhand einiger kurzer Aussagen spontan charakterisierten, zeigt Abb. 5.5.

Zur Frage, ob der Online-Lebensmittelhandel das *Potenzial zum Game-Changer* habe, also etwas sein könnte, das den Markt für Lebensmittel neu gestaltet, erheblich beeinflusst und bisher geltende Regeln grundlegend verändert, gab es geteilte Meinungen.

Eine kleinere Gruppe von 10 der 23 Befragten bejahte diese Frage. Game-Changer, dies gelte vor allem mit Blick auf die Ballungsräume. Es könne durchaus die Spielregeln ändern, wenn sich die Nachfrage online verschiebe und sich die etablierten Unternehmen mit ihrer hohen Filialdichte und ihren hohen Infrastruktur-Investments anpassen müssten. Es ermögliche zudem ganz neuen Akteuren, die nicht mehr diese „Asset Heavy"-Infrastruktur hätten, aktiv zu werden und die Etablierten

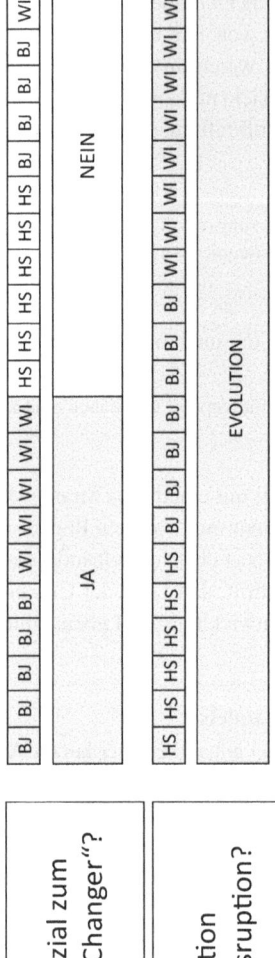

Abb. 5.5 Charakterisierung des Online-Lebensmittelhandels

5.2 Ergebnisse der Experteninterviews

herauszufordern, meinte ein Gesprächspartner. Auch die Hersteller müssten sich beim Produktdesign und bei logistischen Anforderungen anpassen, stellte ein anderer fest. Amazon und Zalando wurden als Beispiele angeführt, die ebenfalls ganze Branchen verändert hätten, ohne dass man sich das von Anfang an so vorstellen konnte.

Die andere Gruppe mit 13 Befragten hielt den Begriff „Game-Changer" für übertrieben, vor allem angesichts des geringen Marktanteils, den der Online-Lebensmittelhandel auch im Jahr 2030 noch haben werde. Exemplarisch einige Stimmen dazu:

> „Wenn ich von fünf bis zehn Prozent Marktanteil ausgehe, dann bedeutet das ja nicht, dass der stationäre Handel nicht mehr existent ist, sondern er hat immer noch, sagen wir, neunzig Prozent. Insofern, ‚Game-Changer' wäre mir ‚too much' bei aller Euphorie oder allem Optimismus, den ich durchaus auch habe."
>
> „Die Funktionsweise mit Blick auf ‚Was ist Handel?' und ‚Wie funktioniert Handel?' ist damit nicht verändert, jedenfalls keine Game-Changing-Veränderung; die ist ergänzt; manches wird vielleicht auch ersetzt."
>
> „Für mich heißt ‚Game-Changer', dass etwas Altes komplett stirbt und durch etwas Neues abgelöst wird. Hier sehe ich aber eher eine Ergänzung."
>
> „Ich glaube, ‚Game-Changer' wird es nur zum Teil. Das wird es nur bei denen werden, die da wirklich unter Druck kommen und Kunden verlieren."

Eindeutig fiel das Urteil der Befragten aus, als es darum ging, dem Online-Lebensmittelhandel die Begriffe *„Evolution"* oder *„Disruption"* zuzuordnen. Fast alle sahen hier zurzeit eine evolutionäre Entwicklung. Die Entwicklung ginge nur langsam voran, und alles sei noch auf relativ niedrigem Niveau. Das Thema wurde aber auch auf der Zeitachse eingeordnet. Es wurde angemerkt, dass man in der „Hitze des Marktes" vor ein paar Jahren vielleicht noch „Disruption" geantwortet hätte, und dass der Markt in Zukunft aufgrund technologischer Neuerungen auch disruptives Potenzial bergen könnte. Drei Statements dazu:

> „Ich könnte mir vorstellen, wenn es irgendeine krasse technologische Innovation gäbe, dass es dann auch zur Disruption kommen könnte, ohne die jetzt schon vorhersagen zu können."
>
> „Ich glaube aber auch immer an diese disruptiven Elemente. … Dass also irgendwann dieser Punkt kommt, wo es plötzlich umschlägt, und da einer eben eine Idee hat, die dann wirklich zu großen Verwerfungen führt."
>
> „Was auch noch viel disruptives Potenzial hat, ist das Thema autonomes Fahren. … Das könnte mittelfristig zu einer neuen Dynamik führen."

Hat der Online-Lebensmittelhandel in Deutschland den *Durchbruch geschafft?* – 10 der 23 Befragten bejahten dies, mit der Einschränkung, dass die ländlichen Regionen hinterherhinkten, es aber in den Städten schon Teil des gelebten Alltags sei, Lebensmittel in größerem Umfang online zu kaufen. Differenziert wurde auch nach Kunden- und Investorensicht: Bei den Kunden sei breite Akzeptanz da; die Anbieter arbeiteten noch an der Profitabilität, aber sie seien aktiv am Markt, und keiner stelle grundsätzlich die Potenziale infrage. Der Online-Lebensmittelhandel „ginge nicht mehr weg" und werde sich etablieren. 13 der 23 Befragten äußerten sich etwas vorsichtiger: Der Durchbruch sei noch nicht geschafft, aber absehbar und eine Frage der Zeit; er sei nur punktuell geschafft, bei ganz kleinen spitzen Zielgruppen, an Mikrostandorten, nur für bestimmte Bereiche, wie Spezialitäten in der Nische oder Getränke, aber nicht für Produkte des täglichen Bedarfs und breite Supermarktsortimente. Zwei Gesprächspartner hatten auch generelle Bedenken aufgrund des bislang geringen Marktanteils des Online-Lebensmittelhandels und der Tatsache, dass selbst ein großer Player wie Amazon keine nennenswerten Erfolge vorzuweisen habe.

Ist der Markt noch ein unübersichtliches *Schlachtfeld* oder zeigt sich schon eine *Struktur?* Für die Mehrheit der Befragten wirkte der Online-Lebensmittelmarkt noch sehr turbulent und umkämpft, so dass sie erst wenig Ordnung erkannten und die Analogie zu einem Schlachtfeld als passend empfanden. Dies gelte vor allem im Hinblick auf den Quick Commerce; bei den Online-Supermärkten seien schon erste Strukturen erkennbar. Die Befragten sprachen von einem hoch wettbewerblichen dynamischen Markt, der noch für weitere Überraschungen gut sei.

> „Für mich ist es noch ein ‚Red Ocean', ein Kampf um Kunden und Marktanteile, was nicht ausschließt, dass es eine gewisse Ordnung gibt."

> „Es ist schon noch ein Schlachtfeld, wo es noch viele Pleiten gibt und man sehen muss, wer wen übernimmt und wie die Konzepte wirtschaftlich tragfähig werden können."

> „Die sind noch nicht in einer Konsolidierungsphase, wo sich der Markt sortiert hat. Ich würde mich nicht wundern, wenn demnächst noch jemand mit einem anderen Benefit um die Ecke käme, an den wir heute noch nicht gedacht haben."

> „Da ist gerade die erste Wild-West-Phase irgendwie durch. … Momentan bewegt sich wieder viel in der langweiligen Mitte. Das nimmt dem Ganzen wieder Dynamik. Ich glaube, wir werden so zwei, drei Wellen sehen. … Der erste Online-Buchhandel war auch nicht Amazon. Das darf man nicht vergessen."

Eine kleinere Gruppe von 7 Befragten, die eher die Ordnung im Markt betonte, bezog sich auf die schon erkennbare Differenzierung der Formate. Es gäbe verschiedene Betriebsformen, Vollsortimente und Quick Commerce, und unterschiedliche Unique

Selling Propositions. Es hätten sich gewisse Marktsegmente herausgebildet, und auch innerhalb dieser gäbe es differenzierte Positionierungen, was eher für eine klassische Marktstruktur spräche. Zwei Gesprächspartner legten sich nicht auf eine der Antwortoptionen fest, sondern sprachen lieber von einer Experimentierphase, wo erst noch klar werden müsse, was übrig bliebe und sich durchsetze.

Nach dieser allgemeinen Charakterisierung des Marktes durch die Experten sollen zum Schluss noch zwei Fragen aufgegriffen werden, die häufig bei Diskussionen zur Entwicklung des Online-Lebensmittelhandels in Deutschland thematisiert werden:

- Welche Rolle spielen Preise und Zahlungsbereitschaften der Kunden für die weitere Entwicklung des Marktes?
- Kann der E-Commerce bei Lebensmitteln (analog zum E-Commerce bei Non-Food-Kategorien) zur Selbstverständlichkeit für Otto Normalverbraucher werden?

Zwei Zitate wurden den Befragten mit Bitte um Kommentierung vorgelegt:

1. *„Die Frage ist, ob der Konsument ... bereit ist, für einen Lieferservice zu zahlen. ... Die Verbraucher in Deutschland sind am Ende doch sehr sparsam."* (Dr. Kai Hudetz, IFH KÖLN)[1]

    Dass es Kunden mit entsprechender Kaufkraft gibt, die für den Nutzen eines Lieferservices zu zahlen bereit sind, darüber waren sich alle Befragten einig. Die Kunden zahlten für das Gesamtpaket, die Ware *und* den Lieferservice, und es gäbe verschiedene Gebührenmodelle, die unterschiedlichen Bedürfnissen gerecht würden. Letztlich stelle sich auch die Frage, wie die Rechnung aufgemacht werde. Die Kosten der Autofahrt zum Supermarkt würden meist nicht wahrgenommen und nicht einkalkuliert. Wer sich als Anbieter nicht nur auf einkommensstärkere Zielgruppen beschränken und in der Breite erfolgreich sein wolle, der müsse allerdings effiziente Konzepte entwickeln, die preislich mithalten könnten und auch den preissensibleren Kunden dort abholen würden, wo seine Vorstellung sei, meinten mehrere Befragte. Konzepte, die in diese Richtung gingen, gäbe es bereits.

2. *„Die Heimlieferung von Lebensmitteln hat das Potenzial so alltäglich zu werden wie das fließende Leitungswasser."* (Dominique Locher, Unternehmer und E-Food-Investor)[2]

---

[1] Zitat aus IFH Köln (2021, S. 2).
[2] Zitat aus Schu (2020, S. VII).

Die Reaktionen auf dieses etwas extrem formulierte Statement machten deutlich, dass der Markt noch in den Kinderschuhen steckt. Alltäglicher Standard sei die Heimlieferung von Lebensmitteln bei weitem nicht, da es in Deutschland vielerorts kein Angebot gäbe, zumindest nicht im Vollsortiment. Für Spezial- und Nischensortimente gelte das nicht; da sei vieles schon lange eine Selbstverständlichkeit.

Für urbane Zielgruppen in den Metropolregionen Deutschlands mag das Bestellen von Lebensmitteln in größerem Stil tatsächlich schon langsam so normal wie das fließende Leitungswasser werden. Anderswo fehlen jedoch noch die Wasserleitungen, und es ist teuer, diese zu bauen; das Angebot ist der Engpass. Um die Anbieterseite geht es im nächsten Abschn. 5.2.2. Experteneinschätzungen zu Lieferoptionen, zu den Geschäftsmodellen der Anbieter auf dem deutschen Markt, zu Differenzierungsmöglichkeiten auf dem Online-Lebensmittelmarkt und zur Frage der Profitabilität der am Markt agierenden Player kommen dort zur Sprache.

5.2.2 Einschätzungen zur Anbieterseite

Lieferoptionen im Online-Lebensmittelhandel: Heimlieferung unschlagbar
Online-Lebensmittelhändler bieten ihren Kunden – wenn auch nicht flächendeckend – verschiedene Lieferoptionen an: Heimlieferung per Lieferservice, Click and Collect (auch Abholservice genannt), wo man die im Internet bestellten fertig gepackten Warenkörbe an stationären Läden oder anderen Abholstationen selbst abholt, und den klassischen Postversand über einen KEP (Kurier-Express-Paket)-Dienstleister.

Was die Einschätzung der Zukunftsaussichten dieser drei Lieferoptionen anging, waren sich fast alle Befragten einig: Die *Heimlieferung per Lieferservice* sei das Modell, das sich in Deutschland langfristig durchsetzen werde, weil es einen echten Mehrwert biete, nämlich Convenience. Aus Kundensicht sei es am bequemsten. Wo beides, Heimlieferung und Click and Collect, angeboten würde, ließen sich die meisten zu Hause beliefern, stellte ein Interviewpartner fest. Hinzu käme, dass die Leute aufgrund der Homeoffice-Möglichkeiten nicht mehr so viel unterwegs seien. Unterschiedliche Ansichten gab es bei den Sortimenten: Drei Befragte fanden, die Heimlieferung sei eher etwas für Ergänzungskäufe, Getränke, Tiefkühlsortimente und besondere Nischen, wie Bio-Aboboxen, und weniger geeignet für den Wocheneinkauf. Dagegen stand aber vermehrt die Ansicht, dass gerade Verderbliches nur über einen Lieferservice laufen könne und der Wocheneinkauf großes Potenzial für die Heimlieferung böte. Aufgrund der mit der Heimlieferung verbundenen hohen

5.2 Ergebnisse der Experteninterviews

Kosten wurde aber auch angemerkt, dass sie auf die städtischen Räume beschränkt bleiben könnte.

Click and Collect wurde zwar als weniger bedeutend angesehen als die Heimlieferung, aber dennoch von knapp der Hälfte der Gesprächspartner als Modell genannt, das sich ebenfalls durchsetzen werde. Angebot und Nachfrage würden da in Einklang gebracht werden. Rewe ist deutschlandweit an über 1700 Abholstandorten auch in der Fläche präsent und baut diese Angebote weiter aus (Bökamp, 2023). Schu (2022, S. 18) bezeichnet Click and Collect als „lahme Digitalisierungskrücke", eine Art Notlösung, die nicht im Interesse der Kunden sei. Zwei Äußerungen gingen auch in der vorliegenden Studie in diese Richtung:

> „Click and Collect ist nicht unbedingt vom Kunden getrieben, sondern eher von den Händlern, weil sie versuchen, ein Konzept zu forcieren, das so wenig Verlust wie möglich verursacht."

> „Click and Collect spart die kostenintensive letzte Meile beim Anbieter."

Diese Kostenersparnis war für andere Befragte wiederum Anlass einer positiven Würdigung des Konzepts: Click and Collect könne in ländlichen Regionen hilfreich sein, wenn die Kundschaft sehr versprengt und nicht mit einer entsprechenden Lieferdichte anfahrbar sei. Dass Händler es auch als eine Art „Brückentechnologie" und für pragmatische Tests nutzen könnten, meinte ein weiterer Experte, wohl mit Blick auf die Discounter.

Insgesamt antworteten die Interviewpartner bei der Bewertung von Click and Collect ausgewogen und nannten sowohl Argumente dafür als auch dagegen. 8 Personen kommentierten die Click-and-Collect-Option als zu umständlich und sahen keinen Mehrwert darin. Exemplarisch dazu:

> „Wenn ich Click and Collect mache, dann kann ich auch gleich in den Laden gehen. Also den richtigen Nutzen habe ich erst, wenn ich nicht aus dem Haus muss."

Es gab aber ebenso viele Nennungen zu Vorteilen von Click and Collect: Für diejenigen, die viel unterwegs seien, sei es einfacher, die Ware auf dem Nachhauseweg abzuholen. Dass man den Weg durch den Laden spare, sei auch ein Convenience-Aspekt:

> „Das Schöne daran ist, dass man die Auswahl und das Nachdenken zu Hause auf dem Sofa macht. Die Regale im Laden schaut man nicht an, und man steht auch nicht an der Kasse an, wenn man es abholt."

Dass man dabei zum bekannten Händler seines Vertrauens geht, wurde als weiterer Vorteil gesehen, und ein Gesprächspartner verwies auf die Möglichkeit, hybrid einzukaufen. Dazu passt das Statement eines selbständigen Rewe-Kaufmanns gegenüber der Lebensmittelzeitung zum Erfolg seiner Abholtheke: „Der Abholservice ist für uns auch eine Kundenbindungsmaßnahme. Die Kunden erledigen darüber den Pflichtteil und kommen dann zum Bummeln und für Ergänzungskäufe am Wochenende erneut." (Bökamp, 2023).

Der *Postversand* wurde von den Befragten als bewährte Lieferoption gewürdigt, die auch in Zukunft ihre Berechtigung hat, aber nur für einen kleineren Teil des Marktes relevant ist. Für den Wocheneinkauf, frische und zu kühlende Produkte eigne sich der Versand per Post weniger, vielmehr für Trockensortimente, spezielle Sortimente und Premium-Produkte. Als Parade-Beispiele wurden Weine, Gewürze sowie ausgefallene, nicht überall erhältliche Spezialitäten genannt, bei denen es den Kunden auch nicht auf eine sofortige Lieferung ankommt.

Die Vielfalt der Anbieter mit unterschiedlichen Geschäftsmodellen und Kundenwertversprechen im deutschen Online-Lebensmittelhandel wurde in Kap. 3 ausführlich beschrieben. Im Folgenden werden die Einschätzungen der befragten Experten hierzu berichtet.

Etablierte versus digitale Herausforderer: zwei Welten mit unterschiedlichen Stärken und Schwächen
Zunächst ein Blick auf die *Vollsortimenter,* die ein breites und gleichzeitig tiefes Sortiment vertreiben und einen vollständigen Wocheneinkauf ermöglichen. Diesen Markt bespielen sowohl etablierte stationäre Händler als auch Online-Pure-Player ohne stationäre Läden, die digitalen Herausforderer. Wer wird wahrscheinlich bis 2030 den größeren Anteil am Markt haben? – Nur zwei Personen nannten eindeutig die digitalen Herausforderer; einige waren unentschieden oder sahen bei beiden Gruppen Potenziale. Mit 13 von 23 Teilnehmern setzte die Mehrheit der Befragten auf die etablierten stationären Händler. Das Geld werde im Einkauf verdient, und was die Konditionen anbelange, seien die Etablierten aufgrund ihrer hohen Bestellvolumina und ihrer Lieferantenstruktur klar im Vorteil. Der zweite Trumpf sei ihre Kapitalkraft. Eine Person stellte fest:

> „Wenn die Etablierten loslegen, dann haben die ein ganz anderes Standing. Die brauchen nicht das Geld von Investoren, auf das sie sich verlassen müssen und das sie immer wieder neu einsammeln müssen, sondern die können auf ihre Stärke setzen und davon profitieren, dass andere den Markt bereitet haben."

5.2 Ergebnisse der Experteninterviews

Und eine andere fügte an:

> „Ich glaube, dass früher oder später die Etablierten die Digitalen zum Teil aufkaufen werden."

Der Lebensmittelmarkt sei sehr komplex, und die Etablierten seien Food-Profis, so lauteten weitere Einschätzungen, die die Lebensmittel- und Sortimentskompetenz des klassischen Handels in den Vordergrund rückten. Auch die Möglichkeit, hybride Modelle anzubieten, wurde als Vorteil für die Stationären gesehen. Ferner wurde angemerkt, dass die Stationären das Online-Geschäft als „strategisch wichtigen Eckpfeiler" und aus Gründen der Kundenbindung ernst nähmen. Bei den digitalen Herausforderern wurde aber ebenfalls großes Potenzial gesehen; nur erschien der Zeithorizont bis 2030 nicht lang genug, um es voll zu entfalten. Eine interviewte Person meinte:

> „Ich glaube, die Digitalen sind aufgrund ihrer Agilität und auch aus Markenperspektive einfach interessanter."

Ihr großes Plus sei auch, dass sie sich ganz auf den Online-Kanal konzentrieren könnten und von einer anderen technik-affineren Denkweise geprägt seien als die Stationären. Dazu exemplarisch einige Stimmen:

> „Die Digitalen sind frei von der Frage, wie sie das Online-Geschäft gestalten im Vergleich zum stationären Geschäft. Dasselbe Sortiment, dieselben Preise …? Damit müssen sie sich nicht rumschlagen."

> „Die Online-Pure-Player haben nicht noch diesen ganzen Rucksack im Gepäck, den die Stationären haben. … Der stationäre Handel hat auch solche Strukturen, dass da viele selbständige Händler drin sind, die nicht zentral gesteuert sind und vielleicht auch kein großes Interesse daran haben, dass ihre Zentrale Online-Handel macht. Das ist also ein sehr träges Konstrukt, wo man vielleicht auch ein bisschen versucht, das, was man im Moment macht, auf Online zu übertragen, nur mit einer anderen Logistik."

> „Wenn die Online-Pure-Player keine Einkaufsstätten haben, warum sollten sie dann teurer sein als die mit Einkaufsstätten? Das ist doch eine berechtigte Frage."

> „Online-Handel ist nicht nur die digitale Verlängerung der Ladentheke, sondern es ist ein anderes Business, andere Sortimente, andere Denkweise. Es wird weiterhin für die Etablierten sehr herausfordernd, beide Teile, online und offline, gleich zu priorisieren und zu skalieren."

Tab. 5.3 Stärken des stationären Handels bzw. der digitalen Herausforderer

Vorteile der stationären etablierten Player	Vorteile der digitalen Herausforderer
* Hohe Bestellvolumina * Günstige Einkaufskonditionen * Bestehende Lieferantenstruktur * Gute Kapitalausstattung * Lebensmittel- und Sortimentskompetenz * Eigenmarken * Bekanntheit und Präsenz in der Fläche * Verzahnung von Offline und Online * Möglichkeit des hybriden Einkaufens * Alte bewährte etablierte Marke	* Frei von Trägheit und Strukturen des stationären Handels * Schnelligkeit und Agilität * Digitales Know-how * Neue Denkweise * Konzentration auf den Online-Kanal * Junge moderne gestaltbare Marke

Die Gruppe der Befragten, die sich für keinen der beiden Bereiche entscheiden wollte, brachte zwei Fragen ins Spiel: für die Etablierten, ob sie radikal genug seien, um nicht im „Innovator's Dilemma" gefangen zu sein, und für die digitalen Herausforderer, ob sie die kritische Größe erreichten, die benötigt werde, um profitabel zu sein.

Tab. 5.3 fasst die Pluspunkte beider Welten, des stationären Handels und der digitalen Herausforderer, zusammen.

Die beiden wichtigsten Online-Vollsortimenter am deutschen Markt, Rewe und Picnic, versuchen, die Vorteile beider Welten für sich zu nutzen: Rewe durch die im Jahr 2014 erfolgte Schaffung einer eigenen agileren Einheit für das Online-Geschäft, der Rewe digital[3], und Picnic durch die enge Kooperation mit Deutschlands größtem stationären Händler Edeka.

Insofern ist es schwer zu sagen, wer gewinnen wird, und es ist auch fraglich, ob das überhaupt die richtige Fragestellung ist. Dazu abschließend drei Meinungen:

> „Ich glaube, dass es nicht zwingend die eine oder andere Gruppe ist, sondern tatsächlich *die* Unternehmen innerhalb der jeweiligen Gruppe, die sich schon möglichst früh mit dem Thema auseinandersetzen und ernsthaft in diese Themen rein gehen und da investieren. … Das Wichtige sind die Fähigkeiten, die das Unternehmen aufbaut."

> „Aus meiner Sicht kommt es gar nicht auf den Startpunkt (stationär oder online-pure) an, sondern auf das Business-Modell. Wer da das erste gute hat und das wirklich ausrollen kann, der wird gewinnen."

---

[3] Seit Oktober 2022 sind die beiden Rewe-IT-Bereiche Rewe digital (Online-Handel) und Rewe Systems (stationärer Handel) unter dem Dach der neuen großen IT-Einheit Rewe digital GmbH vereint, um die Digitalisierung des Lebensmitteleinzelhandels weiter voranzutreiben (Rewe, 2022).

5.2 Ergebnisse der Experteninterviews

> „Ich sehe bei den Etablierten sehr viel Potenzial und bei den digitalen Herausforderern genauso. Rewe ist gut im Online-Handel, weil sie nicht nur eine Food-Kompetenz haben und als Marke etabliert sind, sondern sie haben auch die nötige Technik- und Logistikkompetenz aufgebaut, die man benötigt. … Picnic kommt stark aus dem Technologiefokus, und die haben sich das Logistikthema antrainiert und die Food-Kompetenz und den Markenaufbau betrieben. … Rewe ist durch die konsequente Entwicklung in den letzten zehn Jahren sehr weit vorne in Deutschland. Aber auch digitale Herausforderer wie Picnic, die das sehr konsequent machen, werden es noch schaffen."

Ausgehend vom englischen Markt vermuten die Berater von McKinsey & Company (2023, S. 18), dass Kunden online und offline vermehrt als verschiedene Kanäle mit unterschiedlichen Value Propositions wahrnehmen, und unabhängig von einem bekannten stationären Namen einfach den Anbieter auswählen, der ihnen das beste Angebot macht. In Deutschland haben angesichts der noch geringen Verbreitung des Online-Geschäfts allerdings die wenigsten Kunden überhaupt eine Wahl, und vielen steht auch noch gar kein Angebot zur Verfügung.

Verflechtungen der Etablierten und der digitalen Herausforderer im Hinblick auf Warenbeschaffung, Kapitalflüsse und Kooperationen wurden ebenfalls in Kap. 3 schon angesprochen. Darüber, dass sich die beiden Welten hier weiter aneinander annähern werden, waren sich die befragten Experten einig. Die Digitalen bekommen Kapital, gute Einkaufskonditionen und profitieren von etablierten Handelsmarken, und die Stationären haben die Möglichkeit zu lernen, Neues auszuprobieren und sich in das ein oder andere Modell einzukaufen. Eine Meinung dazu war:

> „Um in dem Geschäft erfolgreich zu sein, braucht man das Beste aus beiden Welten. Auf jeden Fall wird es da Kooperationen geben."

Und eine andere:

> „Ich glaube sowieso, dass die Zukunft der Welt in der Kooperation und nicht in der Abschottung liegt."

Häufig wurde die Bedeutung von Kooperationen im Einkauf betont (vgl. hierzu Abb. 5.6), und es wurde vermutet, dass die Stationären die digitalen Herausforderer langfristig übernehmen könnten (vgl. hierzu Abb. 5.7).

Zwei Gesprächspartner wiesen allerdings darauf hin, dass sie in Zukunft genau die entgegengesetzte Entwicklung sähen: Differenzierung, Auseinandergehen und eine Entkopplung der Digitalen, die sich, sobald sie eine kritische Größe erreicht hätten, auf eigene Füße stellen würden. Eine weitere Stimme dazu:

> „Ich glaube, ohne dass man eine **Einkaufskooperation** hat, kann keiner es alleine darstellen. Dafür ist der Handel immer noch zu stark über Economies of Scale, Mengenbündelungen und Einkaufskonditionen geprägt."

> „Gewisse Zutaten braucht man einfach, vor allem **Sortimentskompetenz** und gute **Einkaufskonditionen**."

> „Ich brauche bei **Lebensmitteln** eine andere **Kompetenz**, und ich brauche die **Lieferantenstruktur**."

Abb. 5.6 Bedeutung von Einkaufskooperationen (Originalzitate der Interviewpartner)

> „Die ,**Old-Economy**' wird die ,**New Economy**' übernehmen oder integrieren. … Da führt kein Weg dran vorbei, dass am Ende alles bei den Etablierten liegt und dass es verschmilzt."

> „Die Idee wird sein, dass man die **Digitalen** übernimmt, wenn das Geschäftsmodell gut funktioniert. … Wenn es gut läuft in der Kooperation, da würde ich vermuten, dass man das möglicherweise schon per se so anlegt, dass man es nachher übernehmen kann."

> „Die **Digitalen** werden von den **Stationären** entweder geschluckt oder verdrängt."

> „Die Food-Kompetenz wird dominieren. Bestell- und Lieferkompetenzen sind eher komplementäre Leistungen. Die **Etablierten** nutzen die **Digitalen** langfristig eher als **Outsourcing Partner**."

> Ich glaube schon, dass es zu einer Verflechtung kommen wird. … Das ist kein deutsches Phänomen, in den USA gibt es eine Verzahnung zwischen stationär und online. Die großen Player haben da alle Online-Angebote. … Man könnte jetzt ganz nüchtern sagen, dass **Online** nur ein **neuer Vertriebskanal** ist **bei den großen Vier**."

Abb. 5.7 Übernahme der Digitalen durch die Stationären? (Originalzitate der Interviewpartner)

> „Wenn es ein Herausforderer schafft, die kritische Größe wirklich profitabel zu erreichen, dann sieht es für die Etablierten schlecht aus."

Plattformen/Online-Marktplätze: von untergeordneter Bedeutung
Online-Marktplätze sind Plattformen, auf denen Waren verschiedenster Anbieter gebündelt unter einer Marke oder Domain gegen Provision an Kunden vermittelt werden (Heinemann, 2022, S. 62). Abgesehen von besonderen Spezialitäten und Premiumprodukten, z. B. Weinen, Spirituosen oder ausgefallenen Gewürzen, die per Post verschickt werden können, ist dem Plattformgeschäft bei Lebensmitteln nach Ansicht der Experten keine rosige Zukunft beschieden. Selbst Amazon schaffe es trotz aller Kunden und aller Daten, die sie haben, nicht, in der Lebensmittelbranche

5.2 Ergebnisse der Experteninterviews

Fuß zu fassen. Dies gelte für den Amazon-Marktplatz, aber auch für Amazon Fresh, wo der Konzern ebenfalls sehr zurückhaltend agiere. Dass über Marktplätze keine nennenswerten Food-Umsätze realisiert werden, verwundert nicht. Die Funktion, die Plattformen im Non-Food-Bereich erfüllen, nämlich dem Kunden eine Angebotsvielfalt zu bieten, die ein einzelner Händler so nicht bieten kann, existiere bei Lebensmitteln nicht. Rewe oder Edeka könnten ganz alleine alles an Lebensmitteln anbieten, was man denkbarerweise nur haben möchte, meinte ein Gesprächspartner. Was dann noch übrig bliebe, seien Randprodukte, die keine besondere Umsatzbedeutung hätten. Auch aus Kundensicht ist das nachvollziehbar. Bei Lebensmitteln gibt es viele geringwertige Einzelprodukte, die überwiegend habitualisiert und gebündelt als Warenkorb gekauft werden; das Einkaufen über eine Plattform wäre da viel zu mühsam. Nur für bestimmte Segmente in der Nische sei der Warenwert so hoch, dass sich für den Kunden der Einmalkauf über die Plattform lohne, merkten mehrere Gesprächspartner an. Und auch nur hier – bei diesen in der Regel margenstarken Produkten – lohne es sich für Händler oder Hersteller, Provision an eine Plattform zu zahlen. Eine Person brachte es wie folgt auf den Punkt:

„Im ‚Mainstream-Lebensmittelhandel' reicht die Marge nicht aus, um noch eine weitere Partei in der Wertschöpfungskette mit durchzufüttern."

Ein Gesprächspartner merkt an:

„Natürlich kann man in eine Plattform wieder ein E-Food-Sortiment rein integrieren. Da gibt es auch Beispiele."

Denken kann man dabei an die Kooperation von Amazon mit Tegut, auch an die Plattform Wolt, die neben den Restaurants zunehmend weitere Angebote integriert, oder an die Zusammenarbeit von Bringoo mit verschiedenen Einzelhändlern (nach dem US-Vorbild Instacart). Bringoo übernimmt auch das Instore-Picking der Ware und die Auslieferung für seine Partner. Das sei ein interessantes Nischenmodell, meinte ein Gesprächspartner, da es um eine Dienstleistung ginge, die von speziellen Zielgruppen auch bezahlt würde. Generelle Vorbehalte gegenüber derartigen Modellen wurden aber auch geäußert, vor allen im Zusammenhang mit den hohen logistischen Anforderungen von Frischesortimenten und der Lieferproblematik bei Lebensmitteln:

„Ich glaube, man muss differenzieren, welche Rolle die Plattformen in der Wertschöpfungskette übernehmen: Geht es um die Darstellung der Sortimente, auch vielleicht um Waren, die verschickt werden können, oder geht es um die Auslieferung?"

„Die Lieferkomponente ist für mich das Entscheidende. Können die Marktplätze, die das ja sonst nicht machen, können die im Lebensmittelhandel eine Lieferkomponente mit reinbringen? Ich glaube, das wird das ausschlaggebende Moment sein."

Sechs Personen sahen die Zukunft des Plattformgeschäfts nicht ganz so schwarz und verwiesen darauf, dass die Modelle für eine Übergangszeit interessant seien und Plattform-Partner auch Discountern eine Möglichkeit bieten könnten, in den Markt einzusteigen. Auch die oben angesprochenen Kooperationsmodelle von Amazon und Bringoo wurden in diesem Zusammenhang positiv gewürdigt. Insgesamt klang der Grundtenor zum Plattform-Thema aber eher skeptisch, was die Aussagen in Abb. 5.8 verdeutlichen.

Discounter im Online-Lebensmittelhandel: geteilte Meinungen zu einem schwierigen Geschäft

„Kein großer Lebensmittelhändler wird auf Dauer ohne einen Online-Shop auskommen, auch die Discounter nicht", hatte EHI-Geschäftsführer Michael Gerling im Januar 2021 gegenüber der Wirtschaftswoche geäußert (o. V., 2021), und dieser Aussage stimmte die Mehrheit der Experten uneingeschränkt zu. Die Discounter sind ja auch bereits online tätig, allerdings eher mit Non-Food-Sortimenten. 13 der 23 befragten Experten sahen die Discounter künftig verstärkt auch im Online-Geschäft mit Lebensmitteln; die Hälfte glaubte ganz fest an einen baldigen Einstieg, und die andere Hälfte hielt den Einstieg immerhin für möglich. Auch die Discounter

„In letzten Jahren hat man ja grundsätzlich gesehen, dass Plattformen im 'Winner takes it all'-Modell eine sehr starke Marktmacht auf sich anhäufen können. Bisher ist es im Online-Lebensmittelmarkt **nicht in einem großen Maß** passiert."

„Da sehe ich **momentan noch nicht den Durchbruch**. Ich würde eher sagen, es ist ungeklärt zum aktuellen Zeitpunkt. Ich würde nicht sagen, dass es niedrig sein muss. Bisher zeichnet es sich aber nicht so ab, wie wir es im Non-Food Bereich sehen."

„Ich sehe bisher noch keine Anzeichen, dass so eine starke Bündelung wie im restlichen E-Commerce ansteht, einfach weil **Lebensmittel** vielleicht auch ein bisschen **schwieriger** sind als der Rest - von der Infrastruktur und vom Kundenverhalten her."

„Ich glaube nicht, dass da Plattformen wie Amazon eine große Rolle spielen, **sonst wären sie da schon viel weiter**."

Abb. 5.8 Skepsis gegenüber Plattformen im Online-Lebensmittelhandel (Originalzitate der Interviewpartner)

5.2 Ergebnisse der Experteninterviews

müssten dem convenience-orientierten Kunden etwas bieten und ihn binden; keiner habe Lust, Marktanteile zu verlieren. Die Discounter testeten, experimentierten und seien dran, sie seien bisher immer auf alle Themen eingestiegen und schienen grundsätzlich in Deutschland recht innovativ zu sein. Aldi habe den Einstieg schon angekündigt, und insofern könne man sich nicht vorstellen, dass die Discounter da nicht aktiv würden. Sobald der Erste loslege, würde der Zweite nachziehen, auch das eine verbreitete Meinung. Wie die Discounter einsteigen würden, war allerdings nicht klar. Click and Collect wurde häufig genannt, ebenso die Zusammenarbeit mit Partnern und Fulfillment-Dienstleistern. Die Frage sei aber auch, wie sie sich am Markt positionierten, mit welchen Sortimenten sie einsteigen würden, und wie die regionale Ausdehnung aussehen würde. Ende Mai 2023 wurde bekannt, dass Aldi Süd Erfahrungen mit einem Lieferservice sammeln wird und ab Juni 2023 testweise im Raum Mühlheim Lebensmittel ausliefert (Schulz & Mende, 2023).

Eine etwas kleinere Gruppe von 10 der 23 Experten war im Hinblick auf die Discounter eher skeptisch, sah diese wahrscheinlich oder sogar sicher nicht im Online-Geschäft mit Lebensmitteln. Dies ginge nur in bestimmten Sortimentsbereichen, z. B. beim Weinversand. Ein Gesprächspartner merkte an, dass Lidl es mit Kochboxen und Frische-Artikeln schon ausprobiert habe, und auch das Trockensortiment habe man wieder aus dem Online-Shop herausgenommen. Eine riesige Auswahl an Weinen hingegen verkaufe Lidl schon lange im Onlineshop, unter Ausnutzung der durch das Online-Geschäft ermöglichten digitalen Regalerweiterung (Anderson, 2007, S. 27–29). Grundsätzlich wurde mit Blick auf die Discounter argumentiert, dass die Zahlungsbereitschaft der typischen Discounter-Kunden zu gering sei. Außerdem sprächen die große Ladendichte der Discounter und die durch das Online-Geschäft sinkende Flächenproduktivität dagegen. Dazu exemplarisch eine Stimme:

> „Jede Kalkulation, auch mit Outsourcing von Logistik, wird bei der Kostendenke, die die Discounter haben, wahrscheinlich immer wieder durchfallen. Groß fördern werden sie es nicht. Irgendeine Lösung werden sie finden, aber sie werden das nicht mit Liebe und Leidenschaft betreuen, sondern eher als defensive Strategie. Sie werden versuchen, das so klein wie möglich zu halten und es nicht als ein Wachstums-, sondern eher als ein Abwehrkonzept verstehen."

Außerdem wurde betont, dass die Discounter mit anderen Dingen mehr Geld verdienen könnten und ihr strategischer Schwerpunkt zurzeit woanders liege, nämlich im Kauf von Produktionen (Rentz, 2023; Strategy&, 2023, S. 7, S. 12), um die Versorgungssicherheit herzustellen, die Private-Label-Versorgung ins Haus zu integrieren und dadurch weitere Kostenvorteile zu generieren. Auch der geplante KI-Campus der Schwarz-Gruppe (Stockburger, 2023) wurde in diesem Zusammenhang erwähnt.

Quick Commerce: verbranntes Geld, Marktkonsolidierung und Thema für die Metropolen

In der Nische der ultraschnellen Anbieter findet eine Konsolidierung statt. Der Hype ist vorüber, die Investorengelder fließen nicht mehr üppig, und auch die anfänglichen Lieferzeitversprechen von 10 Minuten sind Geschichte. Heute dauert es von der Bestellung bis zur Lieferung bis zu 60 Minuten. Quick-Commerce-Anbieter vertreiben ein breites, aber wenig tiefes Sortiment mit Fokus auf Convenience und Ankerartikeln (Schu, 2021, S. 11) und sind vor allem in Großstädten aktiv. Branchenpionier Gorillas wurde von dem türkischen Unternehmen Getir übernommen. Getir sondierte Medienberichten zufolge auch eine Übernahme von Gorillas Wettbewerber Flink (Klug, 2023a), die aber nicht zustande kam (Kitzmann et al., 2023), und will künftig wohl mit einem Franchise-Modell arbeiten (Klug, 2023b). Der Redefluss der Interviewpartner zum „Quick Commerce" war sehr ergiebig, offensichtlich ein Thema, über das intensiv diskutiert und nachgedacht wurde, und das auch polarisierte. Es gab viel Kritik, aber auch Bewunderung.

Die Marktkonsolidierung, Kapitalengpässe und die Profitabilitätsproblematik kamen häufig zur Sprache. Da wird kein Geld verdient, und es ist ineffizient, so könnte man das Urteil vieler Befragter auf den Punkt bringen. Geringe Bestellvolumina, hohe Strukturkosten, viele Zwischenlager und ein aufwändiger Lieferservice, das konnte sich nicht rechnen. Wachstum stand im Vordergrund, und es wurde viel Geld verbrannt, so die Einschätzung vieler. In der Boom-Phase sei das „ein völlig artifizieller Zustand gewesen, in dem die Anbieter ihr Geschäft betrieben hätten", meinte ein Gesprächspartner. Einigkeit herrschte größtenteils darüber, dass es ein Nischenmarkt sei, ein typisch urbanes Konzept, ein Großstadtthema, das in einigen „Mikrolagen in Berlin" oder „in Köln, im belgischen Viertel", funktionieren könne. Es sei ferner ein Premium-Service für zahlungsbereite Zielgruppen, die früher einfach zur Tankstelle gefahren seien. Einige Stimmen hierzu:

> „Sie zahlen ja auch für ein Bier am Kiosk nicht denselben Preis, den Sie beim Aldi zahlen. Das ist dann eben das Extra, der Premiumservice."

> „Nischenanbieter hat es schon immer gegeben, und es gab auch immer schon das Einkaufen an der Tankstelle, damit die Party weitergehen konnte."

Einige Gesprächspartner dachten das Thema aber „größer" und spekulierten über eine künftige vorteilhafte Zusammensetzung der Warenkörbe:

> „Es ist es unheimlich schwer, dort Geld zu verdienen, insbesondere mit Low-Price-Produkten wie Wasser und solchen Dingen. Im Premiumbereich ist das anders."

5.2 Ergebnisse der Experteninterviews

> „Also, das Spannende am Quick Commerce ist ja Folgendes: Wie kann Quick-Commerce vielleicht versuchen, das Leistungsversprechen auszuweiten auf andere Warenbereiche? Und dann wird natürlich das, was sie tun, größer. Ein Beispiel: Wenn das E-Rezept funktioniert, dann werden sie da definitiv einsteigen."

Ein anderer Interviewpartner sah aber nicht nur die geringen durchschnittlichen Bestellwerte, sondern auch die geringen Bestellfrequenzen etwaiger Zusatzsortimente als Problem:

> „Selbst wenn ich es mit Sortimenten wie Medikamenten kombiniere, wie oft brauche ich denn Ibuprofen ganz schnell?"

Es gab – wie gesagt – trotz großer Skepsis aber auch Lob und Bewunderung für Gorillas & Co.; die Neuartigkeit des Konzepts fand Anklang, und es wurde als ausbaufähig empfunden:

> „Wann brauchen wir mal etwas in zehn Minuten? – In der Regel gar nicht, das ist ein Marketingversprechen, um letztendlich die Menschen heranzuführen, zu begeistern und neugierig zu machen. Das ist genau richtig, dass das so gemacht wurde, das hat für Super-Sichtbarkeit gesorgt. Ich nenne es immer gerne ‚Zalando-Effekt', der im Modehandel damals für den Umbruch gesorgt hat. … Kurzfristig, kleinere Bedarfe in städtischen Gebieten – das wird seine Daseinsberechtigung behalten. Vielleicht stärker, so wie Wolt und Flink es schon machen, in Zusammenarbeit, ohne Trennung bezüglich Produktlieferung und Essenslieferung, dass man die kurzfristigen Bedarfe abdeckt."

> „Gorillas, die decken einen Nutzen ab, wo früher einfach gesagt wurde: Das können wir nicht, das geht nicht. Und auch von der Marke her gedacht: Ich finde, Gorillas hat es geschafft, für einen Lieferdienst eine echte Marke zu schaffen. Die haben eine ganz bestimmte Art zu kommunizieren. Das sind so ein bisschen die Underdogs, die um die Ecke geschossen gekommen und dementsprechend ihre Zielgruppe gut ansprechen können. … Und das andere ist, dass es inzwischen in vielen Unternehmen eine gängige Denkweise ist, dass man überlegt: Führen wir erst Online ein? Gehen wir über Gorillas & Co., um ein bisschen Hype um die Neueinführung eines Produktes zu kreieren? Und dann führt man es speziell auch limitiert ein, und mit einem coolen Lieferdienst."

Eine weitere Person aus der Konsumgüterindustrie sah im Quick-Commerce dann auch so etwas wie die „Kassenzone des E-Commerce".

Auf die Frage, wie es mit dem Quick Commerce wohl weitergeht, gab es völlig entgegengesetzte Stimmen, die exemplarisch in Abb. 5.9 zusammengefasst sind.

Quo vadis, Quick Commerce?

„Ich glaube eher, dass die Verluste, die die unweigerlich machen, über kurz oder lang zu einer Einstellung des Geschäfts führen werden."

„Zurzeit sind die Unit Economics so schlecht, dass man auch offen die Frage stellen muss: Kann es sein, dass es so hoffnungslos unprofitabel ist, dass es einfach komplett eingestellt wird?"

„Die Blase wird platzen. Wenn alles Geld verbrannt ist, ist das Ganze zu Ende."

„Der Hype ist raus, aber es wird sich etablieren. Ich glaube nicht, dass es wieder verschwinden wird."

„Das wird eine sehr gute Nische werden, aber es wird nie einen ganz hohen Marktanteil haben."

„Die Aussichten sehe ich gut, vor allem im urbanen Umfeld in einer bestimmten Zielgruppe."

Abb. 5.9 Zukunftsaussichten des Quick Commerce (Originalzitate der Interviewpartner)

Erfolgsaussichten von Anbietermodellen im Online-Lebensmittelhandel im Vergleich

Eine vergleichende Bewertung verschiedener Anbietermodelle des Online-Lebensmittelhandels, die in Abschn. 3.2 bereits kurz erläutert wurden, ergab das in Abb. 5.10 dargestellte Bild. Gefragt wurde nach den Erfolgsaussichten mit dem Zeithorizont bis 2030. Die Befragten konnten ihr Urteil auf einer 5-stufigen Skala (1 = sehr gut, 5 = sehr schlecht) abgeben.

Wenig überraschend schnitten die seit langem erfolgreich am Markt agierenden Nischenanbieter und Spezialisten am besten ab, die ihre Zielgruppen postalisch bedienen können und meist keine Frischesortimente anbieten. Es dürften allerdings keine alltäglichen Sortimente sein. Neben Wein und anderen alkoholischen Getränken kamen auch Süßwaren, Asia-Produkte, Halal-Spezialitäten, vegane Produkte und Lebensmittel für Menschen mit Nahrungsmittelunverträglichkeiten zur Sprache. Als Premium-Anbieter mit Frischesortiment wurde der exklusive Fleischversender Otto Gourmet genannt. Die Aussichten der Nischenanbieter wurden ausnahmslos als sehr gut bzw. gut eingeschätzt, wobei die Nische natürlich volumenmäßig eine gewisse Grenze vorgibt und nur einen kleineren Teil des Gesamtmarktes darstellt. Ein Interviewpartner drückte es folgendermaßen aus:

„Die Aussichten sind sehr gut, vor allem, weil das die sind, die auch über den Paketversand gehen können. Die segeln übrigens dramatisch unter dem Radar; kein Mensch hat die so richtig auf der Marktforschungsbrille. Also, man weiß schon, dass es sie

5.2 Ergebnisse der Experteninterviews

	Mittelwert	sehr gut (1)	gut (2)	mittelmäßig (3)	schlecht (4)	sehr schlecht (5)	schwer zu sagen
Nischen-/Spezialistenmodelle (z.B. Weinversand)	1,6	10	13	0	0	0	0
Multichannel-Modelle (Eigenregie) (z.B. Rewe online)	2,0	6	12	4	1	0	0
Online-Pure-Modelle (z.B. Picnic)	2,4	5	9	4	5	0	0
Multichannel-Modelle (Kooperation) (z.B. Tegut-Amazon)	2,6	1	9	11	2	0	0
Direct-to-Consumer-Modelle (Hersteller-Shops)	2,8	2	10	4	5	2	0
Quick-Commerce-Modelle (z.B. Gorillas)	3,4	1	5	4	9	4	0
Plattform-Modelle (z.B. Amazon, Bringoo)	3,5	0	2	9	11	1	0
Asset-Light-Modelle (z.B. Bringman, Bringoo)	3,5	1	2	7	9	3	1

Abb. 5.10 Erfolgsaussichten der Modelle des Online-Lebensmittelhandels bis 2030 (23 Befragte, Mittelwerte aus 5er-Skala bzw. Anzahl Nennungen)

irgendwie gibt. Wir haben schon mal vor zehn Jahren die Weinshops im Internet gezählt, und bei zweihundert haben wir aufgehört und gemerkt, dass es sinnlos ist, weiter zu zählen. Wir werden es nie erfassen. Weil es einfach aufzubauen ist und auch einfach zu managen ist, Low Cost, deshalb sehr gut."

Im Vergleich dazu wurden die Aussichten der herstellereigenen Direct-to-Consumer-Shops als weniger gut eingeschätzt, da das Sortiment dort noch begrenzter ist und es damit schwieriger wird, einen Warenkorb bis zu der Größe zu füllen, die die Versandkosten rechtfertigt. Es hänge sehr viel von der Warengruppe ab, meinte ein Befragter, und ein anderer formulierte es so:

„Direct-to-Consumer funktioniert nur für bestimmte Bereiche. Also, sowas funktioniert gut für Kaffeekapseln, was klein, teuer, emotional ist, aber für andere Dinge, die das Gegenteil (schwer, günstig, nicht emotional) sind, die low involvement haben, ist es dann schwierig."

Dazu passt auch der Hinweis auf Luxusprodukte, individualisierte Produkte, innovative Angebote von Start-ups und Produkte, die es so im Handel nicht zu kaufen gibt. Bei Letzteren entfällt der Konflikt mit den Handelspartnern, der sonst unweigerlich entstünde und der ebenfalls mehrfach angesprochen wurde. Diskutiert wurde zudem, dass bei Direct-to-Consumer-Shops häufig nicht Umsatzziele im Vordergrund stünden, sondern dass es um Kommunikation, Austausch, Service und Kundenbindung ginge. In diesem Zusammenhang hoben vier Gesprächspartner Dr. Oetker als Beispiel hervor, das ihnen besonders positiv aufgefallen ist.

Zurück zu den Online-Anbietern mit breitem und tiefem Vollsortiment: Multichannel-Anbieter können ihr bestehendes Filialnetz auch für Abholstationen und die Kommissionierung nutzen (Swoboda et al., 2019, S. 115). Rewe tut dies und hat gleichzeitig eine eigene Lager- und Lieferstruktur für das Online-Geschäft aufgebaut. Mit dem erfolgreich etablierten Anbieter Rewe im Hinterkopf bewerteten die befragten Experten die Multichannel-Modelle in Eigenregie im Vergleich am besten. Es käme hier darauf an, mit welchem Einsatz man an die Ausgestaltung heranginge und welche Spezialisten und Kompetenzen man im Online-Bereich habe. Die Markenbekanntheit, die Mischkalkulation bzw. die Möglichkeit der Vorfinanzierung der Verluste und die guten Einkaufskonditionen spielten den Anbietern in die Hände. Differenziert wurde auch in der Zeitachse. Für die, die heute schon am Markt sind, seien die Aussichten positiv; für die, die jetzt noch so starten wollten, sähe das anders aus. Die Multichannel-Modelle mit Partnern wurden dagegen nur durchschnittlich bewertet. Die Abhängigkeit vom Kooperationspartner, der fehlende Zugang zu den Kundendaten und die Tatsache, dass ein weiterer Player mitverdient, wurden als Nachteile genannt; als Übergangslösung sei das okay, meinte ein Gesprächspartner.

5.2 Ergebnisse der Experteninterviews

Die Online-Pure-Modelle lagen in der Bewertung irgendwo zwischen den beiden Multichannel-Modellen, was aber auch damit zu tun haben könnte, dass sie – im Vergleich zu Rewe – erst später gestartet sind. Picnic wurde hier erneut gelobt und als Hoffnungsträger genannt.

Ein Schlusslicht in der Bewertung bildeten die Quick-Commerce-Anbieter, die bereits ausführlich diskutiert wurden und die in der Nische mit einer marginal kleinen Kundengruppe gesehen wurden. Mit dem Zeithorizont 2030 wurden auch die Plattform- und Asset-Light-Modelle als mittelmäßig bis schlecht, ggf. eben auch als Übergangslösung eingestuft. Für Asset-Light-Modelle ist das Fehlen eigener Lager und das Instore-Picking charakteristisch, und hier setzte auch der Haupt-Kritikpunkt der Befragten an: Das Picken in den Stores sei ineffizient; es handele sich zudem eher um lokal gekoppelte und damit schwer skalierbare Angebote. Zudem verdiene noch eine weitere Partei mit, was die Margen der Händler schmälere. Einige weitere Stimmen dazu:

„Das ist die Nische von der Nische."

„Dass das mal eine marktbedeutende Betriebsform wird, das glaube ich nicht."

„Ich könnte mir vorstellen, dass es das Modell für das Land sein könnte; es bräuchte dann aber Online-Sichtbarkeit."

Die Idee des Asset-Light-Anbieters Bringoo, auf seiner Plattform den lokalen Handel zu vernetzen und auch Apotheken, Blumenläden etc. einzubinden, wurde wie folgt kommentiert:

„Das ist natürlich gerade für ältere Menschen total attraktiv, aber die sind weniger online aktiv und suchen das sicherlich nicht. Ich bin mir nicht sicher, ob das bekannt genug wird."

Differenzierung im Online-Lebensmittelhandel über Sortimente, Image und Mehrwertleistungen

Dass sich auf dem Online-Lebensmittelmarkt Marktsegmente herausgebildet haben und innerhalb dieser differenzierte Positionierungen zu beobachten sind, wurde bereits angesprochen. Die 23 Befragten waren aufgefordert, aus den in Tab. 5.4 aufgeführten Themen diejenigen auszuwählen, die besonders vielversprechende Ansatzpunkte für eine erfolgreiche Positionierung am Markt böten. Die Anzahl der jeweiligen Nennungen ist in der Tabelle dargestellt.

Da der Markt noch in einer frühen Phase sei, wurde angemerkt, dass es grundsätzlich noch viele Differenzierungsmöglichkeiten gebe, die aber abnähmen, sobald

Tab. 5.4 Differenzierungsmöglichkeiten im Online-Lebensmittelmarkt

Gut als Differenzierungsmerkmal geeignet:	(Anzahl Nennungen)
Sortimente *(Umfang (Anzahl Artikel), Tiefe, Breite, Struktur, Eigenmarken, Sortimentsschwerpunkte, z. B. Frische, Bio, Fair Trade, Regionalität)*	20
Anbieter-Image *(Sympathie, Vertrauenswürdigkeit, u. a. regionale Verbundenheit, soziale Verantwortung, engagiert im Klimaschutz/bei Umweltfragen)*	14
„Mehrwert"-Leistungen *(kuratierte Angebote, personalisierte Angebote, Kochrezepte, Kundenmitbestimmung, „Wünsch-Dir-was-Button")*	13
Shop-Gestaltung *(Landingpage, Webdesign, Shop-Struktur via Menü, Navigation, Suchfunktion, Kategorie- und Produktdetailseiten, mobile Ansicht/App)*	12
After-Sales-Maßnahmen *(Kundenbindungsmaßnahmen, z. B. Kundenclub, Abo, Aktionen)*	11
Lieferzeit *(Liefergeschwindigkeit, -flexibilität, -ankündigung, Lieferzeitfenster)*	11
Lieferkonditionen *(Mindestbestellwerte, Liefergebühren)*	10
Kundenservice *(Support, Kontaktmöglichkeiten, Beschwerdemanagement)*	10
Preise *(Preisausrichtung, Promotions, individuelle Sonderangebote)*	7
Lieferzuverlässigkeit *(Verfügbarkeit der bestellten Artikel, Einhaltung der Lieferzeitzusage)*	5
Kaufabwicklung *(gespeicherte Einkaufslisten, individualisierte Anzeige am häufigsten gekaufter Produkte, verschiedene Bezahlmöglichkeiten, ausführliche Produktinformationen)*	4
Lieferqualität *(Ware wohlbehalten und einwandfrei, Professionalität/Freundlichkeit des Auslieferers)*	2

die Kunden sich an bestimmte Dinge gewöhnt hätten. Sie würden sich dann abnutzen und normieren. Zudem seien die Kunden bereits durch ihre Kauferfahrungen im Non-Food-Sektor an viele Dinge gewöhnt und hätten eine entsprechende

5.2 Ergebnisse der Experteninterviews

Erwartungshaltung. Am häufigsten wurde als Differenzierungsmerkmal die Sortimentsgestaltung genannt. Ein bestimmtes Sortiment sei im Lebensmittelbereich zwar selbstverständlich, aber über das Sortiment könne man sich auch immer gut abgrenzen. Knuspr wurde des Öfteren als Beispiel zitiert:

> „Zum Beispiel geht es bei Knuspr sehr stark darum, den besten Biometzger, den besten Biobäcker der Region zu haben und die anderen eben nicht."

Weitere Anmerkungen zu diesem Thema lauteten:

> „Es gehört zu den Hausaufgaben dazu, eine saubere Sortimentsgestaltung entsprechend der Zielgruppe zu machen und das Preis-Leistungs-Verhältnis entsprechend der eigenen Positionierung abzustimmen."

> „Sortiment und Preis sind immer geeignet; alles andere sind Selbstverständlichkeiten."

> „Bei den Sortimenten kommt es drauf an. Ich glaube schon, dass man im Spezialitätenbereich eine Differenzierung schaffen kann, ansonsten nicht."

Image (in Kombination mit Vertrauen) und Mehrwerte wurden ebenfalls vergleichsweise häufig genannt. Als Mehrwerte galten z. B. die Zusammenarbeit mit Bloggern, Influencern, Rezeptvorschläge, Koch-Apps oder personalisierte ernährungsspezifische Angebote, etwa zur Förderung der Gesundheit. Dr. Oetker und die Food-Bloggerin Sally mit Sallys Welt wurden in dem Zusammenhang als gute Beispiele genannt. Eine allgemeine Äußerung dazu:

> „Wie schafft man es, das Thema Ernährung ganzheitlich zu besetzen? Dass man wegkommt vom Thema ‚Man liefert Lebensmittel' und hin zum Thema ‚Man ist der Versorgungsanbieter im Bereich Ernährung'."

Profitabilität als langfristiges Ziel der Online-Lebensmittelhändler
Wachstum ist ein wichtiges Ziel aller Anbieter im Online-Lebensmittelhandel. Dafür wurden und werden immer noch Verluste in Kauf genommen. Trotz der weiterhin bestehenden Expansionspläne der Anbieter wird die Frage nach der Profitabilität der Geschäftsmodelle mittlerweile dringender und lauter gestellt. Wie wird es um die Profitabilität der Branche im Jahr 2030 bestellt sein? In einer Umfrage von Strategy& (2022, S. 24) gingen 51 von 57 Experten aus der Lebensmittelbranche davon aus, dass die Online-Lebensmittelhändler es bis dahin schaffen, profitabel zu arbeiten. Auch das Ergebnis der vorliegenden Studie deutet in diese Richtung: 14 der

23 Befragten meinten, dass die Top-Anbieter es bis 2030 schaffen würden, schwarze Zahlen zu schreiben. Zumindest die Marktführer würden Geld verdienen; der Rest würde den Markt ggf. verlassen haben, und es sei klar, dass neue Anbieter, die hinzukämen, in der ersten Zeit noch nicht profitabel arbeiten würden. Sieben Jahre sollten sich Anbieter schon geben, um profitabel zu werden, meinte eine Person. Im Zusammenhang mit der Profitabilität wurden besonders effiziente Modelle, wie das von Picnic, Abo-Modelle und Nischenanbieter mit Spezialitäten hervorgehoben. Während 5 Personen sich kein Urteil in dieser Frage zutrauten, sahen 4 der 23 Befragten bis 2030 keine profitabel arbeitenden Anbieter am Markt.

Die hohen Investitionen in die Infrastruktur, die geringe Bereitschaft der Kunden zur Zahlung von Liefergebühren, die Komplexität der Lebensmittellieferung und zu geringe Skaleneffekte wurden in der Studie von Strategy& (2022, S. 23) als die größten Hürden im Kampf um schwarze Zahlen genannt. Verbessert werden könnte die Ertragslage zum einen durch günstigere Kostenstrukturen, durch Economies of Scale, mit effizienterer Logistik, Automatisierung bei Lagerhaltung und Fulfillment, intelligenter Routenplanung und Bündelung auf der letzten Meile, zum anderen aber auch durch mehr Einnahmen, d. h. durch Verbreiterung der Kundenbasis, Werbeeinnahmen (Retail Media), margenstarke Sortimente und Abos bzw. Kundenbindungsmaßnahmen (Strategy&, 2022, S. 24). Ähnlich sahen das auch die in der vorliegenden Studie befragten Experten. Einer fasste es folgendermaßen zusammen:

> „Man braucht ein effizientes Marketing, halbwegs wettbewerbsfähige Einkaufskonditionen, ein effizientes Fulfillment mit guten Stückkosten, und man braucht eine effiziente, leistungsfähige und skalierbare letzte Meile."

Picnic wurde in diesem Zusammenhang erneut wiederholt gelobt. Dazu folgendes Statement:

> „Wichtig ist Exzellenz in den Prozessen. Das muss einfach sein, wie ein Aldi-Ansatz, alles muss günstig sein in den Prozessen, und es muss schnell gehen. Da dürfen nicht fünf Leute Hand anlegen, um einen Prozess zu managen. Darum ist Picnic aus meiner Sicht gar kein Händler, sondern einer, der Prozesse gestalten kann. Das ist ihre Kernkompetenz, und ich glaube, das machen sie richtig, das ist in ihrer DNA. … ihre Stärke ist es, Prozesse zu managen. Lageroptimierung, Routenplanung, ist alles digitalisiert und automatisch."

Das Gesamtspektrum der Antworten der Experten zur Frage der Profitabilität ist in Tab. 5.5 zusammengefasst.

5.2 Ergebnisse der Experteninterviews

Tab. 5.5 Maßnahmen zur Steigerung der Profitabilität

Senkung der Kosten	Steigerung der Einnahmen
* Günstige Einkaufskonditionen * Optimierung der Supply Chain * Weniger Abschriften durch intelligente Warendisposition * Geringerer Personalbedarf durch Lagerautomatisierung und Prozessoptimierung * Bündelung auf der letzten Meile durch hohe Lieferdichte und große Penetration im Liefergebiet * Tourenoptimierung durch intelligente Routenplanung * Economies of Scale durch größere Kundenbasis und höhere Bestellvolumina	* Verbreiterung der Kundenbasis durch Marketingmaßnahmen * Vergrößerung der Warenkörbe und Bons durch gute Sortiments- und Shop-Gestaltung * Kundenbindung durch Abo-Modelle * Monetarisierung von Kundendaten, Zusatzeinnahmen durch Werbung/Retail Media * Monetarisierung der Infrastruktur- und Logistikkompetenz, z. B. Lieferflotte Dritten zugänglich machen

Wie wichtig die Zielgruppenauswahl und eine dazu passende klare Positionierung des Angebots für ein profitables Geschäft sind, hat der Chef der Rohlik Gruppe Tomás Čupr in einem Interview gegenüber McKinsey & Company (2023, S. 29) deutlich gemacht. Die Rohlik Gruppe spricht als Pure-Player mit dem Online-Supermarkt Knuspr die etwas kaufkräftigeren Kunden in Großstädten an und bietet ein auf diese Zielgruppe abgestimmtes Sortiment. Čupr stellte dazu fest:

> „Online can be more profitable than offline as long as you don't try to be all things to all people."

Weitere Experteneinschätzungen mit Blick auf die anvisierten Kunden und deren Verhalten sind im nächsten Abschn. 5.2.3 zusammengefasst.

5.2.3 Einschätzungen zur Kundenseite

Änderung von Kaufgewohnheiten? – Ja, aber moderat und langsam
Dass sich die Kaufgewohnheiten der Kunden beim Lebensmitteleinkauf durch die pandemiebedingten Erfahrungen mit Online-Shops und die zunehmende Verfügbarkeit dieser Shops zumindest schon in geringem Maße verändert hätten, glaubte die Mehrheit der Befragten. 6 der 23 Gesprächspartner wollten allerdings noch nicht

von einer nennenswerten Veränderung sprechen, da der Marktanteil des Online-Lebensmittelhandels noch zu gering sei und es noch einige Zeit bräuchte. Zudem habe es sich während der Pandemie um eine unangenehme Ausnahmesituation gehandelt, und jetzt sei die Lust rauszugehen wieder da. Diejenigen, die die Frage nach der Änderung der Gewohnheiten bejahten, taten dies mit folgenden Einschränkungen: Das könne nur für die Zielgruppen gelten, die die Möglichkeit hatten, die Lieferung oder ggf. Click and Collect auszuprobieren, aber auch von denen blieben nicht unbedingt alle dabei. Es sei nur eine langsame Veränderung, noch auf geringem Niveau. Andere betonten, dass sich das Online-Shopping für bestimmte Kaufanlässe längst etabliert habe, der Kanal vor allem für Spezialsortimente und Ergänzungskäufe akzeptiert sei oder auch im Rahmen eines hybriden Kaufverhaltens darauf zurückgegriffen werde. Einige Stimmen dazu:

„Es hat sich stabilisiert, wenn auch nur auf einem niedrigen oder zarten Niveau."

„Ich glaube, dass sich die Kaufgewohnheiten der Deutschen evolutionär und kontinuierlich verändern."

„Wenn man sich da mal rangetraut hat und langsam damit vertraut geworden ist, dann ändern sich die Gewohnheiten. Ich glaube schon, dass sich das auch durch Einüben verändert hat, und dass die, die es schon genutzt haben, auch dabei bleiben."

„Wir hatten viele ‚Kurzzeittester', und manche werden das übernommen haben."

„Ich glaube, dass die Käufer viel experimentiert haben und dass sich das für einige Shopping-Missions sicher auch etabliert hat."

„Ich glaube, dass der Kunde dann sehr stark in eine hybride Verhaltensweise geht, dass er sagt, die Dinge, die für ihn habitualisiert sind, sein Waschmittel, seine Milch, sein Müsli usw., die kauft er sehr gerne online, und auf der anderen Seite, die Dinge, die er im Affekt kauft, die kauft er dann eher im Präsenzhandel."

„Für diejenigen, die die Vorteile und die Convenience erfahren haben, würde ich sagen ‚läuft'."

„Wir sehen ganz klar die Mehrwerte, die aus Kundensicht wahrgenommen werden, Convenience und Auswahl. Es wird im Einkaufsstätten-Portfolio bleiben."

Pro und Contra Lebensmittel-Onlinekauf aus Kundensicht: Convenience versus Liefergebühr
Convenience und Zeitersparnis sind die wichtigsten Gründe, warum Kunden sich für den Online-Kauf von Lebensmitteln entscheiden. Da waren sich alle befragten Experten einig, als sie drei Argumente für den Online-Kauf von Lebensmitteln aus Kundensicht nennen sollten. Beispielhaft zwei Aussagen dazu:

5.2 Ergebnisse der Experteninterviews

> „Die wichtigsten Gründe für den Online-Kauf sind Convenience, Convenience und nochmals Convenience."

> „Ausschlaggebend ist die Convenience, und zwar der Tausch von Zeit gegen Geld. Da fällt für mich alles rein: nicht in die Stadt fahren zu müssen, keinen Parkplatz suchen und nichts schleppen."

Angesichts eng getakteter Zeitpläne besonders bei den Zielgruppen, die sich in der „Rushhour des Lebens" befinden, bleiben gesparte Zeit und Erleichterung im Alltag gewichtige Gründe, die dem Online-Lebensmittelhandel in die Hände spielen. Abb. 5.11 zeigt auf einen Blick die Argumente, die für den Online-Kauf von Lebensmitteln genannt wurden, wobei die Schriftgrößen die Häufigkeit der Nennungen der jeweiligen Argumente illustrieren.

Aus Kundensicht gegen den Kauf von Lebensmitteln im Netz sprechen nach Ansicht der Experten vor allem die Liefergebühren bzw. Preise sowie Bedenken im Hinblick auf Frischesortimente und die fehlende Möglichkeit, die Ware vor dem Kauf zu begutachten. Abb. 5.12 fasst auch hier die wichtigsten Argumente zusammen. Auch dazu wieder zwei Statements:

> „Ich kann die Avocado eben nicht in die Hand nehmen. Ich weiß nicht, ob sie verzehrfähig ist oder ob ich damit eine Fensterscheibe einwerfen kann."

> „Die Deutschen sind extrem sensibel bei der Frische. Selbst wenn da 20 Äpfel liegen, die alle gleich aussehen, ist es nicht ungewöhnlich, dass davon erst mal drei umgedreht werden und man nochmal checkt, welche man auswählt. … Man versucht immer das Frischeste und Beste zu bekommen, und da hat man ja keine Kontrolle darüber, wenn man es im Netz bestellt. Da liefern sie etwas, und man weiß nicht, ob

Abb. 5.11 Argumente für den Online-Kauf von Lebensmitteln

es noch etwas Besseres oder Schöneres gibt. Und das ist ein psychologisch nicht zu unterschätzender Faktor."

Positive Erfahrungen mit Lieferdiensten, die auch frische Ware einwandfrei ins Haus bringen, können Bedenken im Hinblick auf Frischesortimente schmälern. Effizienzsteigerungen bei den Anbietern können auch kostengünstige Lieferungen ermöglichen. Das Einkaufserlebnis in der realen Welt, der Wunsch, mal rauszukommen und Leute zu treffen, und das Bedürfnis, Lebensmittel auch zu riechen, zu schmecken und anzufassen, bleiben aber wohl Dinge, die der Online-Handel nicht bedienen kann.

Zielgruppen, Regionen, Kaufanlässe und Sortimente: vielfältige Potenziale für den Online-Lebensmittelhandel
Aus der Kundenperspektive betrachtet konnten sich die Befragten grundsätzlich bei allen Zielgruppen, Regionen, Kaufanlässen und Sortimenten Ansatzpunkte für den Online-Lebensmittelhandel vorstellen. Das Schaffen wirtschaftlich tragfähiger Angebote sei aber eine Herausforderung. Eine interviewte Person meinte:

> „Wenn ich aus der Händlersicht schaue, dann ist die Logistik da noch eine Hürde. Aber ich glaube, aus Konsumentensicht stehen alle Türen offen."

Bezüglich der Sortimente mit dem größten Potenzial für den Online-Lebensmittelhandel sprach die Mehrheit der Befragten mit den Frische-Warengruppen ein kritisches Thema an. Hier haben die Kunden, wie schon gesagt, teilweise noch Bedenken, und es ist schwierig für die Anbieter, die Ware exakt so

Abb. 5.12 Argumente gegen den Online-Kauf von Lebensmitteln

5.2 Ergebnisse der Experteninterviews

zu liefern, wie der Kunde es sich wünscht. Bei der Frische sah aber dennoch mehr als die Hälfte der befragten Experten das größte Potenzial,

- weil dieser Bereich noch unterdurchschnittlich entwickelt ist,
- weil das ein Differenzierungsmerkmal ist,
- weil die Frischewaren einen bedeutenden Umsatzanteil ausmachen,
- weil nur mit der Frische auch der Sprung zum Wocheneinkauf klappt bzw.
- weil das der „Trigger" ist, um den gesamten täglichen Einkaufsbedarf online zu tätigen.

Bezüglich der von Kunden häufig geäußerten Bedenken gegen Frischesortimente meinte ein Gesprächspartner:

> „Wenn einer sagt, er möchte sich seinen Kopfsalat angucken, dann sage ich, kein Problem, den können Sie sich angucken. Wir reden von zehn Prozent Umsatzanteil im Online-Lebensmittelhandel. ... Da ist nicht die Rede davon, dass jeder den Kopfsalat nicht mehr angucken möchte. ... Jeder Kunde ist anders. Genauso wie es Leute gibt, die an die Bedienungstheke gehen und andere, die nur SB mitnehmen und damit kein Problem haben. Es ist immer die Frage, wie groß die Zielgruppe ist. Und die Zielgruppe derjenigen, die sich auch Frische nach Hause liefern lassen, wird aus meiner Sicht groß genug sein."

Und ein anderer meinte dazu:

> „Je mehr Drehung pro Standort existiert, je zuverlässiger der Service ist und je besser der Shop, der dann auch sagt, wie lange der Joghurt noch haltbar ist, desto besser wird auch die Qualität, und damit wird beim Kunden die Hemmung zu diesem Thema abgebaut."

Mit dem Zeithorizont 2030 werde es da ganz sicher gute Lösungen geben, möglicherweise auch über eine „Drittanbieterindustrie", also über Last-Mile-Anbieter, die dort Geschäft wittern, fügte ein weiterer Gesprächspartner hinzu. Neben der Frische kamen am zweithäufigsten die Gewohnheitskäufe zur Sprache, Dinge, die habitualisiert einmal in der Woche oder einmal im Monat gekauft werden: alles, was man dauernd im Haushalt braucht, Vorratskäufe, alles für die Speisekammer; da gehörten neben Lebensmitteln dann auch Drogerieartikel und Waschmittel mit rein, ebenso Getränke, wo das Bestellen und die Belieferung ja auch schon lange gelernt seien. Als Warengruppen mit großem Potenzial kamen an dritter Stelle Spezialitäten, margenstarke Produkte, personalisierte Produkte, Premium-Produkte, Kochboxen,

Öko-Produkte und „Field-to-Consumer"-Angebote, wo die Ware direkt vom Bauern an die Kunden geht. Dies sind allesamt Angebote mit besonderen Mehrwerten, die sich die Anbieter auch bezahlen lassen können.

Nach zielgruppenspezifischen Potenzialen des Online-Lebensmittelhandels gefragt, betonten 5 Befragte, dass sie da keinerlei Einschränkungen sähen. Es spräche langfristig die gesamte Bevölkerung und alle Zielgruppen an, besonders jedoch Menschen mit wenig Zeit und einem hohen Bedürfnis nach Convenience. 6 Befragte hoben explizit die Bedeutung der einkommensstärkeren „Gutverdiener" hervor, wobei ein Gesprächspartner anmerkte, dass die größte Herausforderung darin bestünde, ein Angebot zu schaffen, das nicht mehr nur für zahlungsstarke Zielgruppen attraktiv sei. Dann würde es skalieren, und dann würde es auch groß werden.

Andere dachten bei ihrer Antwort eher an die Lebensstile der Menschen. So nannten 6 Personen die vielbeschäftigten Berufstätigen, und 7 bezogen sich auf Familien, die aufgrund ihrer Zeit- und Koordinationsschwierigkeiten die mit dem Online-Kauf verbundene Entlastung schätzen würden. Zwei Befragte, die wohl besondere Spezialitäten im Sinn hatten, sahen auch bei den Lebensmittelliebhabern, den sogenannten Foodies, Potenziale. Bei den meisten Antworten wurde allerdings das Alter der Zielgruppen thematisiert: Die Jüngeren wurden 13-mal genannt. Begründet wurde das damit, dass sie schon mit den digitalen Medien aufgewachsen seien, viel Wert auf Bequemlichkeit legen würden und eher in den urbanen Regionen ansässig seien, in denen auch ein Online-Angebot zur Verfügung stünde. Die Älteren kamen mit 12 Nennungen aber etwa genauso oft vor. Eine möglicherweise eingeschränkte Mobilität war hier der ausschlaggebende Grund; allerdings sei in dieser Zielgruppe auch der soziale Aspekt des Einkaufens wichtig, und der Umgang mit den digitalen Medien könne zunächst noch eine Hürde darstellen. Ein Befragter drückte seine Gesamteinschätzung folgendermaßen aus:

„Die Potenziale sind von der Nachfrage her da. Wenn man Personas hätte, da könnte man sich bestimmt vier, fünf Personas ausdenken."

Tab. 5.6 fasst die Ergebnisse zur Zielgruppenbetrachtung zusammen.

Urbane Gebiete, großstädtische Räume, Metropolen – das sind für die Mehrheit nach wie vor die Regionen mit den größten Chancen für den Online-Lebensmittelhandel. Obwohl dort der Wettbewerb am größten sei, seien die Potenziale längst noch nicht ausgeschöpft. Das zahlungskräftige Publikum dort und die höhere Bevölkerungsdichte, die logistisch Vorteile bietet, wurden als wichtigste Begründungen genannt. Aber auch die mittelgroßen Städte waren Gegenstand

Tab. 5.6 Zielgruppen mit größtem Potenzial für den Online-Lebensmittelhandel

Zielgruppen mit großem Potenzial	Begründung	Anzahl Nennungen
Grundsätzlich alle	Im Rahmen des normalen Diffusionsprozesses	5
Jüngere	Digital Natives, Bequemlichkeit, urbaner Lebensstil	13
Ältere	Gebrechlichkeit, eingeschränkte Mobilität	12
Familien	Große Warenkörbe, eng getakteter Alltag	7
Gutverdiener	Hohe Kaufkraft	6
Berufstätige	Immer unter Zeitdruck	6
Lebensmittel-Liebhaber	Interessiert an besonderen Spezialitäten	2

der Überlegungen vieler Gesprächspartner; sie würden nach und nach erschlossen. Einige Einschätzungen dazu:

„Ich würde auch Potenziale in den Mittelzentren sehen."

„Ich würde es nicht nur auf die urbanen Zentren beschränken, sondern auch bis runter zu den Kleinstädten. Es ist die Frage, wo man da die Grenze zieht, bei 50.000 oder 60.000 Einwohnern, irgendwie sowas in der Art."

„… und dann an zweiter Stelle, oder sogar an erster Stelle, die Mittelstädte. Es gibt so viele Mittelstädte, die nach wie vor unterversorgt sind."

„Ich sage mal so: Es gibt die A- und die B-Städte. … Da fängt man in Köln, Hamburg, München oder Berlin an, und Frankfurt, Stuttgart und Braunschweig kommen dann irgendwie eben in der zweiten Welle. Man könnte vielleicht tendenziell sagen, Städte in Ostdeutschland sind ein bisschen benachteiligt, zum Beispiel kaufkraftmäßig. Cottbus, Halle, Rostock, das sind nicht die Städte, die einem sofort einfallen für die großen klassischen Konzepte, aber früher oder später kommen die da auch hin."

„Ich würde sagen, überall da, wo die Essenslieferdienste Fuß fassen können, haben auch entsprechende Lebensmitteldienste eine Chance. Deswegen würde ich schon durchaus runter gehen bis zu Städten oder Orten mit 50.000 Einwohnern. … Da müssten dann aber auch andere Modelle kommen, so ein Modell, wie Picnic es macht, oder das Modell, das Oda fährt, mit dem Zentrallager. Also, warum soll das nicht auch ländlicher möglich sein?"

Dünn besiedelte noch ländlichere Gebiete wurden wegen der geringen Lieferdichte von vielen kritisch gesehen. Auch dort gäbe es aus Kundensicht schon das Bedürfnis nach Belieferung, aber kostenmäßig sei das in diesen Regionen schwer darstellbar.

> „Es wird im ländlichen Raum keiner was anbieten. Man braucht eine gewisse Drop-Anzahl bei jedem Trip, den man ausfährt. Das kriegt man im ländlichen Raum nie hin."

> „Die Leute auf dem Land wollen genauso daran partizipieren, aber die Überwindung der Distanzen ist dort doch anspruchsvoller und das Angebot natürlich schwierig."

> „Der Versandhandel ist schon immer ein Thema eher für das Land als für die Stadt gewesen, einfach weil da nicht so viel Angebot ist. Deshalb ist das Land, glaube ich, tendenziell sehr gut, wenn es dazu passende Logistikmöglichkeiten gibt, um das sinnvoll zu bedienen."

Auch bei den Kaufsituationen und Kaufanlässen wurde deutlich, dass aus Kundensicht grundsätzlich alles seine Berechtigung hat. Nach den größten Potenzialen gefragt, fielen die Antworten aber recht eindeutig aus. Fast alle Experten nannten den großen Wocheneinkauf und die wiederkehrenden Routinebedarfe. Abb. 5.13 fasst einige prägnante Statements dazu zusammen.

Abb. 5.13 größtes Potenzial: Wocheneinkauf, Grundversorgung und Routinekäufe (Originalzitate der Interviewpartner)

5.2 Ergebnisse der Experteninterviews

Heimlieferung mit planbarem Lieferzeitfenster als favorisierte Lieferoption
Bei der Frage nach der von den Kunden favorisierten Lieferoption differenzierten einige Befragte nach Situation, Kundentyp und Sortimenten. Die Heimlieferung mit Lieferservice erschien aber den meisten Interviewten als die aus Kundensicht grundsätzlich favorisierte Lieferoption. Dazu exemplarisch zwei Stimmen:

„Ich glaube, wenn die Leute frei wählen können und das beim Preisschild nicht weit auseinander liegt, dann wäre es die Heimlieferung."

„Klar, Heimlieferung. Das andere ist für mich so ‚halbschwanger'. ... Wenn ich schon am Laden bin, einen Parkplatz suche und da rein muss, dann kann ich im Prinzip auch die Kontrolle über meine Produkte noch selbst vornehmen anstatt etwas Zusammengestelltes abzuholen."

Als aus Kundensicht übliche Erwartung an Lieferzeit und Liefergeschwindigkeit nannten 17 der 23 befragten Personen eine Lieferung mit Vorlauf und planbarem Zeitfenster, was allerdings nicht ausschloss, dass situativ auch die ultraschnelle Lieferung oder die tagggleiche Lieferung nachgefragt würden. Da sei natürlich auch immer die Frage, wie viel man dafür zu zahlen bereit sei. 6 Personen zogen mehrere Optionen in Betracht, differenzierten und legten sich insofern bei ihrer Antwort nicht eindeutig fest. Die meisten Aussagen gingen aber in die folgende Richtung:

„Ich glaube, dass die Planbarkeit eine große Rolle spielt. Wenn es planbar und verlässlich zu einem Zeitpunkt ist, den ich wählen kann, glaube ich, dass das vielen Leuten schon entgegenkäme."

„Ich glaube an die Lieferung mit Vorlauf und wählbarem Zeitfenster; das wird am Ende in der Balance von Aufwand und Nutzen herauskommen."

„Ich sehe eher das Zuverlässige mit Wahloption und weniger das Schnelle im Sinne von ‚Es muss sofort da sein'."

Nachhaltigkeit – (noch) kein Top-Thema im Online-Lebensmittelhandel
Im Zusammenhang mit dem Thema Nachhaltigkeit wurde auf das Problem sozial erwünschter Antworten der Kunden hingewiesen, auf den Unterschied zwischen geäußerter Einstellung und tatsächlichem Verhalten, auf die Tatsache, dass das Thema angesichts wirtschaftlich härterer Rahmenbedingungen in den Hintergrund geraten sei und dass es zielgruppenspezifisch besonders bei den Jüngeren, bei Gebildeteren mit höherem Einkommen und in bestimmten Lebensstilen von besonderer Bedeutung sei. Eine befragte Person meinte dazu:

"Ich glaube, dass Nachhaltigkeit irgendwo durch die gesamte Bevölkerung hinweg so ein Hygienefaktor ist. Das spielt für die Leute schon eine Rolle, bis zu einem gewissen Grad."

Bezüglich der Anbieter wurde des Öfteren erwähnt, dass Nachhaltigkeit etwas sei, worauf man „delivern" müsse, aber für eine Positionierung reiche es nicht aus, und es würde auch bisher noch nicht in größerem Maße aktiv für das Marketing genutzt.

Auf Chancen und Risiken des Online-Lebensmittelhandels im Hinblick auf Nachhaltigkeitsaspekte angesprochen, antworteten die Gesprächspartner differenziert und sahen im Großen und Ganzen mehr Chancen als Risiken, auch wenn die Kunden das bisweilen noch anders wahrnehmen würden. Die Themenfelder, die hier von den Befragten angesprochen wurden, sind in Tab. 5.7 zusammengefasst.

Bedeutung von Wocheneinkauf und Einkaufszettel
Passend zum weiter oben schon angesprochenen Thema des Wocheneinkaufs wurden den Befragten die folgenden zwei Zitate mit Bitte um Kommentierung vorgelegt:

1. *„Der letztendliche Durchbruch kann im Online-Lebensmittelhandel nur über die Wocheneinkäufer erreicht werden."* (IFH KÖLN, 2020)[4]
   Fast alle Befragten stimmten hier voll und ganz bzw. eher zu. Das sei „die Nuss, die man knacken muss". Erst wenn dafür einer die Lösung habe, käme auch der letztendliche Durchbruch. Vereinzelt wurden auch Zweifel geäußert, ob es überhaupt zu diesem Durchbruch kommen werde. Einig war man sich allerdings, dass für die Rentabilität der hohe durchschnittliche Bon entscheidend ist, unabhängig davon, wie dieser zustande kommt – ob durch den großen Wocheneinkauf oder den Kauf teurer Spezialitäten, wie z. B. der Kiste Wein.
2. *„Der Wocheneinkauf, generalstabsmäßig geplant und abgesichert durch den Einkaufszettel, ist ein sterbendes Element deutscher Alltagskultur."* (manager magazin, 2021)[5]
   So umschrieb das manager magazin im Jahr 2021 die Sichtweise von Gorillas-Gründer Kagan Sümer. Abgesehen davon, dass die Kunden ihre Speisekammer nicht in die Darkstores der Quick-Commerce-Anbieter verlagert haben, wurde diese provokante Aussage mit ganz unterschiedlichen Argumenten abgelehnt

---

[4] Zitat aus der Studie „Lebensmittel online – heute und 2030" des IFH KÖLN (IFH KÖLN, 2020, S. 45).
[5] Zitat aus managermagazin vom April 2021, Umschreibung der Position von Gorillas-Gründer Kagan Sümer (Rest, 2021).

Tab. 5.7 Themenfelder zur Nachhaltigkeit im Online-Lebensmittelhandel

Angesprochene Themen mit Bezug zur Nachhaltigkeit	Anzahl Nennungen	Kommentare – Erläuterungen
Optimierung Transportwege und letzte Meile	13	Konsolidierte Zustellung, Einsparen von Fahrwegen
		Umwelt-Vorteil eines einzigen Lieferfahrzeugs mit optimierter Tourenplanung gegenüber vielen Autos, die einzeln zum Supermarkt fahren (gilt nicht für Kunden, die zu Fuß gehen oder mit dem Fahrrad zum Einkaufen fahren)
		Clusterungen/Hub-Lösungen vorteilhaft
		CO_2-Effizienz eines effizienten Logistiknetzes sehr gut
		Bei Lieferung ab Lager kein Transport der Ware zum Lebensmitteleinzelhandel nötig
Lieferfahrzeuge	12	Umweltfreundliche Lieferfahrzeuge vorhanden
		Elektroautos im Einsatz
		Fahrrad-Lieferung
		Möglicherweise Probleme durch zu viele Lieferfahrzeuge im Straßenverkehr
Verpackungsproblematik	8	Bei Lieferdiensten schon gut gelöst (Recyclingfähigkeit, Papiertüten, Pfandtaschen)
		Bei Paketlogistik schwieriger zu lösen
		Verständnis der Kunden für die Notwendigkeit der Verpackung (Schutz und Sicherungsfunktion) gegeben
Förderung von Kaufentscheidungen im Sinne der Nachhaltigkeit	5	Informationen (zur Lieferkette, zu Produkten) online gut darstellbar
		Lenkung der Nachfrage auf regionale/saisonale Produkte online leichter möglich

(Fortsetzung)

Tab. 5.7 (Fortsetzung)

Angesprochene Themen mit Bezug zur Nachhaltigkeit	Anzahl Nennungen	Kommentare – Erläuterungen
Vermeidung von Lebensmittelverschwendung	5	Weniger Abschriften als im stationären Handel
		Bessere Aussteuerung über Zentrallager
		Bessere Nachfrageplanung möglich

und löste erwartungsgemäß Diskussionen aus, die um die Bedeutung des Einkaufszettels kreisten. Nicht jeder benutzt einen Einkaufszettel, und die, die ihn benutzen, halten sich, wie man weiß, keinesfalls sklavisch daran. Allerdings war die Mehrheit der Ansicht, dass der Einkaufszettel weiterhin wichtig bleibt, gerade in wirtschaftlich angespannten Zeiten und überall da, wo Menschen sich bewusst mit ihrer Ernährung auseinandersetzen. Er sei einfach notwendig, um den Einkauf effizient abzuwickeln und nicht zu viel Geld auszugeben. Da gäbe es auch gute Apps zur Unterstützung. Besonders interessant war in diesem Kontext folgende Anmerkung mit Blick auf junge Menschen, die entgegen der landläufigen Meinung weniger spontan seien, als man denkt:

„Wenn Sie sich anschauen, was da beispielsweise Trends bei jungen Frauen sind … die führen ihr Bullet-Point-Journal, was sie heute gemacht haben, die tracken, was sie tun. … Ich habe das Gefühl, dass da noch stärker geplant und überprüft wird, wie man sich selbst so verhalten hat. … Da ist ein extrem starker Optimierungsdrang, und ich wüsste nicht, warum das beim Einkaufen nicht der Fall sein sollte. … Das klingt dann vielleicht nicht nach Einkaufszettel, es wird vielleicht auch anders aussehen; man nennt es nicht mehr Einkaufszettel, das ist dann die ‚Inspiration-List'. Aber ich würde sogar sagen, dass dieser Planungsgrad und das Tracking von allem deutlich zunimmt, vor allem bei angespannten Budget-Situationen."

Als die Befragten gebeten wurden, über Unterschiede beim Lebensmitteleinkauf in einem stationären Supermarkt und in einem Online-Supermarkt nachzudenken, kam neben anderen Themen die Nutzung und Bedeutung von Einkaufszetteln erneut zur Sprache.

Einkaufsverhalten stationär versus online – Unterschiede?
Egal ob online oder stationär – wie Kunden Lebensmittel einkaufen, ist zielgruppenspezifisch unterschiedlich und grundsätzlich von vielen weiteren Faktoren abhängig, etwa von der Einkaufsstätte, vom Kaufanlass, von der Warengruppe, von situativen Einflüssen oder auch von Stimmungen. In Kap. 4 (Abb. 4.1) wurde schon versucht,

5.2 Ergebnisse der Experteninterviews

diese Verschiedenartigkeit von Kaufentscheidungen zu verdeutlichen. Dennoch wurde im Interview die Frage nach einem „typischen Supermarkteinkauf" gestellt: Wie unterscheidet sich der typische Einkauf in einem stationären Supermarkt von dem typischen Einkauf in einem Online-Supermarkt? Aufgrund der Komplexität des Kaufverhaltens fiel den Befragten die Antwort auf diese Frage erwartungsgemäß schwer. Eine Person stellte dazu fest, dass es hierzu noch Forschungsbedarf gäbe, und meinte:

> „Beim Offline-Kauf, da wissen wir relativ genau, wie die Menschen einkaufen, je nach Betriebsform des Handels. Bei einem Verbrauchermarkt kaufen sie anders ein als bei einem Supermarkt; sie haben also andere Vorstellungen, welche Produkte zuerst und welche zum Schluss in den Warenkorb kommen sollen. Bei diesen Erkenntnissen wird es spannend sein, ob sie übertragen werden auf das Online-Kaufverhalten oder ob beim Online-Kaufverhalten ganz neue Muster herauskommen."

Für den klassischen Supermarkteinkauf weiß man, dass auch der geplante Einkauf mit Einkaufszettel immer noch Platz für Inspiration und Spontanität lässt. Eine Person drückte es wie folgt aus:

> „Die Leute gehen geplant rein, werden dann aber doch spontan."

Und eine andere meinte, die Spontankäufe seien die Käufe, an die die Kunden sich nachher erinnern und die den Einkaufsspaß ausgemacht hätten; eine dritte verdeutlichte es am Beispiel eines riesigen Nutella-Glases, das gerade im Angebot ist:

> „Das ist eine Mixtur aus ‚Ich will haben' (also Gefühl) und Schnäppchenjäger, also ‚Ich habe echt einen Schnapper gemacht.' (Das ist ja auch was Emotionales.) Und auf der anderen Seite ist es auch sehr viel Verstand im Sinne von ‚Viel Nutella für wenig Geld'."

Eine weitere Person betonte, wie viele Gedanken man sich in der Konsumgüterindustrie mache, um den Kunden zu Impulskäufen zu bewegen, und die Möglichkeiten dazu seien im Online-Handel ja doch sehr eingeschränkt. Im Supermarkt könne man sich treiben lassen, das könne man theoretisch online auch, aber wenn jedes Produkt nur eine Kachel sei, fehle da der Reiz, betonte ein anderer Gesprächspartner. Das folgende Zitat bringt die Meinung vieler auf den Punkt, die den stationären Einkauf in puncto Inspiration und Spontanität vorne sahen:

„Wenn man ein Einkaufserlebnis möchte, wird man wahrscheinlich nicht online einkaufen. Im Gegensatz dazu ist der Vorteil beim Online-Kauf ja tatsächlich, dass man da einen Low-Involvement-Kauf machen kann und die Einkaufsliste im Idealfall automatisiert erstellt wird."

Im Einklang damit wurde auch angemerkt, dass die Dinge, die habitualisiert und „ohne Kopf-Einschalten" gekauft würden, sich in Zukunft wohl eher in den Online-Bereich verlagern würden. Beim Online-Supermarkt wurde vor allem von der Zeitersparnis und tendenziell mehr von geplanten und kontrollierten Einkäufen, gezielter Suche und Bedarfsdeckung gesprochen. Man „sitze vor einem ‚Screen-Medium' und decke geplante Bedarfe eher kontrolliert", meinte eine Person. Dass man je nach Ausgestaltung aber auch in einem Online-Shop „Inspiration drum rum packen kann", wurde ebenfalls gesagt, jedoch auch, dass das im Moment noch weniger der Fall sei.

Die Unterschiede zwischen stationärem Handel und Online-Handel sind offensichtlich. Wird es hier im Einkaufsportfolio der Kunden künftig eine klarere Rollenverteilung geben? Und fällt der Online-Handel aufgrund seines noch niedrigen Marktanteils künftig überhaupt ins Gewicht? Der nächste Abschn. 5.2.4 thematisiert mögliche Auswirkungen des Online-Handels auf die stationären Einkaufsstätten.

5.2.4 Auswirkungen auf den stationären Handel

Nur 3 der 23 Gesprächspartner verneinten Auswirkungen des Online-Lebensmittelhandels auf den stationären Lebensmittelhandel. Eine Äußerung lautete:

„Solange der Online-Handel so klein bleibt, wie er ist, wird sich nichts ändern."

Alle anderen rechneten mit Veränderungen, da sie ein entsprechendes Wachstum des Online-Lebensmittelhandels und einen Marktanteil von bis zu zehn Prozent vor Augen hatten. Einer meinte:

„Es wird für beides Platz sein. Dann muss der ‚Footprint' des stationären Lebensmitteleinzelhandels schrumpfen in Deutschland. Anders geht es nicht. … Insofern wird sich die Landschaft langfristig deutlich verändern. Vielleicht nicht bis 2030, aber noch langfristiger wird mit den Marktanteilszugewinnen der Online-Player die Quadratmeterzahl in den Läden, die zur Verfügung stehen, entsprechend runtergehen."

Ein anderer wies darauf hin, dass es vor allem in Ballungsräumen, in denen die Online-Anbieter ja besonders stark sind, zu einem veränderten Investitionsverhalten bei den stationären Ketten kommen könnte und dies eine Reduktion oder Zusammenlegung von Filialen zur Folge haben könnte. Dies könne er sich vorstellen, sobald die Online-Anbieter acht bis zehn Prozent Marktanteil erreicht hätten. Ein dritter zog das Beispiel Picnic heran, wo in bestimmten Gebieten Nordrhein-Westfalens schon eine hohe Durchdringung erreicht sei, und meinte dazu:

> „Wenn man sieht, wo Picnic ist, was da mit dem stationären Handel passiert. ... Ja, es wird sich eine Veränderung ergeben müssen. Ob eine Ausdünnung oder eine andere Positionierung, das kann ich nicht beurteilen."

Natürlich wird der Löwenanteil der Umsätze im Lebensmitteleinzelhandel auch langfristig weiterhin über den stationären Handel laufen, und auch in stationären Einkaufsstätten schreitet die Digitalisierung – unabhängig von der Online-Konkurrenz – voran. Die Interviewten erwähnten in diesem Zusammenhang die zunehmende Automatisierung in stationären Geschäften, 24/7-Konzepte, Self-Checkout-Kassen, Einkaufs-Apps und personalisierte Angebote via Smartphone am Point of Sale. Convenience sei nicht nur online, sondern auch stationär sehr wichtig, merkten zwei Personen an und betonten gleichzeitig, dass für sie die Erlebnisorientierung beim Lebensmitteleinkauf eine untergeordnete Rolle spiele. Andere meinten hingegen, dass der Charakter der stationären Filialen künftig erlebnisorientierter gestaltet sein könnte. Exemplarisch dazu:

> „Ja, es wird sich ändern. Hin zu mehr Erlebnis, mehr Service, mehr Interaktion mit Menschen. Denn das sind die Punkte, die online nicht kann. Vor allem das Einkaufserlebnis. Ich kann Dinge probieren, ich kann sie anfassen. Auch das Kommunikative und mit Menschen zu tun zu haben. Vielleicht mit einem Menschen, der eine Beratung macht an der Fleischtheke, oder wo auch immer."

Weitere Überlegungen bezogen sich auf das hybride Einkaufen, wo Multi- bzw. Omnichannel-Anbieter ihre Trümpfe ausspielen können, indem sie den Kunden das Beste aus beiden Welten und eine nahtlos verknüpfte Einkaufserfahrung online und vor Ort bieten. Filialen könnten als erweitertes Logistiknetzwerk dienen, sie seien Abholpunkte für Click and Collect, und das Abholen schlösse den kurzen Bummel durch den Laden ja nicht aus. Kunden könnten auch vor Ort einkaufen und sich die Ware dann nach Hause bringen lassen. Oder sie bestellen bestimmte Dinge online und lassen sie liefern, und andere Dinge kaufen sie vor Ort. Zwei Stimmen dazu:

„Die Landschaft wird sich verändern, allerdings nicht in dieses Schwarz-Weiß: nur online oder nur stationär, sondern es werden die hybriden Modelle sein. Ich unterstelle, dass wirklich 2030 und auch noch weitergedacht Click and Collect ein Hygienefaktor ist, genauso, wie ein Bringdienst ein Hygienefaktor sein wird."

„Ich glaube, dass der stationäre Handel viel digitaler werden wird, und ich würde sagen, wir vermischen alles, und es wird ein großes miteinander verknüpftes Geschäftsmodell. Und dass man auch etwas nach Hause geliefert bekommt, ist dann einfach eine Spielart des Ganzen, aber nicht mehr das Hauptmerkmal von irgendeinem Laden."

Vier Befragte merkten an, dass die Verfügbarkeit von Online-Angeboten stationäre Händler veranlassen könne, ihre Sortimentsgestaltung zu überdenken. Der Konzentrationsprozess im klassischen Lebensmitteleinzelhandel wurde ebenfalls angesprochen; weitere Übernahmen seien wahrscheinlich. Tab. 5.8 fasst zusammen, welche Auswirkungen eines wachsenden Online-Lebensmittelhandels auf den stationären Handel von den Befragten gesehen wurden.

Zur Erlebnisorientierung im stationären Handel und dem sozialen Aspekt des Einkaufens wurden den Befragten folgende Aussagen mit Bitte um Kommentierung vorgelegt:

1. *„Auch bei Gütern des täglichen Bedarfs wird die Direktbelieferung künftig verbreiteter sein, aber selbst dann bleiben für den alltäglichen Einkauf Erlebnisbedürfnisse und einzigartige Angebote und Services in den Läden relevant."* (Prof. Dr. Bernd Swoboda, Universität Trier, 2020)[6]

    Diese allgemein formulierte Aussage erntete, wie zu erwarten, hohe Zustimmung, forderte aber auch zur Diskussion über die Bedeutung und Umsetzung erlebnisorientierter Angebote in Supermärkten heraus. Dass die Inspiration vor Ort, die viele Sinne anspricht, bei Kunden ankommt, situativ gerne genutzt wird und einen Pluspunkt des stationären Handels darstellt, der online so nicht geboten werden kann, wurde nicht bestritten. Das könne für manche langfristig der einzige Grund sein, überhaupt noch in einen Laden zu gehen. Das Einkaufserlebnis als Option und als Kontrast zur Belieferung sei wichtig, und dass Menschen es schätzten, sähe man auch an der Beliebtheit von Wochenmärkten. Eine Person meinte, entsprechende Angebote fehlten heutzutage noch in den Läden. Von vier Personen wurde jedoch angemerkt, dass das Erlebnisthema für viele Leute beim alltäglichen Einkauf gar keine Rolle spiele und es im Supermarkt nicht so relevant sei.

---

[6] Zitat aus der Studie „Mega-Trends 2030+. Der Handel auf dem Weg in ein neues Zeitalter" (Swoboda & Winters, 2020, S. 25).

5.2 Ergebnisse der Experteninterviews

Tab. 5.8 Auswirkungen eines stärkeren Online-Lebensmittelhandels auf den stationären Handel

Mögliche Auswirkungen eines stärkeren Online-Lebensmittelhandels auf den stationären Handel	Anzahl Nennungen	Kommentare – Erläuterungen
Ausdünnung von Filialnetzen, Stopp der Flächenexpansion	11	Bei schätzungsweise 10 % Marktanteil des Online-Lebensmittelhandels in 2030 Bereinigungen im stationären Bereich
		Filialschließungen und weniger Fläche, vor allem in Ballungsgebieten
Hybride Konzepte unter Einbezug des stationären Filialnetzes	6	Mehr Multi-/Omnichannel
		Filialen als erweitertes Logistiknetzwerk
		Filialen als Click-and-Collect-Abholpunkte
		Unterstützung der Filialen durch Logistiker/Bringdienste, die auf Wunsch den Nachhause-Transport der vor Ort gekauften Ware übernehmen
Stärkere Erlebnis- und Serviceorientierung im stationären Handel	6	Mehr Erlebnis/soziale Zusammenkunft (Restauration, Verkostungen, Events)
		Mehr Service/Fachberatung
Anpassung stationärer Sortimente	4	Stationäre Sortimentsgestaltung unter Berücksichtigung des online verfügbaren Angebotes
		Zielgruppenspezifischere Sortimente
Weiterer Konzentrationsprozess im Handel	3	Abnahme der Anbieterzahl im Lebensmittelhandel
		Weitere Übernahmen
Digitalisierung im stationären Handel (unabhängig von der Entwicklung des Online-Lebensmittelhandels genannt)	6	Automatisierung im stationären Laden
		Convenience durch Self-Checkout, 24/7-Konzepte
		Personalisierte Instore-Kundenansprache
		Einkaufs-Apps

2. *„Die meisten Kunden kaufen mal online, mal im Supermarkt. ... Der Supermarkt ist ein Ort der sozialen Begegnung, der in Zeiten von Home-Office und der steigenden Anzahl Alleinlebender noch wichtiger wird."* (Lionel Souque, Vorstandvorsitzender REWE Group im Interview mit Mc Kinsey, 2021)[7]

Dass die Kunden beide Kanäle nutzen können, ist klar. Die Meinungen zum Aspekt der sozialen Begegnung waren allerdings zweigeteilt, mit mehr Ablehnung als Zustimmung. Besonders bei älteren Menschen könne der soziale Aspekt des Einkaufens eine Rolle spielen, meinten einige, aber insgesamt gebe es im normalen Supermarkt doch recht wenig Austausch bzw. Kontakt, und das Gros der Kunden brauche das auch nicht.

Sollten sich langfristig größere Umsatzanteile in die Online-Vertriebsschienen verlagern, stellt sich abschließend noch die Frage, inwieweit dies die Hersteller der Konsumgüterindustrie tangiert. Dieses Thema wird in Abschn. 5.2.5 aufgegriffen.

5.2.5 Auswirkungen auf die Hersteller

Fast alle Befragten konnten sich vorstellen, dass ein weiteres Wachstum des Online-Vertriebskanals bei Lebensmitteln auch Auswirkungen auf die Hersteller in der Konsumgüterbranche und deren Vertriebsstrategien haben könnte. Ein häufig in diesem Kontext angesprochenes Thema war das Direct-to-Consumer-Geschäft. Je nach Umsetzung und Warengruppe könne der Direktvertrieb über den eigenen Shop funktionieren, was die Handelsmacht etwas reduziere und zu besseren Margen führe. Dies gilt aber wohl eher für Spezialsortimente. Üblicherweise werden Lebensmittel als Warenkorb eingekauft, der Handel übernimmt die wichtige Sortimentsbündelungsfunktion, und die Hersteller möchten keine Konflikte mit ihren Handelspartnern provozieren. Aber selbst wenn kein Direktvertrieb stattfindet: Betont wurden mehrfach die gestiegene Bedeutung von Direct-to-Consumer-Aktivitäten im Bereich der Kommunikation und das Potenzial im Hinblick auf Kundenbindung und -dialog.

Wie sieht es bei der Zusammenarbeit zwischen Herstellern und Handel aus? Ein Gesprächspartner stellte fest:

---

[7] Zitat aus einem Interview von Frank Sänger mit Lionel Souque (McKinsey & Company, 2021, S. 33).

5.2 Ergebnisse der Experteninterviews

„Auch bei einer Zukunftsbetrachtung bis 2030 reden wir immer noch von neunzig Prozent stationärem Handel, und der wird sich aus Sicht des Herstellers nicht verändern, er wird immer noch genauso ticken wie vorher auch."

Er merkte aber gleichzeitig an, dass die Möglichkeiten, Impulse beim Kunden zu setzen, online eingeschränkter seien und man lernen müsse, wie man es eben dann doch machen könne. Auch viele andere sprachen die Notwendigkeit an, Kommunikation, Verkaufsförderung und Packungsgestaltung den Online-Rahmenbedingungen anzupassen. Einige Stimmen dazu:

„Marketing und Vertrieb sind ja gelernt im stationären Handel, wie man dort für Vermarktungsaktionen, für Platzierungen im Laden usw. investiert, wie man das aussteuert, wie man auch die Produktverpackung gestaltet, dass sie möglichst groß und aufmerksamkeitsstark aussieht. Also, das funktioniert ja online nicht."

„Es wird sicherlich auch auf die Produktausgestaltung einen Einfluss nehmen, dass man Verpackungen anders konzipiert, wenn sie nicht mehr im Display für den Laden sein müssen, sondern für die Auslieferfahrzeuge dann entsprechend in einer anderen Verpackung."

„Das Thema ‚Impuls' ist im Online-Geschäft anders."

„Produktpräsentation, Retail Media, das ist alles noch relativ am Anfang. ... Da ist noch endlos Potenzial, um das zu verbessern."

„Es wird noch viel mehr in Richtung Retail Media passieren."

Damit einher geht auch ein anderes Anforderungsprofil an Marketingleute, die über Online-Shops vermarkten. Neue Kompetenzen müssten erworben werden. Viele Hersteller stünden da noch am Anfang, so eine verbreitete Meinung dazu. Abb. 5.14 enthält die wichtigsten Kommentare zu diesem Thema.

Das Thema „Marke" wurde ebenfalls relativ oft angesprochen. Angesichts der Auswahlprozesse in Online-Shops über Such- und Filterfunktion oder gar über Voice-Commerce, wurde betont, wie wichtig in diesem Kontext die starke Herstellermarke sei. Ohne starke Marke sei man redundant. Weitere Nennungen bezogen sich auf die Überall-Erhältlichkeit, die viele große Marken anstreben. Überall, wo ein Verkaufspunkt der eigenen Produkte oder Kategorie sei, müsse man sich fragen, ob man da nicht auch sein müsse. Eine Marke müsse alle diese Wege mitgehen, man könne und würde sich dem nicht verschließen, denn Hersteller müssten dort eine Rolle spielen, wo die Konsumenten seien, und das sei zunehmend auch online. Zwei Bemerkungen bezogen sich auch auf den möglicherweise positiven Abstrahleffekt moderner Online-Shop-Formate auf das Image der dort vertriebenen Herstellermarken.

> „Den Entscheidungsvorgang zum Kauf aus dem stationären Handel, den müssen Sie übertragen in die digitale Welt, und das sind wieder ganz neue Denkweisen. Sie müssen **neue Profis** einstellen."

> „Große Unternehmen haben schon lange **eigene Business-Units für Digital**. Die haben die ja nicht zum Spaß; das macht ja Sinn."

> „In der Bearbeitung der Online-Vertriebsschiene sind **andere Skills** notwendig. Es gibt mittlerweile ja auch schon eine Ausbildung zum Online-Category-Manager."

> „Ich glaube, ein klassischer Vertriebler oder wer auch immer das macht im Supermarkt, der hat ein **anderes Mindset** als das, was man dann braucht, um online kapitaleffizient voranzukommen, also so, dass man das Geld nicht rauswerfen muss."

> „Ich glaube, bei vielen klassischen Herstellern ist der **Onlinehandel** immer noch so … ich weiß nicht, ob man das ‚**stiefmütterlich**' nennen kann. Wenn man das in der Organisationsstruktur sieht, dann haben die ihren Rewe-Account, ihren Edeka-Account, dann haben die ihre Key-Accounter für Discount und so weiter. Und irgendjemand macht den ganzen Kram des Großhandels … und Online, das ist dann irgendwie der Jüngste im Team, der das machen muss. -- Ich glaube, dass sich das **verändern** sollte und muss."

Abb. 5.14 Online-Vertriebsschienen: neue Kompetenzen und Organisationsstrukturen (Originalzitate der Interviewpartner)

Tab. 5.9 enthält abschließend die Themenbereiche, die vor dem Hintergrund eines verstärkten Wachstums des Online-Lebensmittelhandels für die Vertriebsstrategien der Hersteller als relevant angesehen wurden.

Nachdem in diesem Kapitel die Ergebnisse der Expertenbefragung im Detail dargestellt wurden, werden sie im folgenden letzten Kap. 6, das eine Zusammenfassung und ein Fazit beinhaltet, nochmals kurz aufgegriffen.

Tab. 5.9 Mögliche Auswirkungen eines wachsenden Online-Lebensmittelhandels auf Vertriebsstrategien der Hersteller

Angesprochene Themenbereiche mit Bezug zu Vertriebsstrategien der Konsumgüterhersteller	Anzahl Nennungen	Kommentare – Erläuterungen
Direct-to-Consumer-Geschäft	11	Schwächung der Handelsmacht durch D-to-C-Konzepte nur in geringem Maße möglich
		Direktvertrieb problematisch, da Lebensmittel ein Warenkorbgeschäft sind und Konflikte mit Handelspartnern auftreten können
		Vertikalisierung bei Spezialsortimenten besser umsetzbar
		Direkte Kommunikation mit Kunden wird wichtiger, z. B. Community-Bildung, Co-Creation
Neue Anforderungen bei Verkaufsförderung und Packungsgestaltung	9	Notwendigkeit der Abstimmung der Verpackungen auf die Online-Erfordernisse
		Online weniger/andere Möglichkeiten, Impulse zu setzen
		Steigende Bedeutung von Retail Media (Schalten von Werbung innerhalb von Webshops)
Erfordernis anderer/neuer Kompetenzen bei der Online-Vermarktung	7	Andere Denkweisen in der digitalen Welt
		Neue Skills, andere Fähigkeiten erforderlich
		Gründung eigener Business-Units
Bedeutung/Notwendigkeit der Online-Präsenz der Marke (Ubiquität)	5	Omnipräsenz großer Markenartikel
		Imageprägende Wirkung der Präsenz in verschiedenen Online-Kanälen (klassische E-Food-Kanäle und Quick Commerce)
Bedeutung der starken Herstellermarke	3	Starke Marke angesichts der Auswahl-/Suchprozesse im Online-Bereich besonders wichtig

Literatur

Anderson, C. (2007). *The Long Tail – der lange Schwanz. Nischenprodukte statt Massenmarkt – Das Geschäft der Zukunft.* Hanser.

Bökamp, L. (2023). Rewe baut Abholangebote weiter aus. *Lebensmittelzeitung,* 28.04.2023. https://www.lebensmittelzeitung.net/tech-logistik/nachrichten/click--collect-rewe-baut-abholangebote-staerker-aus-170950. Zugegriffen: 29. Apr. 2023.

Heinemann, G. (2022). *Der neue Online-Handel. Geschäftsmodelle, Geschäftssysteme und Benchmarks im E-Commerce* (13. Aufl.). Springer Gabler. https://doi.org/10.1007/978-3-658-36665-0.

Helfferich, C. (2022). Leitfaden- und Experteninterviews. In N. Baur & J. Blasius (Hrsg.), *Handbuch Methoden der empirischen Sozialforschung* (3. Aufl., S. 875–892). Springer VS. https://doi.org/10.1007/978-3-658-37985-8_55.

Höld, R. (2009). Zur Transkription von Audiodateien. In R. Buber & H. H. Holzmüller (Hrsg.), *Qualitative Marktforschung. Konzepte, Methoden, Analysen* (2. Aufl., S. 655–668). Gabler. https://doi.org/10.1007/978-3-8349-9441-7_41.

IFH KÖLN. (2020). *Lebensmittel online – heute und 2030. Wie Kund*innen den (Gesamt)Markt in Bewegung bringen.* o. V.

IFH KÖLN. (2021). *Lebensmittel Online. Zahlen, Daten, Fakten.* o. V.

Kitzmann, M., Tewes, W., & Klug, D. (2023). Übernahme von Flink durch Getir geplatzt. *Lebensmittelzeitung,* 24.05.2023. https://www.lebensmittelzeitung.net/handel/online-handel/quick-commerce-uebernahme-von-flink-durch-getir-geplatzt-171431. Zugegriffen: 28. Mai 2023.

Klug, D. (2023a). Getir und Mubadala räumen im Quick Commerce auf. *Lebensmittelzeitung,* 04.05.2023. https://www.lebensmittelzeitung.net/handel/online-handel/konsolidierung-getir-und-mubadala-raeumen-im-quick-commerce-auf-171101. Zugegriffen: 6. Mai 2023.

Klug, D. (2023b). Getir stellt in Deutschland auf Franchise um. *Lebensmittelzeitung,* 01.06.2023. https://www.lebensmittelzeitung.net/handel/nachrichten/schnell-lieferdienst-getir-stellt-in-deutschland-auf-franchise-um-171589. Zugegriffen: 1. Juni 2023.

Mayring, P. (2022). *Qualitative Inhaltsanalyse* (13. Aufl.). Beltz.

Mayring, P., & Brunner, E. (2009). Qualitative Inhaltsanalyse. In R. Buber & H. H. Holzmüller (Hrsg.), *Qualitative Marktforschung. Konzepte, Methoden, Analysen* (2. Aufl., S. 669–680). Springer Gabler. https://doi.org/10.1007/978-3-8349-9441-7_42.

Mayring, P., & Fenzl, T. (2022). Qualitative Inhaltsanalyse. In N. Baur & J. Blasius (Hrsg.), *Handbuch Methoden der empirischen Sozialforschung* (3. Aufl., S. 691–706). Springer VS. https://doi.org/10.1007/978-3-658-37985-8_43.

Mc Kinsey & Company. (2021). Interview mit Lionel Souque: „Unter den Lebensmittelhändlern in Deutschland sehen wir uns vorn.". In *Akzente 2'21: Nachhaltigkeit erreichen – aber wie?* (S. 26–33). https://www.mckinsey.de/branchen/konsumguter-handel/akzente/akzente-2-2021. Zugegriffen: 11. Jan. 2022.

Mc Kinsey & Company. (2023). *Living with and responding to uncertainty: The State of Grocery Retail 2023, Europe.* https://www.mckinsey.com/industries/retail/our-insights/state-of-grocery-europe-2023-living-with-and-responding-to-uncertainty?cid=other-eml-dre-mip-mck&hlkid=c839fe2b34804c3780ad3f9b1a496652&hctky=14415103&hdpid=4ff816bc-a29e-4ffe-85cd-df4044f3d0e0. Zugegriffen: 20. Apr. 2023.

Misoch, S. (2019). *Qualitative Interviews* (2. Aufl.). De Gruyter Oldenbourg.

o. V. (2021). Rewe, Picnic & Co. – Lebensmittel online: Ein Milliardenmarkt wird verteilt. *wirtschaftswoche*, 15.01.2021. https://www.wiwo.de/unternehmen/handel/rewe-picnic-und-co-lebensmittel-online-ein-milliardenmarkt-wird-verteilt/26818142.html. Zugegriffen: 6. Mai 2023.

Pfadenhauer, M. (2009). Das Experteninterview. Ein Gespräch auf Augenhöhe. In R. Buber & H. H. Holzmüller (Hrsg.), *Qualitative Marktforschung. Konzepte, Methoden, Analysen* (2. Aufl., S. 449–461). Springer Gabler. https://doi.org/10.1007/978-3-8349-9441-7_28.

Rentz, I. (2023). Europäische Händler treiben Vertikalisierung voran. *Lebensmittelzeitung*, 29.03.2023. https://www.lebensmittelzeitung.net/handel/nachrichten/studie-zu-ma-strategien-europaeische-haendler-treiben-ihre-vertikalisierung-voran-170475. Zugegriffen: 7. Mai 2023.

Rest, J. (2021). Futter-Neid: Fett finanzierte Start-ups stürmen den Lebensmittelmarkt. *Manager magazin, Nr. 5*, 23.04.2021, 48.

Rewe. (2022). REWE digital und REWE Systems verschmelzen. https://www.rewe-group.com/de/presse-und-medien/newsroom/pressemitteilungen/rewe-digital-und-rewe-systems-verschmelzen/. Zugegriffen: 30. Mai 2023.

Schu, M. (2020). *Das E-Food-Buch. Märkte, Player, Strategien*. Deutscher Fachverlag.

Schu, M. (2021). Der Quick Commerce Report. Markt, Strategie, Geschäftsmodelle, Player, Ausblick, August, 2021. https://www.matthiasschu.ch/reports/. Zugegriffen: 9. Jan. 2022.

Schu, M. (2022). Der E-Food Omnichannel Report: Kaufverhalten, Businessmodelle, Trends, Anwendungen, August 2022. https://www.matthiasschu.ch/reports/. Zugegriffen: 1. Aug. 2022.

Schulz, H. J., & Mende, J. (2023). Aldi Süd liefert erstmals Lebensmittel. *Lebensmittelzeitung*, 22.05.2023. https://www.lebensmittelzeitung.net/handel/online-handel/e-commerce-in-deutschland-aldi-sued-liefert-erstmals-lebensmittel-171383. Zugegriffen: 23. Mai 2023.

Steffen, A., & Doppler, S. (2019). *Einführung in die Qualitative Marktforschung. Design – Datengewinnung – Datenauswertung*. Springer Gabler. https://doi.org/10.1007/978-3-658-25108-6.

Stockburger, M. (2023). Schwarz investiert in KI-Forschung. *Lebensmittelzeitung*, 30.03.2023. https://www.lebensmittelzeitung.net/handel/nachrichten/grossprojekt-in-heilbronn-schwarz-investiert-in-ki-forschung-170500. Zugegriffen: 30. Mai 2023.

Strategy&. (2022). *The future of grocery shopping*. o. V.

Strategy&. (2023). The vertical advantage. How retailers and food and beverage players can expand along the value chain. https://www.strategyand.pwc.com/de/en/industries/consumer-markets/vertical-advantage/strategyand-the-vertical-advantage.pdf. Zugegriffen: 7. Mai 2023.

Swoboda, B., & Winters, A. (2020). Mega Trend 1: Customer Centricity – Auf dem Weg zur Individual Experience. In T. Foscht, D. Morschett, H. Schramm-Klein, & B. Swoboda (Hrsg.), *Mega-Trends 2030+. Der Handel auf dem Weg in ein neues Zeitalter* (S. 7–35). Deutscher Fachverlag.

Swoboda, B., Foscht, T., & Schramm-Klein, H. (2019). *Handelsmanagement. Offline-, Online- und Omnichannel-Handel* (4. Aufl.). Vahlen.

Zusammenfassung, Fazit und Ausblick 6

Zusammenfassung

Dieses Kapitel greift die wichtigsten Erkenntnisse zum Status quo, zur Bedeutung und den Potenzialen des Online-Lebensmittelhandels in Deutschland im Jahr 2023 auf, wie sie in den Einschätzungen der befragten Branchenexperten deutlich wurden. Es schließt mit einer Einordnung technologischer Entwicklungen, die den Markt in Zukunft prägen könnten.

Der Corona-Boost beim Online-Lebensmittelkauf ist vorbei; der immer noch sehr kleine Online-Lebensmittelmarkt wächst langsamer, ist aber nach wie vor in Bewegung, und der Online-Kauf als Einkaufsoption etabliert sich zumindest bei den Kunden, denen ein Angebot zur Verfügung steht. Wie wird der Markt in Zukunft aussehen? Kreutzer und Land (2016, S. 1) warnen davor, dass Unternehmen vom Markt „aussortiert" werden, wenn sie es nicht schaffen, sich den durch die Digitalisierung angetriebenen schnellen gesellschaftlichen und technologischen Veränderungen rechtzeitig anzupassen, und sie sprechen in diesem Zusammenhang vom „Digitalen Darwinismus". Gilt das auch im Lebensmittelhandel? Dass die Digitalisierung im stationären und im Online-Geschäft voranschreitet, haben die bisherigen Ausführungen gezeigt.

Wenn Unternehmen das durch neue Technologien gegebene Veränderungspotenzial nur unzureichend ausschöpfen, sieht Kreutzer (2021, S. 46) darin eine „Einflugschneise für (neue) Wettbewerber", die „unbelastet" von den Spezifika der Branche oder als Start-up die neuen Möglichkeiten uneingeschränkt nutzen und sich dabei weniger schwer tun als die alten „Platzhirsche", die „häufig eine Kannibalisierung ihres bestehenden Geschäftsmodells befürchten" (Kreutzer,

2021, S. 47). Die etablierten Unternehmen laufen dann Gefahr, sich in dem von Christensen et al. (2015) beschriebenen „Innovator's Dilemma" zu verfangen.

Der frische Wind, den neue Online-Pure-Player im Lebensmittelhandel wehen lassen, bestätigt Kreutzers Aussage zumindest teilweise. Jedoch sind nicht alle neuen Player erfolgreich, und die alten Platzhirsche sind sehr groß, etabliert und sehen nicht tatenlos zu, wie ihnen die Felle davon schwimmen.

Einige Gesprächspartner sprachen im Interview davon, dass die neuen Anbieter vor Augen geführt hätten, dass Dinge, die bislang für unmöglich gehalten wurden, doch funktionieren können. Die in diesem Buch beschriebenen Player nehmen diese Dinge auf unterschiedliche Art und Weise in Angriff. Es hat sich im Online-Lebensmittelhandel in den letzten Jahren viel getan, aber das Angebot bleibt nach wie vor der Engpass. Auf Kundenseite wird die Bequemlichkeit des Online-Kaufs geschätzt und zielgruppenspezifisch auch bezahlt, und die Kaufgewohnheiten beginnen sich zu ändern. Zumindest in Regionen, wo die Möglichkeit besteht, Lebensmittel online einzukaufen, sie liefern zu lassen oder ggf. selbst abzuholen, etabliert sich diese Option im genutzten Einkaufsstätten-Portfolio.

Die für dieses Buch befragten Experten sahen die Zukunft des Online-Lebensmittelhandels verhalten optimistisch und schätzten den Anteil am gesamten Lebensmittelhandel bis 2030 überwiegend zwischen fünf und zehn Prozent ein. Als Treiber der Entwicklung wurden Veränderungen der Lebens- und Arbeitswelten, demographische Faktoren, der technologische Fortschritt und die fortschreitende Digitalisierung genannt. Die Erfolgsaussichten der verschiedenen Anbietermodelle am Markt wurden unterschiedlich gesehen. Nischen- und Spezialistenmodelle, die über Postversand funktionieren, schnitten am besten ab, können allerdings nur einen kleineren Teil des Marktes abdecken. Bei den Vollsortimentern landeten erwartungsgemäß Multichannel-Ansätze, wie der von Rewe, und Online-Pure-Player – mit Picnic als prototypischem Beispiel – auf den vorderen Plätzen. Wenig überraschend bildeten die Quick-Commerce-Anbieter das Schlusslicht der Tabelle. Wo der Gesamtmarkt steht, wurde in einem der Interviews folgendermaßen beschrieben:

> „Da, wo Lebensmittel heute sind, das ist da, wo die Elektronik vor 15 Jahren war; das ist da, wo Fashion vor zehn Jahren war; das ist da, wo Home & Living vor fünf Jahren war. Wir haben überhaupt noch keine Ahnung, wie der Online-Bereich bei Lebensmitteln wirklich ausschauen wird. … Momentan hilft jeder, der digital auftritt, in der breiten Masse das Thema ‚Online-Lebensmittelkauf' überhaupt erst mal präsent zu machen."

Es wird also auch noch Bedarf gesehen, die Kunden an die Einkaufsoption des Online-Kaufs bei Lebensmitteln heranzuführen. In einem Expertengespräch wurde das so ausgedrückt:

> „Wenn ich die Barrieren beachte und die Motivationen mit in die Erwägung einbeziehe, dann kann das eigentlich für alle Zielgruppen funktionieren. Ich wüsste nicht, warum jemand ernsthaft sagen sollte: ‚Nein, ich will das nicht.' Ich muss es nur kennen."

Nachdem zu Beginn dieses Buches „Susis Lebensmitteleinkauf der Zukunft" (Strategy&, 2022, S. 10) geschildert wurde, steht am Ende ein Blick auf die fiktive Seniorin Lieselotte und deren Lebensmitteleinkauf im Laufe ihres Lebens:

Lieselottes Lebensmitteleinkauf im Laufe ihres Lebens:

Als junge Hausfrau und Mutter Anfang der 1960er Jahre ging Lieselotte jeden Tag zu Fuß zum örtlichen kleinen Lebensmittelladen, um für das täglich frisch gekochte Familienessen einzukaufen; später fuhr sie mit dem Rad zum neu eröffneten größeren Supermarkt vor Ort. Die Getränke für die Familie wurden direkt vom Getränkefachhändler einmal im Monat nach Hause geliefert. Seit den 1970ern ging es am Wochenende mit dem geräumigen Familien-Auto zum Discounter, um die Vorratsschränke günstig aufzufüllen. Auch der neue große Verbrauchermarkt am Stadtrand, der mit seiner Warenvielfalt beeindruckte, wurde angefahren. In den 1990ern waren Lieselotte und ihr Mann gezwungen, mehr auf ihre Gesundheit zu achten, und sie kauften daher öfter im Bioladen und auf dem Wochenmarkt ein.

Heute ist Lieselotte eine hochbetagte, gesundheitlich beeinträchtigte verwitwete Seniorin, die sich aber zuhause noch selbst versorgt. Sie ist viel allein und darf aufgrund ihrer Sehschwäche nicht mehr Auto fahren. Der freundliche Lieferbote, der ihr jede Woche die im Internet bestellten Lebensmittel vorbeibringt, und dabei immer für einen kleinen Plausch zu haben ist, ist eine willkommene Abwechslung und Hilfe in ihrem Alltag. Während der Pandemie hat Lieselotte die ersten positiven Erfahrungen mit der Heimlieferung von Lebensmitteln gemacht. Seit ihre Enkelin Susi ihr gezeigt hat, wie sie im Internet Lebensmittel bestellen kann, und auch, wie sie mit Alexa sprechen kann, nutzt sie den Bestellservice regelmäßig. Ab und zu mit dem Rollator zum fußläufig entfernten Supermarkt gehen, sich dort inspirieren lassen und ein Schwätzchen mit der Nachbarin halten, das macht sie natürlich immer noch.

Diese Geschichte zeigt, dass Kunden über die Jahrzehnte hinweg immer wieder neue Betriebs- und Vertriebstypen des Lebensmitteleinzelhandels (Swoboda et al., 2019, S. 73; Kortum, 2020; HDE & IFH KÖLN, 2023, S. 4–5) kennengelernt haben, die ihre Einkaufsgewohnheiten verändert haben, sofern sie ihnen in der aktuellen Lebenssituation einen echten Nutzen boten. Höchstwahrscheinlich werden sich auch durch den Online-Lebensmittelhandel auf lange Sicht neue Einkaufsmuster verfestigen, die mit der Zeit als selbstverständlich angesehen werden – zumindest dies ist eine Erkenntnis, in der sich die meisten befragten Experten einig waren.

Über die anbieterseitigen Perspektiven auf dem Online-Markt für Lebensmittel herrschte weniger Einigkeit. Das zeigen die folgenden Passagen aus drei verschiedenen Interviews, in denen unterschiedliche Einschätzungen deutlich werden:

> „Ich glaube, dass der Online-Lebensmittelhandel in der Breite – auch insbesondere für den stationären Lebensmitteleinzelhandel – eher Potenzial zum Lernen über den Kunden … und zur Kundenbindung hat als zum Geldverdienen."

> „Ich glaube, dass der Online-Lebensmittelhandel sich etablieren wird. … Ich denke, dass er langfristig etwas ist, das als Einkaufsoption für alle Zielgruppen zur Verfügung steht. Weil sich Online-Shopping als ganz normaler Vertriebskanal etabliert hat und Kunden einfach auch im Lebensmittelbereich darauf zurückgreifen können. … Ob ich es als einzelne Branche sehe, das würde ich jetzt erstmal bezweifeln. Ich würde sagen, da gibt es genauso Pure-Player wie auch Omnichannel-Player, und ich würde E-Food nicht unbedingt als einzelne Branche sehen, sondern eher als einen spezifischen Vertriebskanal."

> „Ich tue mich mit prozentualen Einschätzungen immer schwer, weil ich einen anderen Markt definiere. … Ich ordne es immer ein bisschen anders ein. … Ich kann es mir auch gekoppelt an die Essenslieferdienste vorstellen. … Ich finde, die Essenslieferdienste sind sehr nah an dem, was jetzt mit Quick Commerce gekommen ist, aber auch generell. Auch dadurch sind die Leute geprägt. Deswegen würde ich sagen, überall da, wo die Fuß fassen können, haben auch entsprechende Lebensmitteldienste eine Chance."

Hanni Rützler betont in ihrem Food-Report 2022 (Rützler, 2021, S. 110–127) die Tragweite des „E-Food"-Themas, das ihrer Ansicht nach in allen Food-Branchen einen Strukturwandel einleitet und zu einer neuen „Konnektivität" führt:

> „Bei E-Food geht es nicht allein um den Verkauf von Lebensmitteln über digitale Vertriebskanäle. Die gedankliche Einschränkung auf das E-Commerce-Business verkennt das disruptive Potential dieser Entwicklung, unser gesamtes Ernährungssystem nachhaltig zu verändern. Eben nicht nur den Handel, sondern auch die Gastronomie, die Lebensmittelproduktion, die Landwirtschaft sowie unser Koch- und Essverhalten in Summe." (Rützler, 2021, S. 110).

Aus den oben genannten Einschätzungen lassen sich abschließend drei Fragen als Denkanstöße formulieren: Ist der Online-Lebensmittelhandel …

- in erster Linie Kundenbindungsinstrument mit wenig Potenzial zum Geldverdienen?
- ein ganz normaler Vertriebskanal, der Kunden eine zusätzliche Einkaufsoption bietet?
- Teil einer neuen Branche, die bisherige (Denk-)Kategorien sprengt?

Bleibt zum Schluss noch der Blick in die fernere Zukunft und auf die schwierige Frage, welche technologischen Entwicklungen der Lebensmitteleinzelhandel ernst nehmen sollte. Das Beratungsunternehmen Gartner (2023) versucht hier Hilfestellung zu geben. Es publiziert jährlich einen so genannten „Hype Cycle", in dem neue Technologien entsprechend der ihnen teilwerdenden Aufmerksamkeit und den mit ihnen verbundenen Erwartungen klassifiziert werden. Die erste Phase des Hype Cycle ist gekennzeichnet durch neue Technologien, die großes mediales Interesse und hohe Erwartungen wecken. Ob sich die Technologien durchsetzen, ist zu diesem Zeitpunkt nicht absehbar. Es folgt eine zweite Phase der überzogenen Erwartungen, die durch Erfolgsmeldungen befeuert werden; zugleich werden aber auch erste Misserfolge deutlich, was zur dritten Phase, dem Tal der Enttäuschung, führt. In dieser Phase scheiden Anbieter aus dem Markt aus. Diejenigen, die sich halten, indem sie die Technologie erfolgreich weiterentwickeln und sie nutzbringend einsetzen, erreichen die vierte Phase, den so genannten Pfad der Erleuchtung. Mit weiterer Verbreitung und dem ökonomischen Einsatz der Technologie ist die fünfte Phase, das Plateau der Produktivität, erreicht (Gartner, 2023).

Mit Blick auf die Perspektiven des Online-Handels mit Lebensmitteln wurde von den Gesprächspartnern auch auf neue Technologien verwiesen, die Treiber der künftigen Entwicklung des Marktes sein können, etwa in folgenden Statements:

> „Alles, was automatisiert ist, was mit künstlicher Intelligenz Dinge erleichtert, ohne dass es die Verbraucher und Verbraucherinnen bevormundet, und was irgendwo dann auch Bedarfen entsprechend ist, das kann zu weiterem Wachstum beitragen. Genauso wie neue Formen der Logistik. Wenn das automatische System es dann ermöglicht, auch ländliche Ziele fahrerlos anzusteuern und dabei viele Haushalte zu erreichen, dann lohnt sich das vielleicht auch irgendwann. Ich denke schon, dass das einen großen Einfluss haben wird. Wie schnell das gehen wird, da bin ich mir unsicher."

"Es gibt noch das Spezialthema ‚Super-App'. Dass man sagt, man hat einen Servicepartner, das könnte hier in Deutschland Wolt sein, man hat so eine Art Online-Kummerkasten, wo man alles findet: Da findet man das Restaurant, den Blumenladen, da findet man auch das Sortiment von Flink, vielleicht auch Zugang zu Burger King usw. Wenn man spontan etwas will, dann klickt man da drauf, dann wickeln die das ab und fahren es nach Hause. Das ist in Asien sehr verbreitet. Ich glaube aber nicht, dass das in Deutschland oder Westeuropa einen wahnsinnigen Erfolg haben wird. Ich mag mich täuschen, aber das ist meine Wahrnehmung."

Die Weiterentwicklung des Voice Commerce (Heinemann, 2022, S. 19–21; Lammenett, 2021; Pavlakoudis, 2022), der Einsatz intelligenter Chatbots beim Ordern von Lebensmitteln (Zhuang, 2023), das Internet der Dinge (Brink & Chaves, 2021, S. 489–491), wo Kühlschränke künftig automatisch Lebensmittel nachbestellen könnten, oder – wie oben beschrieben – der Einsatz von selbstfahrenden Autos oder sogar von Drohnen zur Auslieferung der Lebensmittel wurden in den Experteninterviews angesprochen. Spekulieren lässt sich auch über Impulse durch das Metaverse (Bendel, 2023) und die oben erwähnten Super-Apps (mehrere Anwendungen in einer App gebündelt, z. B. Bezahlen, Einkaufen, Kommunizieren) (Grollmann, 2022; Heinemann, 2022, S. 223) – beides Technologien, die in der Gartner-Veröffentlichung von 2022 noch in der allerersten Phase der technologischen Innovation/des technologischen Auslösers aufgeführt sind (Perri, 2022). Auch andere genannte Technologien, etwa autonome Fahrzeuge, haben laut Gartner noch mehr als 10 Jahre bis zur letzten Phase, dem Plateau der Produktivität, vor sich (Ramsey et al., 2022). Zudem sind Menschen „Gewohnheitstiere", wie ein Gesprächspartner es im Interview treffend formulierte, und Neuerungen etablieren sich nicht von heute auf morgen. Dennoch lohnt es, die Entwicklungen im Auge zu behalten und, wie ein anderer Gesprächspartner anfügte, sich bewusst zu sein, dass es einen „Tipping-Point", einen kritischen Punkt, geben könnte, an dem es tatsächlich zu massiven Veränderungen und einer Trendwende im Markt kommen könnte.

Auch wenn sich im Online-Lebensmittelhandel viel tut, ist die derzeitige Entwicklung eher als langsame Evolution einzustufen. Dies zeigt sich beim Blick auf das Konsumentenverhalten, das sich nicht rasend schnell ändert, und auch beim Blick auf neue Technologien, die die Anbieter nutzen und in ihre Geschäftsmodelle integrieren können. Um bei der zu Beginn dieses Kapitels erwähnten Analogie zu Charles Darwin zu bleiben: Auch die biologische Evolution ging nur langsam vonstatten, und es kam darauf an, dass sich wirklich diejenigen Dinge etablierten, die dem Menschen im Überlebenskampf einen echten Nutzen versprachen. Vielleicht verhält es sich im Online-Lebensmittelhandel ähnlich.

Die Win-win-Situation, der echte Nutzen für Anbieter und Kunden, ist am Ende ausschlaggebend.

Literatur

Bendel, O. (2023). Metaverse. https://wirtschaftslexikon.gabler.de/definition/metaverse-123 520/version-388557. Zugegriffen: 12. Apr. 2023.

Brink, G., & Chaves, F. (2021). Das Internet der Dinge und neue digitale Geschäftsmodelle in der Lebensmittelindustrie. In D. Schallmo, A. Rusnjak, J. Anzengruber, T. Werani, & M. Jünger (Hrsg.), *Digitale Transformation von Geschäftsmodellen – Grundlagen, Instrumente und Best Practices* (2. Aufl., S. 485–504). Springer Gabler. https://doi.org/10.1007/978-3-658-31980-9_20.

Christensen, C. M., Matzler, K., & von den Eichen, S. F. (2015). *The Innovator's Dilemma* (2. korrigierter Nachdruck). Vahlen.

Gartner. (2023). Gartner Hype Cycle – Wie man Technologie-Hype interpretiert. https://www.gartner.de/de/methoden/hype-cycle. Zugegriffen: 12. Apr. 2023.

Grollmann, D. (2022). Die Super-Apps kommen, Versandhausberater, 25.05.2022. https://www.versandhausberater.de/aktuell/db/vb_spezial.487240bma.487398bma.html. Zugegriffen: 12. Apr. 2023.

HDE & IFH KÖLN. (2023). *HDE-Online-Monitor 2023.* o.V.

Heinemann, G. (2022). *Der neue Online-Handel. Geschäftsmodelle, Geschäftssysteme und Benchmarks im E-Commerce* (13. Aufl.). Springer Gabler. https://doi.org/10.1007/978-3-658-36665-0.

Kortum, C. (2020). *LEH – Betriebsformen im Lebenszyklus – Theorien zum institutionellen Wandel im Handel: Bd. 11. Schriftenreihe der DHBW Heilbronn.* Books on Demand.

Kreutzer, R. (2021). Treiber und Hintergründe der digitalen Transformation. In D. Schallmo, A. Rusnjak, J. Anzengruber, T. Werani, & M. Jünger (Hrsg.), Digitale Transformation von Geschäftsmodellen – Grundlagen, Instrumente und Best Practices (2. Aufl., S. 37–65). Springer Gabler. https://doi.org/10.1007/978-3-658-31980-9_2.

Kreutzer, R., & Land, K.-H. (2016). Warum uns der digitale Darwinismus alle angeht. In R. Kreutzer & H.-H. Land (Hrsg.), *Digitaler Darwinismus – Der stille Angriff auf Ihr Geschäftsmodell und Ihre Marke* (2. Aufl., S. 1–67). Springer Gabler. https://doi.org/10.1007/978-3-658-11306-3_1.

Lammenett, E. (2021). Marketing mit Sprachassistenten. In E. Lammenett (Hrsg.), *Praxiswissen online-marketing* (8. Aufl., S. 535–570). Springer Gabler. https://doi.org/10.1007/978-3-658-32340-0_20.

Pavlakoudis, R. (2022). Voice Commerce: Die nächste Evolutionsstufe im E-Commerce? https://www.getapp.de/blog/2540/umfrage-zu-voice-commerce. Zugegriffen: 28. Mai 2023.

Perri, L. (2022). What's new in the 2022 gartner hype cycle for emerging technologies, 10.08.2022. https://www.gartner.com/en/articles/what-s-new-in-the-2022-gartner-hype-cycle-for-emerging-technologies. Zugegriffen: 12. Apr. 2023.

Ramsey, M., Berntz, I., & Pacheco, P. (2022). Hype cycle for transportation and smart mobility, 25.07.2022. https://www.gartner.com/doc/reprints?id=1-2BWTB4IN&ct=221206&st=sb. Zugegriffen: 12. Apr. 2023.

Rützler, H. (2021). *Hanni Rützlers Food Report 2022*, Zukunftsinstitut.

Strategy&. (2022). *The future of grocery shopping.* o. V.

Swoboda, B., Foscht, T., & Schramm-Klein, H. (2019). *Handelsmanagement. Offline-, Online- und Omnichannel-Handel* (4. Aufl.). Vahlen.

Zhuang, J. J. (2023). Introducing the Instacart Plugin for ChatGPT. https://www.instacart.com/company/updates/instacart-chatgpt/. Zugegriffen: 28. Mai 2023.

Anhang 1

Liste der Gesprächspartner der Experteninterviews
(in alphabetischer Reihenfolge)

- Danker, Torsten, Senior Manager Insight & Planning, Konsumgüterbranche
- Dichtl, Markus, Dr.
- Esch, Franz-Rudolf, Univ.-Prof. Dr., Gründer und geschäftsführender Gesellschafter von ESCH. The Brand Consultants
- Gröppel-Klein, Andrea, Univ.-Prof. Dr., Inhaberin des Lehrstuhls für Marketing und Direktorin des Instituts für Konsum- und Verhaltensforschung, Universität des Saarlandes
- Heinemann, Gerrit, Prof. Dr., Leiter des eWeb Research Centers und Professor für Managementlehre und Handel, Hochschule Niederrhein
- Holzknecht, Alexander, (Group) Chief Commercial Officer, Matsmart-Motatos
- Kießlich, Udo, E-Commerce und E-Food Strategist, Senior Advisor
- Klug, Denise, Redakteurin, Ressort Handel, Lebensmittelzeitung
- Knuff, Marc, Dr., Global Retail Director, GfK Consumer Panels & Services, GfK
- Kortum, Carsten, Prof. Dr., Studiengangsleiter BWL-Handel und Professor für Handel, Duale Hochschule Baden-Württemberg
- Krisch, Jochen, E-Commerce-Experte und Branchenanalyst, Exciting Commerce
- Langkammer, Jens, Director, Strategy&, Strategieberatung des PwC-Netzwerks
- Macioszek, Marcus, Marketingdirektor, Gerolsteiner Brunnen
- Neuber, Sandra, Geschäftsführerin FoodOase GmbH

- Peters, Andreas, Marketingberater und ehemaliger Corporate Brand Director, Nestlé
- Roeb, Thomas, Prof. Dr. Dr., Professor für Handel, Hochschule Bonn-Rhein-Sieg
- Rosendahl, Saskia, Marketing-Consultant für die FMCG-Branche
- Rüschen, Stephan, Prof. Dr., Professor für Lebensmittelhandel und Studiengangsleiter Retail Management, Duale Hochschule Baden-Württemberg
- Schramm-Klein, Hanna, Univ.-Prof. Dr., Inhaberin des Lehrstuhls für Marketing und Handel, Universität Siegen
- Spoo, Melanie, Leiterin Business Development, Gerolsteiner Brunnen
- Strecker, Otto A., Prof. Dr., Vorstand, AFC Consulting Group AG
- Stüber, Eva, Dr., Mitglied der Geschäftsleitung, IFH KÖLN
- Zabel, Susanne, Key Account Managerin, Konsumgüterbranche

Anhang 2

Gesprächsleitfaden Experteninterviews

(nicht in Original-Formatierung, aus drucktechnischen Gründen vereinfachte Formatierung).

Sehr geehrter Herr …/sehr geehrte Frau …,

ich begrüße Sie ganz herzlich und danke Ihnen, dass Sie sich in der nächsten Stunde Zeit nehmen für ein Interview. Ich freue mich auf Ihre Einschätzungen und ein offenes Gespräch.

1. Wie angekündigt soll es um den Online-Lebensmittelhandel in Deutschland gehen. Wenn Sie die Begriffe „**Online-Lebensmittelhandel**" oder auch „**E-Food**" hören, was verstehen Sie darunter?
2. Auch wenn mich in erster Linie Ihre Expertenmeinung interessiert, so würde ich doch gerne vorab eine persönliche Frage stellen: Haben Sie selbst **Erfahrung** mit dem Einkauf von Lebensmitteln im Internet? Wenn ja, welche?
3. Welche **TOP 3 – Anbieter** fallen Ihnen als erstes ein, wenn Sie an den Online-Lebensmittelhandel in Deutschland denken? Warum gerade diese (drei)?

In der nächsten knappen Stunde würde ich gerne mit Ihnen über die **Marktentwicklung** im Online-Lebensmittelhandel, Geschäftsmodelle der **Anbieter** und das **Konsumentenverhalten** beim Lebensmittelkauf sprechen. Auch die Auswirkungen des Online-Lebensmittelhandels auf den **stationären Handel** und auf die Vertriebsstrategien der **Lebensmittelhersteller** sollen zur Sprache kommen. Zuerst **allgemein** zur Entwicklung des Online-Lebensmittelmarktes in Deutschland:

4. Die Pandemie gilt unbestritten als „Brandbeschleuniger" für den Einkauf von Lebensmitteln im Netz. Kontrovers diskutiert werden aber die Zukunftsaussichten der Branche. Wie wird sich der Markt Ihrer Meinung nach entwickeln? Mich interessiert zunächst eine grobe Einschätzung. Würden Sie sagen, die **Zukunftsaussichten** des Online-Lebensmittelhandels in Deutschland sind
   – sehr gut
   – gut
   – mittelmäßig
   – schlecht
   – sehr schlecht
   Warum schätzen Sie das so ein?

5. Welchen **Umsatzanteil am Gesamtmarkt** für Lebensmittel könnte der Online-Lebensmittelhandel Ihrer Meinung nach bis zum Jahr **2030** erreichen? – Der Marktanteil am gesamten Lebensmittelmarkt
   – wird im Vergleich zu heute sinken
   – wird auf heutigem Niveau (3 %) bleiben
   – wird auf bis zu 5 % wachsen
   – wird bei über 5 bis 10 % liegen
   – wird bei über 10 bis 15 % liegen
   – wird bei über 15 bis 20 % liegen
   – wird über 20 % ausmachen
   – ist schwer zu schätzen/kann dazu nichts sagen

6. Was sind die wichtigsten Faktoren, die Sie im Blick haben, wenn Sie Prognosen zur Zukunft des E-Food-Marktes in Deutschland wagen? Was trägt Ihrer Meinung nach entscheidend zur weiteren Entwicklung des Marktes bei?
   Wählen Sie aus den unten genannten Faktoren **bis zu fünf Faktoren** aus!
   – gesamtwirtschaftliche Lage *(Konsumklima, Kaufkraft ...)*
   – Digitalisierungsniveau und -akzeptanz *(Netzausbau, App-Nutzung, Voice-Commerce ...)*
   – technologischer Fortschritt *(künstliche Intelligenz, Technologien zur Lagerautomatisierung, fahrerlose Autos ...)*
   – Urbanisierungsgrad *(Wachstum Metropolregionen, Stadt-Land-Gefälle ...)*
   – demographische Entwicklung *(Überalterung, Migration/Zuwanderung ...)*
   – gesellschaftlicher Wertewandel *(Umwelt-, Gesundheitsbewusstsein ...)*
   – Veränderung von Lebens- und Arbeitswelten *(Zeitdruck im Alltag, Homeoffice, Einstellungen zum Autobesitz ...)*

- Entwicklungen im Lebensmittelmarkt *(Ernährungstrends, Food-Start-Ups, Direktvermarktung durch Hersteller …)*
- Struktur des stationären Lebensmitteleinzelhandels *(Supermarktdichte, neue Einzelhandels-Formate …)*
- Sonstiges, und zwar …

Zum E-Food-Markt wurde in den letzten beiden Jahren viel und kontrovers diskutiert. Wie denken Sie über die folgenden Themen?

7. Wie bedeutsam ist das „E-Food-Thema" für den Lebensmittelhandel insgesamt? Hat die E-Food-Branche das Potenzial, zum **Game-Changer** zu werden?
   - ja
   - nein

8. Wie empfinden Sie die Dynamik im E-Food-Markt? Glauben Sie, dass wir es mit einer **disruptiven Veränderung** in der Landschaft des Lebensmitteleinzelhandels zu tun haben oder sehen Sie hier eher eine **evolutionäre Entwicklung?**
   Zur Entwicklung des E-Food-Marktes passt eher der Begriff
   - Disruption
   - Evolution.

9. Hat sich die E-Food-Branche Ihrer Ansicht nach mittlerweile etabliert? Glauben Sie, der **Durchbruch** ist **geschafft** oder halten Sie ihn **noch** für **fraglich?**
   Der Durchbruch in der E-Food-Branche ist
   - geschafft
   - noch fraglich.

10. Wie turbulent wirkt die E-Food-Branche auf Sie? Wenn Sie an den Markt denken, haben Sie dann in erster Linie den **Kampf** der Anbieter vor Augen oder sehen Sie, dass etwas Ruhe einkehrt und sich **Strukturen** etablieren?
    Für mich
    - wirkt der Markt immer noch wie ein Schlachtfeld
    - lässt sich bereits eine Ordnung am Markt erkennen.

11. Ich habe einige **Meinungen** und **Schlagzeilen** der letzten beiden Jahre zum Thema „E-Food" gesammelt und möchte diese nun zur Diskussion stellen.

Bitte sagen Sie mir, inwieweit Sie sich – zum heutigen Zeitpunkt – in den jeweiligen Aussagen wiederfinden. Kommentieren Sie Ihre Einschätzung kurz!

a) „*Die Heimlieferung von Lebensmitteln hat das Potenzial so alltäglich zu werden wie das fließende Leitungswasser.*"
(Dominique Locher, Unternehmer, E-Food-Investor, 2020 – in: Schu, M. (2020): E-Food-Buch, Geleitwort, S. VII)
– stimme voll und ganz zu
– stimme eher zu
– stimme teils/teils zu
– stimme eher nicht zu
– stimme überhaupt nicht zu

b) „*Der Lebensmittel-Onlinehandel ist trotz ‚Corona Turbo' noch ein ganz zartes Pflänzchen. ... Die Frage ist, ob der Konsument auch nach der Corona-Krise bereit ist, für einen Lieferservice zu zahlen. ... Die Verbraucher in Deutschland sind am Ende doch sehr sparsam.*"
(Dr. Kai Hudetz, Geschäftsführer IFH KÖLN, September 2021 – in: IFH Köln, Lebensmittel Online. Zahlen, Daten, Fakten, Köln, September 2021, S. 2)
– stimme voll und ganz zu
– stimme eher zu
– stimme teils/teils zu
– stimme eher nicht zu
– stimme überhaupt nicht zu

c) „*Die Krise wird den Online-Lebensmittelhandel ziemlich durcheinander rütteln – und einen Teil der bisherigen Kundschaft zurück in die Läden mit ihren Sonderangeboten treiben.*"
(Peer Schader, Journalist, Supermarktblog.com, November 2022 – Rauscht der Online-Lebensmittelhandel in der Preiskrise zurück aufs Vor-Corona-Niveau? Supermarktblog, 02.11.2022)
– stimme voll und ganz zu
– stimme eher zu
– stimme teils/teils zu
– stimme eher nicht zu
– stimme überhaupt nicht zu

Kommen wir jetzt zu den **Anbietern** der E-Food-Branche in Deutschland.
Lassen Sie uns über die am Markt agierenden Player, deren Geschäftsmodelle, Herausforderungen und Zukunftsaussichten sprechen.

Wer Lebensmittel über das Internet verkauft, muss dafür sorgen, dass die bestellte Ware wohlbehalten zum Kunden gelangt. Daher zunächst eine Frage zu den **Liefermodellen.**

12. Zur Auslieferung der Lebensmittel im Online-Handel gibt es verschiedene Optionen. Was wird sich Ihrer Meinung nach langfristig in Deutschland durchsetzen? (Mehrfachnennungen möglich)
    - Heimlieferung per Lieferservice/Lieferbote
    - Click and Collect (Abholung in Filialen oder an anderen Abholpunkten)
    - Paketzustellung per Postversand
    Warum schätzen Sie das so ein?

Im Online-Lebensmittelhandel gibt es mittlerweile viele Anbieter mit unterschiedlichsten **Geschäftsmodellen** und **Kundenwertversprechen.**

13. Schauen wir zunächst nur auf **Vollsortimenter,** die ein breites und gleichzeitig tiefes Sortiment mit mehr als 8000 Artikeln vertreiben und damit einen vollständigen Wocheneinkauf ermöglichen.
    Gemäß der Herkunft dieser Anbieter sehen wir da im Lebensmittel-Onlinehandel zum einen
    - **Etablierte,** d. h. stationäre Händler, die
        - das Onlinegeschäft in Eigenregie betreiben (Beispiel Rewe) oder
        - das Onlinegeschäft in Kooperation mit Partnern – Plattformen oder Lieferdiensten – abwickeln (Beispiel Tegut mit Amazon und Wolt).
    und zum anderen
    - **digitale Herausforderer,** d. h. Online-Pure-Player ohne stationäre Läden, die
        - mit eigener Lager- und Lieferinfrastruktur arbeiten (Beispiel Picnic) oder
        - ohne eigene Lager als Plattform bzw. Lieferdienst agieren und mit stationären Händlern kooperieren (Beispiel Bringoo mit Edeka und Penny).
    Wenn Sie sich ins **Jahr 2030** versetzen, wer wird dann wahrscheinlich den **E-Food-Markt dominieren?**
    - die Etablierten (stationäre Händler)
    - die digitalen Herausforderer (Online-Pure-Player)
    - keiner – beide werden gleich stark sein

– weiß nicht, schwer zu sagen.

Warum schätzen Sie das so ein?

14. Schon heute sehen wir eine **Verflechtung** der **Etablierten** und der **digitalen Herausforderer** in Bezug auf die Warenbeschaffung, Kapitalflüsse und auch durch die genannten Kooperationen.

    Glauben Sie, dass die beiden Welten weiter miteinander verschmelzen? Wenn ja, in welcher Form?

15. Die schon erwähnten **Plattformen/Online-Marktplätze** (Beispiele Amazon, Bringoo oder in den USA Instacart) spielen in anderen Branchen bereits eine große Rolle.

    Wie schätzen Sie ihre Bedeutung für die weitere Entwicklung des Online-Lebensmittelhandels ein?
    – hoch
    – mittel
    – niedrig
    Warum?

16. Die **Discounter,** die einen erheblichen Anteil der Umsätze im Lebensmitteleinzelhandel auf sich vereinen, sind zurzeit in Deutschland zurückhaltend, wenn es um den Online-Vertrieb von Lebensmitteln geht. - Glauben Sie, dass sich das künftig ändern wird?
    – ja, auf alle Fälle
    – möglicherweise
    – wahrscheinlich nicht
    – sicherlich nicht
    Warum denken Sie so?

17. Neue Player mit breitem, aber wenig tiefem Sortiment und besonderem Lieferversprechen in puncto Schnelligkeit (maximal 60 Minuten) sind seit 2020 am deutschen Markt – die **Quick-Commerce-Anbieter** (Beispiele: Getir, Gorillas oder Flink).

    Wie wird sich der Quick Commerce in Deutschland weiterentwickeln?

18. Ausgewählte Modelle des deutschen Online-Lebensmittelhandels sind hier tabellarisch aufgeführt.

    Bitte bewerten Sie diese anhand der unten stehenden Skala im Hinblick auf ihre **langfristigen Erfolgsaussichten** (Zeithorizont bis 2030).

Anhang 2

	Sehr gut	Gut	Mittelmäßig	Schlecht	Sehr schlecht	Schwer zu sagen
Multichannel-Modelle in Eigenregie stationäre Händler mit eigenen Online-Kanälen						
Multichannel-Modelle in Kooperation stationäre Händler mit Online-Kanälen, die durch Partner unterstützt oder gemanagt werden						
Online-Pure-Modelle reine Online-Händler mit eigener Lager-/ Lieferinfrastruktur und ohne Berührungspunkte zu stationären Händlern						
Plattform-Modelle Angebote verschiedener Händler auf einem digitalen Marktplatz mit Auslieferung durch Plattformbetreiber						
Asset-Light-Modelle Lieferdienstleister ohne eigene Lager, die die Warenkörbe direkt beim Groß-/ Einzelhändler zusammenstellen						
Quick-Commerce Modelle Schnell-Lieferdienste mit breitem, aber wenig tiefem Sortiment und Auslieferung in maximal 60 Minuten						
Nischen-/Spezialisten-Modelle Anbieter mit Spezial-Sortimenten für ausgewählte Zielgruppen						
Direct-to-Consumer-Modelle Onlineshops von Lebensmittelherstellern						

19. Die **E-Food-Anbieter mit Lieferdienst** im deutschen Markt differenzieren sich heute über unterschiedliche Dimensionen. Wenn Sie sich die Themen auf der folgenden Liste anschauen, welche Bereiche bieten aus Ihrer Sicht besonders vielversprechende **Ansatzpunkte für** eine erfolgreiche **Positionierung** am Markt und wo sehen Sie eher Selbstverständlichkeiten, die die Kunden von jedem Anbieter erwarten? – Fallen Ihnen noch weitere wichtige Differenzierungsmerkmale ein?

	Selbstverständlichkeit	Gut als Differenzierungsmerkmal geeignet
Sortimente *(Umfang (Anzahl Artikel), Tiefe, Breite, Struktur, Eigenmarken, Sortimentsschwerpunkte, z. B. Frische, Bio, Fair Trade, Regionalität)*		
Preise *(Preisausrichtung, Promotions, individuelle Sonderangebote)*		
Anbieter-Image *(Sympathie, Vertrauenswürdigkeit, u. a. regionale Verbundenheit, soziale Verantwortung, engagiert im Klimaschutz/bei Umweltfragen)*		
Shop-Gestaltung *(Landingpage, Webdesign, Shop-Struktur via Menü, Navigation, Suchfunktion, Kategorie- und Produktdetailseiten, mobile Ansicht/App)*		
Kaufabwicklung *(gespeicherte Einkaufslisten, individualisierte Anzeige am häufigsten gekaufter Produkte, verschiedene Bezahlmöglichkeiten, ausführliche Produktinformationen)*		
Kundenservice *(Support, Kontaktmöglichkeiten, Beschwerdemanagement)*		

(Fortsetzung)

Anhang 2

(Fortsetzung)

	Selbstverständlichkeit	Gut als Differenzierungsmerkmal geeignet
Lieferkonditionen *(Mindestbestellwerte, Liefergebühren)*		
Lieferzeit *(Liefergeschwindigkeit, -flexibilität, -ankündigung, Lieferzeitfenster)*		
Lieferzuverlässigkeit *(Verfügbarkeit der bestellten Artikel, Einhaltung der Lieferzeitzusage)*		
Lieferqualität *(Ware wohlbehalten und einwandfrei, Professionalität/ Freundlichkeit des Auslieferers)*		
After-Sales-Maßnahmen *(Kundenbindungsmaßnahmen, z. B. Kundenclub, Abo, Aktionen)*		
„Mehrwert"-Leistungen *(kuratierte Angebote, personalisierte Angebote, Kochrezepte, Kundenmitbestimmung, „Wünsch Dir was Button")*		
Sonstiges, und zwar: …		

20. **Profitabilität,** zumindest das Erreichen der „schwarzen Null", ist eines der wichtigsten Ziele der E-Food-Anbieter. Glauben Sie, dass die Branche es bis zum Jahr 2030 schafft, profitabel zu arbeiten?
    – ja
    – nein
    – weiß nicht

21. Wo sehen Sie die wichtigsten Hebel für Online-Lebensmittelhändler zur **Steigerung ihrer Profitabilität?**

22. Hier wieder einige **Stimmen von Experten.**
Inwieweit stimmen Sie diesen Aussagen zu? Gerne können Sie Ihre Einschätzung auch wieder kurz kommentieren.

a) *„Kein großer Lebensmittelhändler wird auf Dauer ohne einen Onlineshop auskommen, auch die Discounter nicht."*
(Michael Gerling, Geschäftsführer EHI, Januar 2021 – in: Lebensmittel online: Ein Milliardenmarkt wird verteilt, Wirtschaftswoche, 15.01.2021)
- stimme voll und ganz zu
- stimme eher zu
- stimme teils/teils zu
- stimme eher nicht zu
- stimme überhaupt nicht zu

b) *„Viele der neuen Lieferdienstanbieter werden die Sortimentskompetenz der großen Handelsketten benötigen, um ihre Services auszubauen."*
(Peer Schader, Journalist, Supermarktblog.com, Mai 2021 – in: Die Explosion des deutschen Lebensmittel-Liefermarkts und wie das alles weitergeht, Supermarktblog, 11.05.2021)
- stimme voll und ganz zu
- stimme eher zu
- stimme teils/teils zu
- stimme eher nicht zu
- stimme überhaupt nicht zu

c) *„E-Food profitabel zu betreiben ... wird möglich sein, wenn die Geschäftsmodelle optimiert werden, indem Fulfillment-Prozesse automatisiert und die Kapazitätsauslastung optimal gesteuert werden kann. Ohne einen starken Partner für wettbewerbsfähige Einkaufskonditionen geht es auf alle Fälle nicht."*
(Prof. Dr. Stepan Rüschen, DHBW Heilbronn, Dezember 2021 – in: Kortum, Münzberg (2021): Online-Lebensmittelhandel – Angriff auf die Etablierten, S. 48)
- stimme voll und ganz zu
- stimme eher zu
- stimme teils/teils zu
- stimme eher nicht zu
- stimme überhaupt nicht zu

d) *„Das Thema ‚Auslieferung von Lebensmitteln' ist seit jeher kein profitables Geschäft, sondern – wie seit hundert Jahren üblich – als Kundendienst für*

stationäre Händler sinnvoll. ... Wir werden daher erleben, wie sich Bringdienste erst mit Supermärkten verbinden und später von diesen übernommen werden."
(Prof. Dr. Otto Strecker, AFC Consulting Group AG, Dezember 2021 – in: Kortum, Münzberg (2021): Online-Lebensmittelhandel – Angriff auf die Etablierten, S. 51/52)
- stimme voll und ganz zu
- stimme eher zu
- stimme teils/teils zu
- stimme eher nicht zu
- stimme überhaupt nicht zu

Kommen wir jetzt zur **Kundenseite**.

23. Glauben Sie, dass sich durch die Option, Lebensmittel online zu kaufen, die **Kaufgewohnheiten** der Kunden in Deutschland bereits **langfristig und stabil geändert** haben? Wenn ja, inwiefern? Wenn nein, warum nicht?
24. Wo sehen Sie die größten **Potenziale** für die weitere Entwicklung des Online-Handels mit Lebensmitteln?
    Bei welchen **Zielgruppen?**
    In welchen **Regionen?**
    Für welche **Situationen/Kaufanlässe/Shopping Missions?**
    Bei welchen **Warengruppen/Sortimenten?**
25. Was sind Ihrer Meinung nach aus **Kundensicht** zurzeit die drei wichtigsten **Argumente für** den Online-Kauf von Lebensmitteln und was sind die drei wichtigsten **Argumente dagegen?**
26. Nun zu den **Erwartungen der Kunden** an den Online-Lebensmittelkauf.
    a) Was ist Ihrer Meinung nach für das Gros der Kunden in Deutschland die **favorisierte Lieferoption?**
       - Heimlieferung mit (ggf. kostenpflichtigem) Lieferservice
       - Click and Collect
    b) Wenn Kunden nach Hause liefern lassen, was ist Ihrer Meinung nach für das Gros der Kunden in Deutschland die übliche Erwartung an die **Lieferzeit/-geschwindigkeit?**
       - ultraschnelle Lieferung binnen einer Stunde
       - schnelle Lieferung am selben Tag
       - Lieferung mit Vorlauf und frei wählbarem Zeitfenster
       - Lieferung mit Vorlauf und eingeschränkt wählbarem Zeitfenster (Milchmannprinzip)

c) **Nachhaltigkeit** und gutes Gewissen beim Einkauf sind für viele Kunden heute ein wichtiges Thema beim Kaufen und Konsumieren. Welche Chancen oder Risiken sehen Sie hierin für den Online-Lebensmittelhandel?

27. Die folgenden Begriffspaare stellen Spannungsfelder dar, innerhalb derer sich Kunden beim Einkauf von Lebensmitteln bewegen können.

    Wenn Sie an den üblichen Lebensmitteleinkauf eines durchschnittlichen Kunden **in einem stationären Supermarkt** denken, wo würden Sie diesen intuitiv einordnen?

    Wäre dieser typische Lebensmitteleinkauf im stationären Supermarkt in Ihren Augen z. B. näher beim Thema „Bedarfsdeckung" oder näher beim Thema „Spaß/Genuss/Lebensstil" angesiedelt?

	−2	−1	0	1	2	
Bedarfsdeckung						Spaß/Genuss/Lebensstil
Planung/Einkaufsliste						Spontanität/Inspiration
Low Involvement						High Involvement
Verstand						Gefühl
Gewohnheit						Abwechslung
Kontrolle						Impuls
Einkaufen						Shoppen
Zeit sparen						Geld sparen

Und wie sieht – im Vergleich dazu – Ihre Einschätzung für einen typischen Lebensmitteleinkauf **in einem Online-Supermarkt** aus?

	−2	−1	0	1	2	
Bedarfsdeckung						Spaß/Genuss/Lebensstil
Planung/Einkaufsliste						Spontanität/Inspiration
Low Involvement						High Involvement
Verstand						Gefühl
Gewohnheit						Abwechslung
Kontrolle						Impuls
Einkaufen						Shoppen
Zeit sparen						Geld sparen

28. Auch zum Kundenverhalten hier wieder einige **Zitate von Branchenexperten.**
Inwieweit stimmen Sie zu? Kommentieren Sie Ihre Einschätzung kurz!

a) *„Auch bei Gütern des täglichen Bedarfs wird die Direktbelieferung künftig verbreiteter sein, aber selbst dann bleiben für den alltäglichen Einkauf Erlebnisbedürfnisse und einzigartige Angebote und Services in den Läden relevant."*
(Prof. Dr. Bernd Swoboda, Professor für Marketing/Handel, Universität Trier, 2020 – in: Swoboda B., Winters, A. (2020): Mega Trend 1: Customer Centricity – Auf dem Weg zur Individual Experience, S. 25)
– stimme voll und ganz zu
– stimme eher zu
– stimme teils/teils zu
– stimme eher nicht zu
– stimme überhaupt nicht zu

b) *„Die meisten Kunden kaufen mal online, mal im Supermarkt. ... Der Supermarkt ist ein Ort der sozialen Begegnung, der in Zeiten von Home-Office und der steigenden Anzahl Alleinlebender noch wichtiger wird."*
(Lionel Souque, Vorstandsvorsitzender der REWE Group im Interview mit McKinsey, 2021 – in: Mc Kinsey & Company (2021): Akzente 2/21: Nachhaltigkeit erreichen, aber wie?, Interview von Frank Sänger mit Lionel Souque, S. 33)
– stimme voll und ganz zu
– stimme eher zu
– stimme teils/teils zu
– stimme eher nicht zu
– stimme überhaupt nicht zu

c) *„Der letztendliche Durchbruch kann im Online-Lebensmittelhandel nur über die Wocheneinkäufer erreicht werden."*
(IFH KÖLN, Januar 2020 – in: IFH KÖLN (2020): Lebensmittel online – heute und 2030. Wie Kund*innen den (Gesamt)Markt in Bewegung bringen, S. 45)
– stimme voll und ganz zu
– stimme eher zu
– stimme teils/teils zu
– stimme eher nicht zu
– stimme überhaupt nicht zu

d) *Der Wocheneinkauf, generalstabsmäßig geplant und abgesichert durch den Einkaufszettel, ist ein sterbendes Element deutscher Alltagskultur.*

(So beschreibt das managermagazin im April 2021 die Sichtweise von Gorillas-Gründer Kagan Sümer – in: Rest, J. (2021): Futterneid, managermagazin, Nr. 5, 23.04.2021, S. 48)
- stimme voll und ganz zu
- stimme eher zu
- stimme teils/teils zu
- stimme eher nicht zu
- stimme überhaupt nicht zu

e) *„Kunden interessiert vor allem, welche Preisstellung das Geschäftsmodell langfristig hergibt."*
(Dr. Markus Dichtl, Handelsexperte, Dezember 2021 – in: Kortum, Münzberg (2021): Online-Lebensmittelhandel – Angriff auf die Etablierten, S. 46)
- stimme voll und ganz zu
- stimme eher zu
- stimme teils/teils zu
- stimme eher nicht zu
- stimme überhaupt nicht zu

f) *„Der Preis ist nicht alles."*
(Erich Comor, Chef des Lebensmittellieferdienstes Knuspr, September 2022 – im Gespräch mit Denise Klug und Birgitt Loderhose von der Lebensmittelzeitung, 16.09.2022)
- stimme voll und ganz zu
- stimme eher zu
- stimme teils/teils zu
- stimme eher nicht zu
- stimme überhaupt nicht zu

Kommen wir zum Schluss noch auf die Auswirkungen der E-Food-Branche auf den **stationären Lebensmitteleinzelhandel** und auf die Vertriebsstrategien der **Lebensmittelhersteller** zu sprechen.

29. Glauben Sie, dass sich aufgrund des Online-Handels mit Lebensmitteln auch die **Landschaft des stationären Lebensmitteleinzelhandels** in Deutschland wandeln wird? Wenn ja, wie?

30. Wird ein weiteres Wachstum des Online-Lebensmittelhandels Auswirkungen auf die **Vertriebsstrategien der Hersteller** haben? Wenn ja, welche?

So, das war's. Wir sind am Ende des Interviews angelangt. – Herzlichen Dank für Ihre Zeit und für das anregende Gespräch!

Stichwortverzeichnis

A

Abholservice, 37, 87, 100, 102
Aldi, 31, 38, 109
Amazon, 39, 89, 107, 108
Asset Light, 40
Automatisierung, 37, 39

B

Brick-and-Mortar-Retailer, 36
Bringman, 37, 40
Bringmeister, 38
Bringoo, 37, 38, 40, 107, 108, 115

C

Click and Collect, 1, 87, 100, 101
Convenience, 41, 73–75, 89, 100, 110, 120, 121
Corona, 3, 6, 15, 22, 23, 25, 71
Curated-Shopping, 42

D

Darkstore, 41
Direct-to-Consumer, 43, 114, 136, 139
Discounter, 38, 69, 108

E

Edeka, 31, 37, 38, 40
E-Food, 1–3, 7, 36, 86, 146
Einkaufsliste, 128, 131, 132
Elektroflotte, 38, 39

F

Flaschenpost, 33, 43
Flink, 36, 37, 40, 41, 47, 89, 110
FMCG (Fast Moving Consumer Goods), 3, 23, 70, 85
Frische, 2, 39, 70, 75, 123
Fulfillment, 37, 39, 40

G

Gastronomie-Lieferdienst, 2, 36, 40
Getir, 41, 89
Gewohnheit, 71, 123, 132
Globus, 33
Gorillas, 36, 41, 47, 110, 111

H

Handelsmarke, 38, 41
Heimlieferung, 1, 75, 87, 100, 126
Hello Fresh, 43
Homeoffice, 22, 93

I
Impuls, 71, 131, 137
Inspiration, 71, 72, 130–132
Instacart, 40, 107
Internet der Dinge, 95, 148
Involvement, 71, 73, 132

K
Kaufkraft, 33–35
Knuspr, 34, 38, 39, 89
Konsolidierung, 6, 41, 110
Kooperation, 33, 40, 44, 105
Kundenbindung, 44, 47, 103, 114
Künstliche Intelligenz (KI), 147

L
Lebensmittel, 1, 3, 69
Lidl, 31
Lieferando, 41
Liefergebühr, 48, 75, 121
Logistik, 39, 48, 147

M
Marke, 44, 137
Meile, letzte, 1, 2, 45, 48, 101
Metropole, 110, 125
Milchmann, 38, 89
Multichannel, 37, 114
My Enso, 42
Mytime, 42

N
Nachhaltigkeit, 127
Nische, 42, 43, 112

O
Oda, 34, 39
Omnichannel, 37
Online-Lebensmittelhandel, 1, 7
Online-Pure-Player, 2, 38, 103
Online-Supermarkt, 24

P
Paketversand, 1, 42
Penny, 38, 40
Picnic, 34, 37, 38, 89, 90
Plattform, 40, 78, 86, 106
Profitabilität, 36, 45, 118, 119

Q
Quick Commerce, 6, 41, 42, 110, 111

R
Retail Media, 45, 137
Rewe, 31, 37, 89, 90
Routine, 6, 43, 70, 126

S
Spezialität, 22, 102
Spontanität, 131
Supermarktdichte, 74, 91

T
Tegut, 33, 39, 40
Teilsortiment, 43

V
Versorgungskauf, 70
Voice Commerce, 148
Vollsortiment, 32, 36, 44

W
Warenkorb, 70, 107, 136
Wocheneinkauf, 6, 22, 70, 123, 126
Wolt, 33, 37, 40, 111, 148

Z
Zeitersparnis, 72, 74, 121, 132

The manufacturer's authorised representative in the EU is Springer Nature Customer Service Centre GmbH, Europaplatz 3, 69115 Heidelberg, Germany. If you have any concerns regarding our products, please contact ProductSafety@springernature.com

Printed and bound by CPI Group (UK) Ltd, Croydon, CR0 4YY

23/03/2026

02076393-0015